U0692948

新编基础会计

XINBIAN JICHU KUAIJI

李云宏　杨　娜◎主　编

宋　钰　张晓旭　张学超　叶婷婷

白　晶　王晓杰　张本越◎副主编

中国纺织出版社有限公司

图书在版编目（CIP）数据

新编基础会计 / 李云宏，杨娜主编 . -- 北京：中
国纺织出版社有限公司，2024.3
ISBN 978-7-5229-1457-2

Ⅰ . ①新… Ⅱ . ①李… ②杨… Ⅲ . ①会计学 Ⅳ .
① F230

中国国家版本馆 CIP 数据核字（2024）第 046341 号

责任编辑：顾文卓 向连英 责任校对：王花妮 责任印制：储志伟

中国纺织出版社有限公司出版发行
地址：北京市朝阳区百子湾东里A407号楼 邮政编码：100124
销售电话：010—67004422 传真：010—87155801
http://www.c-textilep.com
中国纺织出版社天猫旗舰店
官方微博 http://weibo.com/2119887771
三河市宏盛印务有限公司印刷 各地新华书店经销
2024年3月第1版第1次印刷
开本：787×1092 1/16 印张：16.75
字数：338千字 定价：59.80元

凡购本书，如有缺页、倒页、脱页，由本社图书营销中心调换

前言

Preface ●————

　　会计信息是信息化社会最被关注的信息元素之一。正确提供和使用会计信息已经成为人们生产和生活的"必须"和"必需"。

　　本书较为系统和完整地介绍了会计信息产生的基本理论、基本方法和基本操作技术。全书内容共分十章，包括总论、会计要素与会计等式、会计科目与账户、复式记账、复式记账的应用、会计凭证、会计账簿、财产清查、会计核算组织程序、财务报表。

　　近期，会计准则与税收法规相继发生了重大变化，这些变化对会计教学产生了较大影响。为使教学内容充分体现企业会计准则的变化和相关法规变化的要求，更好地服务于会计教学，《新编基础会计》着重突出以下两个方面：

　　第一，与时俱进，紧跟准则。本书根据最新版《企业会计准则——基本准则》编写，并按照《关于修订印发 2019 年度一般企业财务报表格式的通知》（财会〔2019〕6 号）的规定，对本教材中涉及的有关内容进行了调整。同时，按照财政部、税务总局、海关总署《关于深化增值税改革有关政策的公告》（2019 年第 39 号）中有关"增值税一般纳税人（以下称纳税人）发生增值税应税销售行为或者进口货物，原适用16% 税率的，税率调整为 13%；原适用 10% 税率的，税率调整为 9%；纳税人购进国内旅客运输服务，其进项税额允许从销项税额中抵扣"等规定，对本教材中涉及的有关内容进行了调整。

　　第二，拓展阅读，深化思政教育。基于近年来大学生的信仰危机和会计实务中财务造假的现状，在会计学教学中引入思政教育是十分必要的。本书以拓展阅读、思政小课堂、案例集等方式，从会计逻辑、会计理论、会计方法等方面进行思政融入和渗透，主张用会计思想诠释、指导人生，用人生经验领会、深化会计。秉承党的二十大精神引导学生在国家发展和个人前途的交汇点上规划人生，将个人成长与时代发展、社会进步和环境变化紧密相连。

　　全书由李云宏总纂，李云宏、杨娜、宋钰、张晓旭负责大纲设定、内容结构设计和全部章节的撰写，会计学团队的张学超、叶婷婷、白晶、王晓杰、张本越等分别参与了第二章、第四章、第五章、第六章、第七章和第十章的撰写。

　　本书从开始立项到最终出版得到了辽宁科技大学各级领导和教授委员会教授专家的支持与指导、工商管理学院各个部门老师的协调配合，以及校外专家的审阅和指正，在出版过程中得到了中国纺织出版社编辑的大力协助，在此一并表示谢意。本书编写过程中亦参考了很多教材和文献资料，在此向各位作者表示感谢。

　　我们希望听到读者的建议和批评意见，也希望本书得到读者的认可，我们的努力还会继续。

李云宏、杨娜

2023 年 5 月于辽宁科技大学

案例集

目 录
Contents

第一章 总 论

引导案例 ▶

在我们开始学习会计的一些基本知识之前，我们先来看一段关于会计含义的对话：

张三、李四、王五、赵六是四个好伙伴，有一次在一起聚会，一通天南海北之后，聊起了什么是会计这一话题，四人各执一词，谁也说服不了谁。

张三说：什么是会计？这还不简单，会计就是指一个人，比如，我们公司的刘会计，是我们公司的会计人员，这里会计不是人是什么？

李四说：不对，会计不是指人，会计是指一项工作，比如我们常常这样问一个人，你在公司做什么？他说，我在公司当会计，这里会计当然是指会计工作了。

王五说：会计不是指一项工作，也不是指一个人，而是指一个部门，一个机构，即会计机构，你们看，每个公司都有一个会计部，或者会计处什么的，这里会计就是指会计部门，显然是一个机构。

赵六说：你们都错了，会计既不是一个人，也不是一项工作，更不是指一个机构，而是指一门学科，我弟弟在大学学的就是会计，他当然是去学一门学科或科学。

结果，他们谁也说服不了谁。亲爱的朋友，如果让你来谈谈什么是会计的问题，你会怎么说呢？

学习目标 ▶

（1）通过本章的学习，明确会计的含义，理解"经济越发展，会计越重要"的含义。

（2）掌握会计的基本职能是核算和监督，并在此基础上全面、准确的理解和掌握会计的任务。

（3）掌握会计的四个基本前提以及它们在会计核算中的作用，明确会计核算方法的组成内容和相互联系。

第一节　会计的含义和基本职能

一、会计的产生和发展

（一）会计的产生和发展

物质资料是人类社会存在和发展的基础，人们通过生产实践活动认识到，为了以尽可能少的劳动耗费，生产出尽可能多的物质财富，就有必要对生产活动过程中的劳动耗费和所取得的劳动成果进行准确的计量、计算和记录，这便产生了最初的会计。故此，会计是适应人类社会生产发展和经济管理的要求而产生和发展起来的。

随着人类社会的进步、生产活动的发展和经济管理水平的不断提高，会计也经历了一个由低级到高级、由简单到复杂的漫长的发展过程。

在人类社会历史发展初期，会计只是生产职能的附带组成部分，会计还没有成为一项独立的工作，从事会计活动的人都是生产者本人——在生产活动之余，对自己的劳动成果进行简单的计算和记录。这是因为，当时生产力水平很低，没有必要将十分简单的计量、计算和记录交由专门的人处理。随着生产力水平的逐步发展、生产规模的日益扩大、劳动生产率的不断提高，剩余产品大量出现，需要计量、计算和记录的事项越来越多，经济管理对会计信息的要求也越来越复杂，因而对会计的要求也就越来越高，要求会计不仅仅是简单的计量和记录，而应当成为经济管理的重要内容。所以会计从生产职能的附属物独立成为经济管理的基本职能就成为必然。随着会计从生产职能的附属物独立成为经济管理的基本职能，会计工作就成为一项专门的经济管理工作。

1. 古代会计

如果将原始的图形记事作为会计雏形的话，会计的产生可以追溯到旧石器时代。早在原始社会，随着社会生产力水平的提高，人们捕获的猎物及收获的谷物等便有了剩余，生产的发展使得"物满足直接需要的效用"和"物用于交换的效用"的分离固定下来。随着剩余物品的出现，对剩余物品的储存、分配等问题也随之而来。但由于文字没有出现，所以，在旧石器时代，人们就通过在洞壁上绘出简单的动物图形，在骨片上或鹿角上雕刻条纹等"图画符号"，来记载劳动成果和反映劳动耗费。当人类进入新石器时代后，人们有了数的概念，于是就产生了结绳记事。而当人们创造了文字之后，一种更为先进的记录经济业务的方法便应运而生，这就是"书契"记录。不过，那时人们所采用的会计记录方法还不是真正意义上的、独立的会计，而是一种综合性的经济记录行为，它集原始的会计、计算、统计以及其他行为于一身。可见，原始社会经济业务的记录虽然经历了图形记事、结绳记事和书契记事三个阶段，但是都是简单的记事行为，人类经济生活的简单性决定了原始社会人类会计行为的简单性。随着生产的进一步发展、科技的进步、劳动消耗和劳动成果的种类不断增多，出现了大量的剩余产品，会计逐渐"从生产职能中分离出来，成为特殊的、专门委托的当事人的独立的职能"。根据马克思的考证，在原始的规模小的印度公社已经有了一个记账员，登记和计算农业项目，以及与此有关的一切事项，这便是早期的古代会计。

2. 近代会计

一般认为，从单式记账法过渡到复式记账法，是近代会计的形成标志，即 15 世纪末期，意大利数学家卢卡·帕乔利有关复式记账著作的问世，标志着近代会计的开端。

（1） 15 世纪航海技术的发明使人类发现了欧洲大陆，从此掀开了人类文明的序幕。意大利的佛罗伦萨、热那亚、威尼斯等地的商业和金融业因此特别繁荣。日益发展的商业和金融业要求不断改进和提高已经流行于这三个城市的复式记账方法。复式记账技术首先来自银行的存款转账业务。为适应实际需要，1494 年，意大利数学家卢卡·帕乔利出版了他的《算术、几何、比与比例概要》（又译《数学大全》），书中系统地总结了意大利复式簿记的账簿体系与记账方法，并上升到簿记理论的高度加以总结。从此开始了近代会计的历史。

（2）从 15 世纪到 18 世纪，会计理论与方法的发展仍然是比较缓慢的，直到蒸汽技术的发明实现了社会的工业革命，才使得会计有了较大的发展。在英国，由于生产力的迅速提高，会计迅速发展，过去，会计主要是记账和算账，现在还要编制和审查报表，而为满足编制财务报表的需要，还要求研究资产的估价方法和有关理论等。

（3）第一次世界大战以后，美国取代了英国的霸主地位，无论是生产上还是科学技术的发展上，都处于遥遥领先的地位。因此，会计学的发展中心也从英国转移到美国。在 20 世纪 20 年代和 30 年代，美国对标准成本会计的研究有了突飞猛进的发展。到这一时期，会计方法已经比较完善，会计科学也已经比较成熟。

3. 现代会计

20 世纪 20 年代以后，世界经济迅速发展，促进了会计的深刻变革。会计的地位和作用、会计的目标、会计所应用的原则、方法和技术都在不断发展、变化并日趋完善，逐步形成自身的理论和方法体系。另外，科学技术水平的提高也对会计的发展起了很大促进作用。现代数学，现代管理科学与会计的结合，特别是电子计算机在会计数据处理中的应用，使会计工作的效能发生了很大变化，它扩大了会计信息的范围，提高了会计信息的精确性，会计不仅为企业主服务，而且应当考虑到企业外部有关利益集团的需要，传统会计的服务职能和内部管理职能逐步分离，形成了财务会计和管理会计两大相互依存又相对独立的会计分支，这是会计发展历史上又一次飞跃，标志着现代会计走向成熟，实现了传统会计向现代会计的转变。

4. 我国会计的发展

从原始计量记录时代，到封建社会中叶，中国的会计发展一直位于世界先进行列，他的悠久历史及其地位为会计史学家所肯定。"事实上，早在封建社会初期，中国的工商业和信用都已相当发达，城市兴起，家资钜万的商人，千人以上的手工工场，合股经营的工商业，庞大的船队，前期形态的商业资本和高利贷资本的发展，都为复式簿记的产生奠定了经济基础。"

我国早在公元前 1066 年至公元前 771 年的西周王朝就建立了官厅会计，设置了"司会"一职来专门核算周王朝财赋收支，掌管国家和地方的财产物资。《周礼·天官》篇指出："会计，以参互考日成，以月要考月成，以岁会考岁成。"

唐朝中期，我国出现了"四柱清册"（四柱结算法），即"旧管＋新收＝开除＋实在"，使中国的会计技术提高到一个新的水平。因此唐宋两代是我国会计全面发展的时期，当时已经与巴比伦、印度、罗马等同领单式簿记世界之先。总体来说，在单式簿记阶段，中国会计特别是中国的会计报告制度，在唐、宋、元、明之际已居世界前列，这与当时的经济发展水平有着直接的联系。

明中叶后，出现了有复式簿记萌芽的"龙门账"，到了 17 世纪出现了"四脚账"，是我国有代表性的收付复式记账法。

19 世纪末期，随着资本主义经济侵入中国，复式簿记开始传入中国，20 世纪 30 年代以前，中国立足于保留中式簿记中的科学部分，希望最终产生一种改良的中式簿记，以便能够为中国工商企业所采用。由于中式簿记改良的不彻底性，在实践中被证明是不成功的。20 世纪 30 年代以后，中式簿记的革新进入改革阶段，对中式簿记进行彻底改革，全面体现复式簿记革新成果，吸收欧美国家在近代会计发展方面的最新成果，主张由西式簿记取代中式簿记，以促进中国工商业和政府会计的革新和经济的发展。但由于中式簿记改革在某些方面脱离了中国经济发展的实际，在实践中也被证明是不成功的。

国民经济恢复时期，在统一全国财经管理体制的过程中，统一了会计制度。1953—1957 年，在借鉴苏联模式建立计划经济体制的过程中，借鉴了苏联的会计制度和会计理论。一方面，批判和改造旧中国流传下来的、所谓资产阶级的经济思想和会计方法；另一方面，则引进和照搬苏联的会计理论和会计方法。

1958—1978 年，经济体制趋向僵化、经济运行出现频繁波动，相应地，会计理论与实践都遭受严重破坏。

1978—1991 年，随着建设有中国特色社会主义经济体制的理论探索与逐步实施，中国会计的发展也进入了一个振兴与发展的新时期，在这一过程中，逐步建立了具有中国特色的会计理论与方法体系。

1992 年以来，伴随经济体制向社会主义市场经济体制的转变和经济体系与国际经济体系的接轨，中国会计业务处理规范也开始向国际通行的会计惯例靠拢。这一时期，在中国会计规范体系的建设与发展过程中，会计准则的规范程度越来越高，与之相适应的规范效应也越来越大，一些基本的概念和准则条款甚至直接来源于国际会计标准。相应地，会计在中国经济管理、企业治理、经济主体行为规范乃至宏观经济运行调解等方面的作用日渐显现出来。

（二）会计的含义

在生产活动中，为了获得一定的劳动成果，必然要耗费一定的人力、财力、物力。人们一方面关心劳动成果的多少，另一方面也注重劳动耗费的高低。因此，人们在不断革新生产技术的同时，对劳动耗费和劳动成果进行记录、计算，并加以比较和分析，从而有效地组织和管理生产。会计就是这样产生于人们对经济活动进行管理的客观需要，并随着加强经济管理、提高经济效益的要求而发展，与经济发展密切相关。因此可总结出如下定义：

会计是以货币作为主要计量单位，以会计凭证为依据，借助于专门方法，对特定主体的经济业务进行全面、连续、综合、系统的核算和监督的一种经济管理活动。

会计按其报告的对象不同，又有财务会计与管理会计之分。财务会计主要侧重于向企业外部关系人提供有关企业财务状况、经营成果和现金流量情况等信息；管理会计主要侧重于向企业内部管理者提供进行经营规划、经营管理、预测决策所需的相关信息。财务会计侧重于过去信息，为外部有关各方提供所需数据；管理会计侧重于未来信息，为内部管理部门提供数据。

（三）会计目标

会计产生和发展的历史表明，人类在社会实践中运用会计的目的是要借助会计对经济活动进行记录和监督，为经济管理提供财务信息，并考核和评价经营责任，从而取得最大的经济利益。不同的经济主体为了追求经济利益，无不利用会计这项经济管理工作或信息系统。因此，会计能为哪些人提供哪些信息以及能够满足会计信息使用者的哪些需求，就是会计目标。

1. 会计目标———为经济管理和决策提供财务信息

会计目标又称为会计报表目标，是人们通过会计工作所期望达到的目的和要求。就具体内容而言，会计目标是对会计本身所提供的经济信息的内容、种类、时间、方式以及质量方面的要求。为会计报表使用者进行经济决策提供有用信息就是会计目标。这可以从以下两个方面来说明：

（1）会计在萌芽时期就孕育了提供信息的使命。我国史料中有关结绳记事、简单刻记和古印度中农业记账员的记载，毫无疑问是最原始、最简单的计量和记录行为，这些行为尚不能称为会计，但这些简单的计量和记录行为为生产和经济活动提供了信息，同时也为会计的产生提供了基础，它与社会生产的发展密切相关。当社会生产力发展到一定水平，出现了剩余产品之后，产品交换和私有制度相继出现，促成了计量和记录行为成为必要。这种必要性表现在三个方面：首先，交换经历了由物物交换到以货币为媒介的交换，计量和记录行为成为必然；其次，适应社会生产的发展，管理行为伴随而来，而管理必须依赖一定的资料和信息，它促进了计量和记录行为的发展；最后，交换和管理的结果是讲求效益，即以尽可能少的劳动耗费和物质耗费获得更多的成果，这就是效益意识。这种效益意识是推进计量和记录行为更加必要的一个重要原因。以上三个方面说明，对经济活动的计量和记录，是生产发展的客观要求，是经济活动日益频繁所推动的必然结果，它使会计在萌芽时期——简单的计量和记录行为时期——就已经孕育了提供信息的使命。

（2）会计目标随着经济环境的变化而变化，并在变化中得到了发展。上述会计萌芽时期的计量和记录行为，实质上是为社会生产活动提供所必须的信息，而那时的信息使用者就是生产者本人。当生产的社会化程度日益提高，社会生产力迅猛发展后，会计环境就发生了巨大变化。19世纪中叶出现有限责任公司后，企业的所有者开始从日常的生产经营活动中分离出来，这就要求企业管理当局向所有者提供经管责任的定期报告，这种环境变化对会计产生了重大影响，即会计不仅要向企业内部管理者提供信息，而且要给企业外部的所有者提供信息。20世纪30年代，会计准则适应经济发展的需要而产生，会计目标又是制定会计准则的主要依据之一，从而大大扩展了会计目标的作用范围。会计目标还会根据经济发展的要求而发生变化和发展。

综上所述可以看出，把会计目标定位于为经济管理和决策提供财务信息，是经济发展的客观要求所决定的，而不是人的主观臆造；会计目标受经济环境制约、随经济环境的变化而变化，并在变化中得到发展。但迄今为止，会计目标是为经济决策提供信息的主要来源这一特点没有变化。

会计目标除上述为经济决策提供财务信息之外，在国内外的理论研究和会计实务中，还有两种观点：一种观点称为"决策有用观"，即把会计目标定位于为决策提供有用的信息。例如，美国财务会计准则委员会1978年11月发布的《企业编制财务报告的目的》中讲道：编制财务报告本身不是目的，而是为了便于提供对企业和经济决策有用的信息。另一种观点称为"受托责任观"，即把会计目标定位于提供受托责任履行情况的信息。比如，1997年修订的《国际会计准则第1号——财务报表列报》认为：财务报表不仅应为广大使用者的经济决策提供信息，同时还必须反映企业管理部门对受托资源保管工作的结果。从本质上看，决策有用观并不排斥受托责任观，而是将受托责任置于决策有用这个财务报告的范围之内。

我国财政部2006年2月15日颁发的《企业会计准则——基本准则》兼顾了"决策有用观"和"受托责任观"两种观点。《企业会计准则——基本准则》第四条规定：财务会计报告的目标是向财务会计报告使用者（包括投资者、债权人、政府及其有关部门和社会公众等）提供与企业财务状况、经营成果和现金流量等有关的会计信息，反映企业管理层受托责任履行情况，有助于财务会计报告使用者做出经济决策。

2. 现阶段我国会计的目标

会计目标是建立健全会计理论与实务的基础。会计的职能、任务以及内容、方法、程序等都要服从于会计的目标。只有明确了会计目标，才能针对会计对象采用适当的方法与程序，使会计充分发挥作用。

现阶段我国企业会计目标一般包括以下几个方面：

（1）向投资者（包括国家、个人、企业和其他经济组织）提供企业财务状况、经营成果和现金流量等相关会计信息，表明代理责任的履行情况。帮助投资人分析和掌握其资本保值增值情况、企业的财务状况、经营成果、投资回报、市场占有率、企业竞争实力以及发展远景，以便做出正确的投资决策；同时正确评价代理人——经理的经营业绩，实现对代理人的监督检查。

（2）向银行和其他债权人提供企业是否有足够支付能力的证明，以保证能够按期、足额地偿还债务本息等财务信息，以便债权人做出合理的信贷决策。

（3）向政府及其有关部门提供有关的会计信息，以便税务部门依据税法规定收缴税款，及时足额地组织国家财政收入；财政部门根据企业提供的有关会计信息，可以检查企业对财经纪律的遵守情况，了解是否存在违法乱纪行为；金融部门加强对金融和资本等各类市场的监管；政府有关部门有效组织和调整社会资源配置，做出合理的经济调控决策。

（4）向经营者提供内部管理所需的相关信息，以便经营者预测未来的经营情况和财务状况，并做出经营决策和管理决策，进行筹资、生产经营控制、投资等经营管理决策，加强对日常经营活动的管理和控制。

（5）向社会公众（包括企业的雇员、客户以及与本企业有关联的其他企业等）提供经营情况的信息，以便员工、客户对企业实行监督，保护其经济利益和合法权益。

二、会计的基本职能

会计的职能是会计在经济管理过程中所具有的功能。今天，人们一般认为会计的基本职能包括进行会计核算和实施会计监督两个方面。会计的这两项基本职能已写入《中华人民共和国会计法》，对会计工作的开展具有重要的指导意义。

生产力发展水平和经营管理水平的高低，对会计的职能具有决定性的影响。例如，在生产力水平较低的时代，会计的主要功能在于简单的计量、记录，以反映为主；而在生产力水平较发达、管理水平较高的今天，记账、算账、报告已不能满足经济管理的需要，发挥会计的经济监督作用便成为会计的一项重要功能。因此，我们可从如下两方面对会计的基本职能展开分析。

（一）会计核算职能

会计核算贯穿于经济活动的全过程，是会计最基本的职能，也称反映职能。它是指会计以货币为主要计量单位，对特定主体的经济活动进行确认、计量、记录和报告，为有关各方提供会计信息。会计核算的内容具体表现为生产经营过程中的各种经济业务，包括：①款项和有价证券的收付；②财物的收发、增减和使用；③债权、债务的发生和结算；④资本、基金的增减和经费的收支；⑤收入、费用、成本的计算；⑥财务成果的计算和处理；⑦其他需要办理会计手续、进行会计核算的事项。

确认是运用特定会计方法、以文字和金额同时描述某一交易或事项，使其金额反映在特定主体财务报表的合计数中的会计程序。确认分为初始确认和后续确认。

计量是确定会计确认中用以描述某一交易或事项的金额的会计程序。计量分为初始计量和后续计量。

记录是指对特定主体的经济活动采用一定的记账方法、在账簿中进行登记的会计程序。

报告是指在确认、计量和记录的基础上，对特定主体的财务状况、经营成果和现金流量情况（行政、事业单位是对其经费收入、经费支出、经费结余及其财务状况），以财务报表的形式向有关方面报告。

会计核算要求做到真实、准确、完整、及时和比较。

（1）真实。真实性是对会计信息质量要求的第一原则。是指会计核算应当以实际发生的经济业务为依据，如实反映企业财务状况和经营成果，做到内容真实、数字准确、资料可靠。只有会计核算记录的数字和情况是真实的，才能保证记账、算账、报告是真实的，会计资料才是有用的。真实是会计的生命。会计核算的过程应当如实再现经济活动的全貌。

（2）准确。要求对会计事项的处理是合理、合法的，有关数字的计算是正确的。

（3）完整。要求对企业、事业等单位的生产经营活动和其他活动的各方面或全过程都得到全面的记录、计算和报告，不得有所遗漏。只有会计核算完整，才能为报表使用者提供全面、正确的资料，才能为决策者制定政策、计划，做出正确的经营决策，群众参与和监督经营活动，提供有效的依据。

（4）及时。是要随着经济业务的发生，按时得到会计处理和记录、计算，并根据有关规定按时向有关对象报告。及时为单位领导提供会计信息，有利于领导在激烈的市场竞争中做出正确的决策；及时为企业各部门提供会计信息，有利于对生产过程的耗费进行控制，提高经济效益。

（5）比较。是对发生的经济业务从多方面进行比较，做出恰当的估计和判断，做到投入少而产出多。如企业采购材料，销售产品。比较包含在会计核算的过程中，才能发挥会计的应尽之责，会计之于管理的作用才能更好地发挥。人们习惯对一事项所说的合算不合算，就是看是不是经济、节约。可见，比较是会计核算的内核属性之一。

（二）实施会计监督

会计监督职能也称控制职能，是指对特定主体经济活动和相关会计核算的合法性、合理性进行审查，即以一定的标准和要求利用会计所提供的信息对各单位的经济活动进行有效的指导、控制和调节，以达到预期的目的。会计监督的内容包括：①监督经济业务的真实性；②监督财务收支的合法性；③监督公共财产的完整性。会计监督是一个过程，它分为事前监督、事中监督和事后监督。

会计监督职能要求会计人员在进行会计核算的同时，也要对特定主体经济业务的合法性、合理性进行审查。合法性审查是指保证各项经济业务符合国家有关法律法规，遵守财经纪律，执行国家有关方针政策，杜绝违法乱纪行为；合理性审查是指检查各项财务收支是否符合特定主体的财务收支计划，是否有利于预算目标的实现，是否有奢侈浪费行为，是否有违背内部控制制度要求等现象，为增收节支、提高经济效益严格把关。

充分发挥会计监督职能，必须明确会计监督中的几个问题：

（1）会计监督的目的。明确目的，监督就有了方向。会计监督的主要任务是对经济活动的合法性、合理性、有效性进行监督，加强经济管理，提高经济效益。对违反国家财政制度和财务制度规定的收支不予办理。维护国家财政、财务制度，保护国家公共财产。

（2）会计监督的主体和客体。会计监督的主体是各单位的会计机构和会计人员。会计监督的对象（客体）是社会再生产过程中的资金运动及其成果。凡是能用货币表现的经济活动及其成果，都是会计监督的对象。

（3）会计监督的范围。从广义来说，会计监督的范围包括会计账目失实、经济犯罪行为、违反财经纪律和经营决策失误等四个方面。从目前我国会计机构的职责来看，会计能直接监督的范围，实践中只限于会计账目失实和违反财经纪律两个方面。经济犯罪行为和经营决策失误问题，会计不能直接监督，应该协助有关部门做好调查研究，随时提供情况，共同采取措施加以防范。

（4）会计监督的依据。是判明经济活动合法性、合理性和有效性的标准。主要来自三个方面。①法律依据。包括国家规定的方针政策、法律法规和财政财务制度。②理论依据。主要指会计原理和处理会计事务的规范。③事实依据。指经济活动的真实情况。事实依据是会计监督的基础，会计监督要尊重事实，必须实事求是，查明事实真相，决不能主观猜测。

（5）会计监督程序。根据不同情况进行不同处理。有的问题在监督中要直接表明态度，哪些可以办理，哪些不能办理，不能办理的会计事项，应该说明情况，不予办理。

手续不全的要求补办手续。会计人员无权处理的，要向单位领导报告，责成有关单位查明原因，做出处理。还有一些问题属于违反国家财经纪律，如果会计人员同单位领导人意见不一致，而单位领导人坚持要办，可以照办，但要向上级机关提出书面报告说明情况，请示处理。

（6）会计监督的方式。会计监督的方式，有事前监督、日常监督和事后监督三种。①事前监督是监督财务计划的编制是否符合党和国家的方针政策，计划指标是否先进、合理、符合上级的要求，签订的经济合同有无违反国家规定的条款。通过事前监督做到防微杜渐。②日常监督是监督财力收支是否符合制度规定，对不合法、不真实的原始凭证不予办理。对弄虚作假、谎报情况的要追究责任，监督财产物资是否同账簿记录相符，有无漏洞以及财务计划执行有无问题。通过日常监督做到把住关口，防止错弊。③事后监督是对财务计划的执行情况加以检查分析，提出改进意见，对违法行为进行揭露和斗争。通过事后监督，做到扬长避短、总结经验。

（7）会计监督的方法。会计监督的方法依据监督的对象来决定，有以下三种：①制度监督。建立内部会计控制制度和稽核制度。内部会计控制是指为了保护公共财产，提高经营效率，确保会计核算的准确性、可靠性和内部会计工作的协调所采取的各种控制方法和程序。稽核制度是指所有会计业务，从填制凭证，登记账簿到编制报表，都要有人稽核。稽核通常由处理经济业务当事人以外的会计人员担任。②账务监督。包括凭证审核、账簿审核和报表审核。凭证审核是会计监督的主要方法：要审查原始凭证中反映的经济业务是否真实、合理、合法；要审查凭证的填制、手续是否完备、格式是否合乎要求。账簿和报表审核可以采用逆查法：即从报表中分析指标，发现问题，找到线索，再追查到账簿和凭证，把问题的真相搞清楚。也可以采用顺查法：先检查凭证和账簿，再查报表，了解报表的编制有无根据，数字是否真实。③财物监督。主要是审核平时财物的收发手续是否严格，有无漏洞，进行定期盘点，检查账实是否一致，如有可疑之处，也可进行临时抽查。

会计核算和会计监督这两个会计的基本职能是相辅相成、辩证统一的关系。会计核算是全部会计工作的基础，没有核算所提供的各种信息，监督就失去了依据；会计监督又是会计核算质量的保障，通过监督进行核算，才能为会计信息的使用者提供真实可靠的数据资料，离开了监督，核算就毫无意义。

会计的核算职能同监督职能相比，虽然都是基本职能，但核算职能是最基本的，因为会计若不具备核算职能，不能提供会计信息，也就失去了会计最基本的特征。但是，就职能的重要性来讲，监督更为重要。这是因为，监督是在核算基础上的更高级的发展，人们通过监督可以为经济活动达到预期目的提供保证。在经济活动日趋复杂和生产经营不断扩大的条件下，会计监督的重要性与日俱增，核算通过监督才能发挥应有的作用。但这并不是说核算和监督可以割裂开来，二者互相依存，互相渗透，密切结合。

　　除具有核算和监督两项基本职能外，会计还具有预测经济前景、参与经济决策、计划组织以及绩效评价等职能。随着生产力水平的日益提高、社会经济关系的日益复杂和管理理论的不断深化，会计所发挥的作用日益重要，其职能也在不断丰富和发展。

第二节　会计核算的基本前提

　　会计是对社会再生产过程中资金运动进行核算和控制的一种管理手段。生产与经济活动的复杂性决定了资金运动也必然是多层次、多步骤的复杂过程，会计是随着生产和管理的需要而产生和发展起来的，因此必须对会计核算和控制的空间范围、时间界限、会计对象以及计量手段等加以限定，会计只能在一定的环境中，运用一定的工具（或手段），对一定的对象进行核算和控制。一定的环境（尤其是在市场经济条件下的环境），既包括社会与经济条件，也包括时间和空间范围的环境；一定的对象是指在一定的环境条件下的经济活动。因此，在进行会计核算时，首先应明确会计核算的前提条件。当前，会计界认识比较一致的会计核算的基本前提（也叫会计假设）包括会计主体、持续经营、会计分期、货币计量。

一、会计主体

　　会计主体也称会计实体，是指会计确认、计量和报告的空间范围。是会计工作为之服务的特定单位或组织。为了向财务报告使用者反映企业财务状况、经营成果和现金流量，提供与其决策有用的信息。会计核算和财务报告的编制应当集中于反映特定对象的活动，并将其与其他经济实体区别开，才能实现财务报告的目标。

　　在会计主体假设下，企业应当对其本身发生的交易或者事项进行会计确认、计量和报告，反映企业本身所从事的各项生产经营活动。明确界定会计主体是开展会计确认、计量和报告工作的重要前提。

　　首先，明确会计主体，才能划定会计所要处理的各项交易或事项的范围。在会计工作中，只有那些影响企业本身经济利益的各项交易或事项才能加以确认、计量和报告，那些不影响企业本身经济利益的各项交易或事项则不能加以确认、计量和报告。会计工作中通常所讲的资产及负债的确认、收入的实现、费用的发生等，都是针对特定会计主体而言的。

　　其次，明确会计主体，才能将会计主体的交易或者事项与会计主体所有者的交易或者事项以及其他会计主体的交易或者事项区分开来。例如，企业所有者的经济交易或者事项是属于企业所有者主体所发生的，不应纳入企业会计核算的范围。但是企业所有者投入企业的资本或者企业向所有者分配的利润，则属于企业主体所发生的交易或者事项，应当纳入企业会计核算的范围。

会计主体不同于法律主体。一般来说，法律主体必然是一个会计主体。例如一个企业作为一个法律主体，应当建立财务会计系统，独立反映其财务状况、经营成果和现金流量。但是，会计主体不一定是法律主体。例如，在企业集团的情况下，一个母公司拥有若干子公司，母子公司虽然是不同的法律主体但是母公司对于子公司拥有控制权，为了全面反映由母子公司组成企业集团的财务状况、经营成果和现金流量，就有必要将企业集团作为一个会计主体，编制合并财务报表。再如由企业管理的证券投资基金、企业年金基金等，不属于法律主体，但属于会计主体，应当对每项基金进行会计确认、计量和报告。

作为会计主体，必须具备三个条件：①具有一定数量的经济资源；②进行独立的生产经营活动或其他活动；③实行独立核算，提供反映本主体经济情况的会计报表。

二、持续经营

持续经营，是指在可以预见的将来，企业将会按当前的规模和状态继续经营下去不会停业，也不会大规模削减业务。在持续经营前提下，会计确认、计量和报告应当以企业持续、正常的生产经营活动为前提。

一般地说，企业的存在状态有两种类型，一是能够在长时间内生存发展，即持续经营；二是有明显证据表明企业即将破产清算。虽然这两种情况随时都会存在，但相对而言，持续经营是较为普遍、大量和重要的情况，而后一种情况则属于个别或较为特殊的状态。因此，把日常会计核算的基础确定在企业能够持续经营这一前提上是合理的。

企业是否持续经营，在会计原则、会计方法的选择上有很大差别。一般情况下。应当假定企业将会按照当前的规模和状态继续经营下去。明确这个基本假设，就意味着会计主体将按照既定用途使用资产，按照既定的合约条件清偿债务，会计人员就可以在此基础上选择会计原则和会计方法。如果判断企业会持续经营，就可以假定企业的固定资产会在持续经营的生产经营过程中长期发挥作用，并服务于生产经营过程，固定资产就可以根据历史成本进行记录，并采用一定的方法提取折旧，将历史成本分摊到各个会计期间或相关产品的成本中。如果判断企业不会持续经营，固定资产就不应采用历史成本进行记录并按期计提折旧了。例如，某企业购入一条生产线，预计使用寿命为10年，考虑到企业将会持续经营下去，因此可以假定企业的固定资产会在持续经营的生产经营过程中长期发挥作用，并服务于生产经营过程，即不断地为企业生产产品，直至生产线使用寿命结束。为此固定资产就应当根据历史成本记录，并采用折旧的方法，将历史成本分摊到预计使用寿命期间所生产的相关产品成本中。

如果一个企业在不能持续经营时还假定企业能够持续经营，并仍按持续经营基本假设选择会计确认、计量和报告原则与方法，就不能客观地反映企业的财务状况、经营成果和现金流量，会误导会计信息使用者的经济决策。

会计核算上所采用的一系列会计处理方法都是建立在持续经营前提的基础上。例如，在持续经营的前提下，才能运用历史成本计量企业的资产，并按照原来的偿还条件偿还他所承担的债务。正是由于持续经营前提在会计工作中得到肯定，因而会计核算所收集的经济数据和所运用的各种会计程序、方法所提供的信息，才能保持一定的稳定性和可靠性。

三、会计分期

会计分期又称为会计期间，是将会计主体连续不断的经营过程，人为地划分为若干个连续、等分期间（年度、半年度、季度、月度），以便分期结算账目，按期编制财务会计报告。会计分期是从持续经营前提引申出来的，它是持续经营前提和及时提供会计信息的客观要求。会计分期前提规范了会计确认、计量和报告的时间范围。

企业的经营活动从时间上看是持续不断的，按理企业最后的盈亏要等企业经营活动全部结束后才能计算出来，而会计信息的使用者需要定期掌握企业的财务状况、经营成果和现金流量的信息，这就要求会计必须将企业持续不断的经营过程人为划分成若干连续、相等的期间，分期确认、计量和报告企业的财务状况、经营成果和现金流量。由于会计分期，才有当期与其他期间的差别，从而出现权责发生制与收付实现制的区别，进而出现了应收、应付、预提、待摊等会计处理方法。

会计期间分为年度和中期。年度和中期均按公历起讫确定。中期，是指短于一个完整的会计年度的报告期间，如半年度、季度和月度。

四、货币计量

货币计量是指会计主体在进行会计确认、计量和报告时以货币作为统一计量单位记录和反映会计主体的财务状况、经营成果和现金流量。

货币计量假设包含两层含义：一是货币是商品一般等价物，是衡量商品价值的共同尺度，具有价值尺度、流通手段、贮藏手段和支付手段等特点，其他计量单位，如重量、长度、容积、台、件等，都只能从一个侧面反映企业的生产经营情况，无法在量上汇总和比较，不便于会计计量和经营管理；二是货币币值是相对稳定不变的，对于货币购买力的波动不予考虑。因为只有在币值稳定或相对稳定的情况下，不同时点的资产价值才能客观、可靠地反映企业的经营状况。

在我国，会计核算以人民币为记账本位币。日常经营业务收支以外币为主的企业，也可选用某种外币为记账本位币，但编制财务会计报告时，应折算为人民币反映。在境外设立的中国企业向国内有关部门报送的财务会计报告，应折算为人民币。

第三节　会计核算基础

会计核算的基础有权责发生制和收付实现制两类。针对不同类型的会计主体，由于提供会计信息的目的和经济业务具有差异性，所以采用不同的会计核算基础。一般而言，企业类以盈利为目的的会计主体往往采用权责发生制会计核算基础；非营利组织一般不以盈利为目的，往往采用收付实现制会计核算基础。

企业在进行交易的过程中，与收入与费用有关的款项收支期间与其归属期间往往出现不一致，为保证相关的收入与相关的费用相互配比，就要研究按照什么样的方法确认收入和费用的问题，权责发生制与收付实现制确认收入和费用的两种方法（处理基础）。

一、权责发生制

（一）权责发生制的含义

权责发生制又称应收应付制或应计制，是指企业的会计核算应当以经济利益和经济责任的发生为标准来确认收入和费用的归属期。凡是当期已经实现的收入和已经发生或应当负担的费用，不论款项是否收付，都应作为当期的收入和费用处理；凡是不属于当期的收入和费用，即使款项已经在当期收付，都不应作为当期的收入和费用。权责发生制主要是从时间上规定会计确认的基础，其核心是根据权责关系的实际发生期间来确认收入和费用，因此，能够正确划分并确定各个会计期间的经营成果。

（二）权责发生制确认收入和费用的特点

（1）考虑预收款项和预付款项，以及应计收入和应计费用。

（2）日常账簿记录不能完整反映本期收入与费用，应于会计期末进行账项调整。

（3）核算手续复杂，反映不同会计期间的收入和费用比较合理，可正确计算经营成果。

权责发生制强调经营成果的计算，因此，有经营收支的企业都应采用权责发生制；收付实现制强调财务状况的切实性，主要适用于行政事业单位。

二、收付实现制

（一）收付实现制的含义

同权责发生制相对应的是收付实现制，也称现金制，它是以款项实际收付为标准来确定收入和费用的归属期。即凡是本期实际收到和实际付出的费用，不论是否属于本期，都应作为本期的收入和费用处理。这种会计处理方法比较简单，但对各期损益的确定不够合理。

（二）收付实现制的特点

（1）不考虑预收款项和预付款项，以及应计收入和应计费用。只要款项已收入或支出，就作为当期收入和费用处理。

（2）于会计期末根据账簿记录确定本期收入与费用，不存在期末账项调整问题。

（3）核算手续简单，强调财务状况的切实性，但缺乏不同会计期间的可比性。

三、权责发生制与收付实现制的应用

【例1-1】根据某企业1月发生的下列经济业务，分别按照权责发生制和收付实现制计算本月的收入和费用。

（1）本月销售产品50 000元，货款已收并存入银行。

（2）本月销售产品40 000元，货款尚未收到。

（3）收到上月提供劳务收入760元，已存入银行。

（4）用银行存款支付本月管理部门水电费380元。

（5）用银行存款预付上半年管理部门办公用房租赁费3 000元。

（6）用银行存款支付上季度银行借款利息450元。

（7）预收购货款20 000元，已存入银行。

权责发生制：

收入＝（1）50 000+（2）40 000=90 000（元）

费用＝（4）380+（5）500=880（元）

收付实现制：

收入＝（1）50 000+（3）760+（7）20 000=70 760（元）

费用＝（4）380+（5）3 000+（6）450=3 830（元）

因此，收付实现制确认收入与费用的期间与实际收付款期间一致。而权责发生制与收付实现制相比，当实际收付款期间与其收入实现期或费用发生期一致时，收入或费用的确认时间相同。当实际收付款期间与其收入实现期或费用发生期不一致时，收入或费用的确认期间不同。

第四节　会计信息的质量要求

会计信息是会计主体按照国家统一会计制度规定所提供的一种标准语言文字，它是经过加工或者处理的会计数据。会计信息质量要求是对企业财务报告中所提供的会计信息质量的基本要求，是使财务报告所提供会计信息对使用者决策有用所应具备的基本特征，根据我国的《企业会计准则——基本准则》的规定，包括真实性、相关性、明晰性、可比性、实质重于形式、重要性、谨慎性和及时性等八大要求。

一、真实性

真实性要求又可称为客观性要求或可靠性要求，是指企业应当以实际发生的交易或者事项为依据进行会计确认、计量和报告，如实反映会计主体的财务状况、经营成果和现金流量，做到会计信息内容真实、资料可靠、数字准确。具体包括以下要求：

（1）企业应当以实际发生的交易或者事项为依据进行会计确认、计量和报告，不能以虚构的交易或者事项为依据进行会计确认、计量和报告。

（2）企业应当如实反映其所应反映的交易或者事项，将符合会计要素定义及其确认条件的资产、负债、所有者权益、收入、费用和利润等如实反映在财务报表中，刻画出企业生产经营及财务活动的真实面貌。

（3）企业应当在符合重要性和成本效益原则的前提下，保证会计信息的完整性，其中包括编报的报表及其附注内容等应当保持完整，不能随意遗漏或者减少应予披露的信息，与使用者决策相关的有用信息都应当充分披露。

二、相关性

相关性要求又称有用性要求，是指企业提供的会计信息要同财务报告使用者的经济决策需要相关，有助于财务报告使用者对企业过去、现在或者未来的情况做出评价或者预测。

会计信息的价值，关键是看其与使用者的决策需要是否相关，是否有助于决策或者提高决策水平。相关的会计信息应当有助于使用者评价企业过去的决策，证实或者修正过去的有关预测，因而具有反馈价值。相关的会计信息还应当具有预测价值，有助于使用者根据财务报告所提供的会计信息预测企业未来的财务状况、经营成果和现金流量。例如，区分收入和利得、费用和损失，区分流动资产和非流动资产、流动负债和非流动负债等，都可以提高会计信息的预测价值，进而提升会计信息的相关性。

为了满足会计信息质量的相关性要求，企业应当在确认、计量和报告会计信息的过程中，充分考虑使用者的决策模式和信息需要。当然，对于某些特定目的或者用途的信息，财务报告可能无法完全提供，企业可以通过其他形式予以提供。

三、明晰性

明晰性要求企业提供的会计信息应当清晰明了，便于财务报告使用者理解和使用。

企业编制财务报告、提供会计信息的目的在于使用，而要使使用者有效地使用会计信息，应当能让其了解会计信息的内涵，弄懂会计信息的内容，这就要求财务报告所提供的会计信息应当清晰明了，易于理解。只有这样，才能提高会计信息的有用性，实现财务报告的目标，满足向使用者提供决策有用信息的要求。

鉴于会计信息是一种专业性较强的信息产品，因此，在强调会计信息的明晰性要求的同时，还应假定使用者具有一定的有关企业生产经营活动和会计核算方面的知识，并且愿意付出努力去研究这些信息。对于某些复杂的信息，例如，交易本身较为复杂或者会计处理较为复杂，但其对使用者的经济决策是相关的，就应当在财务报告中予以披露，企业不能仅仅以该信息会使某些使用者难以理解而将其排除在财务报告所应披露的信息之外。

四、可比性

可比性要求企业提供的会计信息应当具有可比性。具体包括下列要求：

（1）为了便于使用者了解企业财务状况和经营成果的变化趋势，比较企业在不同时期的财务报告信息，从而全面、客观地评价过去、预测未来，会计信息质量的可比性要求同一企业对于不同时期发生的相同或者相似的交易或者事项，应当采用一致的会计政策，不得随意变更。当然，满足会计信息可比性的要求，并不表明不允许企业变更会计政策，企业按照规定或者会计政策变更后可以提供更可靠、更相关的会计信息时，就有必要变更会计政策，以向使用者提供更为有用的信息，但是有关会计政策变更的情况应当在附注中予以说明。

（2）为了便于使用者评价不同企业的财务状况、经营成果的水平及其变动情况，从而有助于使用者做出科学合理的决策，会计信息质量的可比性还要求不同企业发生的相同或者相似的交易或者事项，应当采用规定的会计政策，确保会计信息口径一致、相互可比，即对于相同或者相似的交易或者事项，不同企业应当采用一致的会计政策，以使不同企业按照一致的确认计量和报告基础提供有关会计信息。

五、实质重于形式

实质重于形式要求企业应当按照交易或者事项的经济实质进行会计确认、计量和报告，不应仅以交易或者事项的法律形式为依据。如果企业仅仅以交易或者事项的法律形式为依据进行会计确认、计量和报告，那么就容易导致会计信息失真，无法如实反映经济现实。

在实务中，交易或者事项的法律形式并不总能完全真实地反映其实质内容。所以，会计信息要想反映其所应反映的交易或事项，就必须根据交易或事项的实质和经济现实来判断，而不能仅仅根据它们的法律形式。

六、重要性

重要性原则要求企业提供的会计信息应当反映与企业财务状况、经营结果和现金流量有关的所有重要交易或者事项。

企业会计信息的省略或者错报会影响使用者据此做出的经济决策的，该信息就具有重要性。重要性的应用需要依据职业判断，企业应当根据其所处环境和实际情况，从项目的性质和金额大小两方面来判断其重要性。

七、谨慎性

在市场经济环境下，企业生产经营活动面临着许多风险和不确定性，例如应收款项的可收回性、固定资产的使用寿命、无形资产的使用寿命、售出存货可能发生的退货或者返修等。会计信息质量的谨慎性要求，即企业对交易或者事项进行会计确认、计量和报告应当保持应有的谨慎，充分估计到各种风险和损失，既不高估资产或者收益，也不低估负债或者费用。

但是，谨慎性的应用并不允许企业设置秘密准备，如果企业故意低估资产或者收益，或者故意高估负债或者费用，将不符合会计信息的可靠性和相关性要求，损害会计信息质量，扭曲企业实际的财务状况和经营成果，从而对使用者的决策产生误导，这是企业会计准则所不允许的。

八、及时性

及时性要求企业对于已经发生的交易或者事项，应当及时进行会计确认、计量和报告，不得提前或者延后。

会计信息的价值在于帮助使用者做出经济决策，因此具有时效性。即使是可靠、相关的会计信息，如果不及时提供，也就失去了时效性，对于使用者的效用就大大降低，甚至不再具有任何意义。在会计确认、计量和报告过程中贯彻及时性，一是要求及时收集会计信息，即在经济交易或者事项发生后，及时收集整理各种原始单据或者凭证；二是要求及时处理会计信息，即按照企业会计准则的规定，及时对经济交易或者事项进行确认或者计量，并编制出财务报告；三是要求及时传递会计信息，即按照国家规定的有关时限，及时地将编制的财务报告传递给财务报告使用者，便于其及时使用和决策。

第五节　会计核算方法

会计方法是用来核算和监督会计对象，实现会计职能，完成会计任务的手段。

会计对企业、事业等单位的经济活动进行核算、监督、预测、决策和检查，是通过会计核算、会计预测、会计决策、会计控制、会计分析和会计检查来完成的。因此，会计方法相应地可以分为会计核算方法、会计预测方法、会计决策方法、会计控制方法、会计分析方法和会计检查方法。本书着重介绍会计核算方法。

会计核算方法，是对会计对象进行连续、系统、全面、综合地核算和监督所应用的方法，它包括设置账户、复式记账、填制和审核凭证、登记账簿、成本计算、财产清查和编制会计报表。

一、设置会计科目和账户

会计科目是对会计要素的进一步分类而形成的项目。设置会计科目则是根据会计要素的具体内容和经济管理的要求，规定分类核算的项目，以便根据会计科目在账簿中开设账户。设置会计科目，是复式记账、填制凭证、登记账簿的基础。

二、复式记账

复式记账是记录经济业务的一种记账方法。它是相对于单式记账而讲的。这种记账方法的特点是对每一项经济业务，都要以相等的金额，在两个或两个以上的相互联系的账户中进行登记。采用这种记账方法记账，能反映账户的对应关系，通过这种账户的对应关系，可以了解经济业务的内容，可以进行试算平衡，还可以检查有关经济业务的合法性和合理性。自从借贷记账法产生以后，复式记账法从实践上升为理论并基本完善，因此，在现代经济管理中，复式记账法被广泛采用。

三、填制和审核凭证

这里所说凭证是指会计凭证，它是记录经济业务、明确经济责任的书面证明，是登记账簿的重要依据。从某种意义上讲，以凭证为依据，即记录经济业务必须有凭有据，也是会计核算的一个重要特点。在会计核算中，对于已经发生的经济业务，都要由经办人员填制凭证并签名盖章，然后将有关凭证交会计部门和有关部门审核后，才能作为记账的依据。因此，填制和审核凭证是会计核算方法的重要内容之一，同时，也是实行会计监督的一个重要方面。

四、登记账簿

账簿是用来连续、系统、完整地记录各项经济业务的簿籍。

登记账簿就是把所有的经济业务，在账户分类的基础上，按其发生的先后顺序，分门别类地记入有关账簿的工作。登记账簿必须以凭证为依据，不准根据估算数字登记账簿，期末还要定期办理结账和核对账目，做到账账相符。账簿提供的会计数据是管理经济的重要信息和依据，也是编制会计报表的基本依据。

五、成本计算

成本计算一般是指生产经营企业进行的商品成本计算，即计算商品从材料的采购到商品生产以至销售过程中所耗费的人力、物力和财力，在此基础上确定产品的总成本和单位成本。

产品成本是反映企业经营管理水平的综合指标，通过产品成本的计算，可以考核企业在产品生产过程中物化劳动和活劳动的消耗情况及其比例关系，为进行成本分析提供真实可靠的资料来源。因此，成本计算也是会计核算的重要方法之一。

六、财产清查

财产清查就是清点实物和核对账目，以查明各项财产物资的账存数和实存数是否一致，债权债务是否属实。通过财产清查，可以保证会计记录的正确性，做到账实相符；通过财产清查，还能查明各项财产物资的质量，以及债权债务的结算情况，以便及时处理残损和积压物资，加速企业资金周转。所以，财产清查也是会计核算的方法之一。

七、编制会计报表

会计报表是采用一定的表格形式，将企业在某一特定会计期末或期间的财务状况和生产经营情况加以综合反映的一种书面报告。

会计报表是根据账簿资料编制的，它是考核、分析企业财务计划，落实经济责任，编制财务计划的重要依据，也是国家有关部门、企业的投资者了解企业生产经营情况的重要依据。因此通过编制会计报表，对一定会计期间的生产经营情况进行总结，为管理经济提供信息资料，也是会计核算方法的重要内容之一。

上述会计核算的七种方法是互相联系和互相依存的，共同构成了完整的会计核算方法体系。只有将七种方法融为一体，才能为经济管理提供真实、可靠的信息。

在会计核算方法体系中，填制和审核凭证、登记账簿及编制会计报表是整个会计核算方法体系的中心环节，在一个会计期间内，发生的所有经济业务，都要通过这三个环节进行核算。从第一个环节到第三个环节，表明本会计期间的会计核算工作已经完成，然后按上述程序进入下一会计期间，如此循环往复。会计上通常将凭证→账簿→报告的过程称为会计循环。在会计循环中会用到其他会计核算方法，会计循环的具体内容是：

企业经济业务发生时，必须由经办人员填制或取得原始凭证，并经会计人员按有关制度、法规的规定审核后，根据所设置的会计科目和账户，运用复式记账法，编制记账凭证。然后根据审核无误的记账凭证登记各种账簿，对于生产经营过程中发生的费用，应按规定的成本计算对象进行成本计算。会计期末，对账项进行调整和结算，同时通过财产清查对财产物资的账面金额和实际金额核对，经调整使账实一致后结账，并编制试算平衡表，在保证账证、账账、账实一致的基础上编制会计报表。这标志着一个会计期间的会计核算工作程序已经结束，然后按照同样的程序开始下一会计期间的核算工作，周而复始地进行循环。

拓展阅读

孔子论会计

孔子（公元前551—前479），春秋末期著名的思想家、政治家、教育家，儒家的创始者。孔子不仅在政治、文化、教育等方面对后世有着深刻影响，而且他的经济思想对后世也有深刻的影响。他既有从事微观经济活动的经历，据《孟子·万章下》记载："孔子尝为委吏矣"，也就是曾经当过主管仓库的小会计，同时他还有宏观经济的管理经验，他为官从政的生涯中，与经济事务活动有着紧密的联系，有时甚至直接参与管理国家的财政经济，有了这两方面的经历，自然而然形成了他的财务理论。

孔子说："会计当而已矣。"这一财务理论是他从事微观经济活动，也就是当小会计中领悟出来的。

从经济活动的主体内部来分析，首先对于经济事项，会计要判断恰当，透过现象看本质，然后才能去伪存真，处理得当，使所有者的财产不受损失，当收则收，不能多收也不能少收，当用则用，不能多用也不能少用，也就是孔子说的当而已矣。其次，会计要记录经济事项，正确地记录，正当地记录，必须做到毫厘不爽，账物相符，账钱相符，准确无误。要做到这些，会计人员必须谨慎细心，不能粗枝大叶，马马虎虎，也是当而已矣。对于经济活动主体外部以及会计而言，还要适当地表述，不仅仅只是会计看得懂，至少还要让管理者所有者看得懂，有多少物质，有多少钱财。当时的会计应该没有假账，这种表述对内亦可，对外亦可，这类似于我们的会计报表以及会计报表附注，还是当而已矣。同时孔子还对会计提出了要求，他说"君子喻于义，小人喻于利"。"义"，《中庸》解释为"义者宜也"，也就是正当的行为，正当的事。孔子的当而已矣，还可以理解为要求会计要采取正当的行为，做正当的事，对会计提出了职业道德的要求。

孔子的一句"当而已矣"，将小会计中的大学问发挥得淋漓尽致。

孔子的另一财务理论"政在节财"是从宏观经济的角度来论述的。

《史记·孔子世家》中，齐景公问政于孔子，孔子说，"政在节财。"在国家开支方面，他提倡节用，实质是治国安民，藏富于民，使统治者的政权能够长久地维持下去，所以在财政征收和税法方面，他反对聚敛，"财聚则民散，财散则民聚""与其有聚敛之臣，宁有盗臣""节用而爱人，使民以时"，都是他"政在节财"的宏观观点下生发出来的。孔子一生把礼制看得比什么都重，"非礼勿视，非礼勿听，非礼勿言，非礼勿动"，自然也要"非礼勿收"了。不仅要"非礼勿收"，当收则收，不当收则坚决不能收，更不能多收，还要"非礼勿用"，不当用则不用，更不能多用，一定要节用。一切以礼制为标准，财务也要按照礼制的要求行事。孔子主张取要得当，用要得当，算也要得当，这样政权才能永久稳固。

看来孔子的礼制大学问中，也有小会计，小财务，涉及治国之道的财政经济大学问中也有小会计，小财务。

孔子的第三个财务理论是讲财务的诚信以及会计人员的选拔。

他说，"人而无信，未知其可也"，还说"信则人任焉""民无信不立""君子喻于义，小人喻于利""朝闻道，夕死可矣""道不同，不相为谋"等。他说的义和道，都是讲的会计人员的诚信，也就是会计要采取正当的行为，做正当的事，这是从会计人员对于自身素质要求来讲的，是内部的，这可能和他自己曾经当过小会计的切身感受相关。

外部的，则是会计人员的选拔者，对于无信之人，未知其可也，是不能任用的，如果信则人任焉，也就是知人善任，这也符合他说的"会计，当而已矣"。也就是说要选拔合适的、适当的人才担任会计，要选择信的人，义的人，明道的人，道相同的人担任会计，因为这样的人才是合适的、适当的会计人选，而这就不是他当小会计所能领悟的了，而应该是他在参与宏观经济的管理中领悟出来的。

细心的会计人，如果仔细阅读《中华人民共和国会计法》，会发现里面有一个有趣的现象，里面的表述为：会计人应当怎样，会计机构应当怎样，单位负责人应当怎样，各单位应当怎样，会计记录应当怎样，财务报告应当怎样，财政、审计、税务等管理监督机构应当怎样等，都离不开一个词语"应当"。这和孔子的"当"，多么吻合。

虽然孔子在财务方面的言论较少，但都是经典，一句"会计当而已矣"足矣！精辟深刻，言简意赅：选适当的会计人，做恰当的会计事，进行适当的会计表述，等等，对我们今天的财务会计工作仍有积极的借鉴作用。

思政小课堂

通过对会计产生和发展史的学习，我们认识了我国的会计起源、会计实践和理论发展，感受到中华文明源远流长，其中蕴藏着丰富的商业文明和会计文明。在中华文明长期的历史进程中，我们统一的政治制度孕育了世界上最完善的官厅会计制度，被会计学术界公认为世界官厅会计的巅峰。

今天，中国的会计人在党的领导下正在走一条自己的道路，致力于建立与中国特色社会主义制度相适应的会计制度，中国会计人也在用中国的会计理论和经验反哺国际会计的发展。当代大学生要树立对于中国特色社会主义的道路自信、理论自信、制度自信和文化自信；同时，要树立远大的理想，积极参与到中国特色社会主义建设中。

课后练习

第二章 会计要素与会计等式

课件

引导案例 ▶

　　任何企业都必须拥有资金或者设备，无论企业进行何种经济活动都离不开企业资金的支持。而企业的资金大部分来源于企业投资者投入，企业可以长期、持续地使用投资者资金而无须返还；而投资者可以凭借投资分配利润、行使公司经营管理权。另一种由企业债权人提供，对企业来说就是负债，到期必须偿还。作为会计，必须对企业发展所需资金进行融资，并将投资人（所有者）和债权人投入公司的资金记录下来，以便将来合理地利用和使用资金，为公司的发展提供储备金。

　　那么，什么是所有者？什么是债权人？所有者权益和债权人权益有何区别？

学习目标 ▶

　　（1）通过本章的学习，明确会计对象与会计要素的含义。
　　（2）掌握会计基本等式与经济业务对会计等式的影响。

第一节 会计对象与会计要素

一、会计对象

　　前已述及，会计需要以货币为主要计量单位，对特定主体的经济活动进行核算与监督。从宏观上来说，会计对象是再生产过程中的资金运动；从微观上来说，会计对象是一个单位能够用货币表现的经济活动。因此，会计的对象是指会计所核算和监督的内容，即特定主体能够以货币表现的经济活动。以货币表现的经济活动通常又称为价值运动或资金运动。资金运动包括各特定主体的资金投入、资金运用（即资金的循环与周转）和资金退出等过程，而具体到企业、事业、行政单位又有较大差异。即便同样是企业，工业、农业、商业、交通运输业、建筑业及金融业等也均有各自资金运动的特点，其中尤以工业企业最具代表性。下面以工业企业为例，说明会计的具体对象。

工业企业是从事工业产品生产和销售的营利性经济组织。为了从事产品的生产与销售活动，企业必须拥有一定数量的资金，用于建造厂房、购买机器设备、购买材料、支付职工工资、支付经营管理中必要的开支等，生产出的产品经过销售后，收回的货款还要补偿生产中的垫付资金、偿还有关债务、上交有关税金等。由此可见，工业企业的资金运动包括资金的投入、资金的循环与周转（包括供应过程、生产过程、销售过程三个阶段）以及资金的退出三部分，既有一定时期内的显著运动状态（表现为收入、费用、利润等），又有一定日期的相对静止状态（表现为资产与负债及所有者权益的恒等关系）。

资金的投入包括企业所有者投入的资金和债权人投入的资金两部分，前者属于企业所有者权益，后者属于企业债权人权益——企业负债。投入企业的资金一部分构成流动资产，另一部分构成非流动资产。

资金的循环和周转分为供应、生产、销售三个阶段。在供应过程中，企业要购买材料等劳动对象，产生材料买价、运输费、装卸费等材料采购成本，与供应单位发生货款结算关系。在生产过程中，劳动者借助于劳动手段将劳动对象加工成特定的产品，发生材料消耗的材料费、固定资产磨损的折旧费、生产工人劳动耗费的人工费等，构成产品使用价值与价值的统一体，同时，发生企业与工人之间的工资结算关系。在销售过程，企业把生产的产品按一定的售价销售给用户，发生产品成本的结转、与销售有关的费用、专设销售机构的费用等，同购货单位发生货款结算关系。企业获得的销售收入，扣除各项费用后的利润，还要提取盈余公积。

资金的退出包括偿还各项外部债务、上交各项税金、向所有者分配利润等，这部分资金离开本企业，退出本企业的资金循环与周转。

上述资金运动的三个阶段构成了开放式的运动形式，是相互支撑、相互制约的统一体。没有资金的投入，就不会有资金的循环与周转；没有资金的循环与周转，就不会有债务的偿还、税金的上交和利润的分配等；没有这类资金的退出，就不会有新一轮的资金投入，就不会有企业的进一步发展。

资金在运动过程中呈现出显著的运动状态，同时也具有某一时点上的相对静止状态。仍以工业企业为例：为了维持生产经营活动，企业必须拥有一定量的经济资源（即资产），它们分布在企业生产经营的不同阶段（供应、生产、销售等阶段）和不同方面（表现为厂房、机器设备、原材料、在产品、库存商品及货币资金等），我们称之为资金占用。另外，这些经济资源的取得需要通过一定的途径，包括来自投资者投入的资金或是债权人提供的借款等，我们称之为资金来源。从任一时点上看，资金运动都处于相对静止的状态，即企业的资金在任一时点上均表现为资金占用和资金来源两方面，这两个方面既相互联系，又相互制约。

二、会计要素

（一）会计要素的概念

为了具体实施会计核算，需要对会计核算和监督的内容进行分类。会计要素是指对会计对象按经济特征所作的最基本分类，也是会计核算内容的具体化。合理划分会计要素，有利于清晰地反映产权关系和其他经济关系。企业会计要素分为六大类，即资产、负债、所有者权益、收入、费用和利润。其中，资产、负债和所有者权益三项会计要素反映企业的财务状况；收入、费用和利润三项会计要素反映企业的经营成果。事业单位会计要素分为五大类，即资产、负债、净资产、收入和支出。

前已述及，资金运动具有相对静止状态和显著运动状态，在相对静止状态，企业的资金表现为资金占用和资金来源两方面，其中资金占用的具体表现形式就是企业的资产，资金来源又可分为企业所有者投入资金和债权人投入资金两类。债权人对投入资产的求偿权称为债权人权益，表现为企业的负债；企业所有者对净资产（资产与负债的差额）的所有权称为所有者权益。从一定日期这一相对静止状态来看，资产总额与负债和所有者权益的合计必然相等，由此分离出资产、负债及所有者权益三项表现资金运动静止状态的会计要素。另外，企业的各项资产经过一定时期的营运，将发生一定的耗费，生产出特定种类和数量的产品，产品销售后获得收入，收支相抵后确认为当期损益，由此分离出收入、费用及利润三项表现资金运动显著变动状态的会计要素。资产、负债及所有者权益构成资产负债表的基本框架，收入、费用及利润构成利润表的基本框架，因而这六项会计要素又称为财务报表要素。

（二）反映企业财务状况的会计要素及其确认

财务状况是指企业一定日期的资产及权益情况，是资金运动相对静止状态时的表现。反映财务状况的会计要素包括资产、负债、所有者权益三项。

1. 资产

资产是指企业过去的交易或者事项形成的、由企业拥有或者控制的、预期会给企业带来经济利益的资源。它包括各种财产、债券和其他权利。

一般认为企业与企业外部的经济活动为交易；企业内部的经济活动为事项。

企业过去的交易或者事项包括购买、生产、建造行为或其他交易或者事项。预期在未来发生的交易或者事项不形成资产。

由企业拥有或者控制，是指企业享有某项资源的所有权，或者虽然不享有某项资源的所有权，但该资源能被企业所控制。

预期会给企业带来经济利益，是指直接或者间接导致现金和现金等价物流入企业的潜力。具体来讲，企业从事生产经营活动必须具备一定的物质资源，如货币资金、厂房场地、机器设备、原材料等等，这些都是企业从事生产经营的物质基础，都属于企业的资产。此外，像专利权、商标权等不具有实物形态，但却有助于生产经营活动进行的无形资产，以及企业对其他单位的投资等，也都属于资产。

（1）资产的特征。根据资产的定义，资产具有以下基本特征：

第一，资产预期会给企业带来经济利益。所谓经济利益，是指直接或间接地流入企业的现金或现金等价物。资产都应能够为企业带来经济利益，这种经济利益可以是来自于企业的日常生产经营活动，例如企业通过收回应收账款、出售库存商品等直接获得经济利益，也可以是非日常生产经营活动，如通过对外投资以获得股利或参与分配利润的方式间接获得经济利益。按照这一特征，如果某一项目预期不能给企业带来经济利益，就不能将其确认为企业的资产。前期已经确认为资产的项目，如果不能再为企业带来经济利益的，也不能再确认为企业的资产。

第二，资产应为企业拥有的或控制的资源。一项资源要作为企业资产予以确认，应当由企业拥有，具体是指企业享有某项资源的所有权，可以按照自己的意愿使用或处置资产。或者即使不为企业拥有，也是企业所能够控制的。

第三，资产是由过去的交易或事项形成的。也就是说，资产是过去已经发生的交易或事项所产生的结果，资产必须是现实的资产，而不能是预期的资产。未来交易或事项可能产生的结果不能作为资产确认。

（2）资产的确认条件。将一项资源确认为资产，除了应当符合资产要素的定义外，还要同时满足以下两个条件：

第一，与该资源有关的经济利益很可能流入企业。因为经济形势瞬息万变，与资源有关的经济利益能否流入企业或者能够流入多少，实际上带有不确定性，而根据资产要素的定义，能够带来经济利益是资产的一个重要特征，资产的确认应当与经济利益流入的不确定性程度的判断结合起来。

第二，该资源的成本或者价值能够可靠的计量。可靠性计量是所有会计要素确认的重要前提，企业取得的许多资产一般都是发生了实际成本的，对于这些资产，只要实际发生的购买成本、生产成本或者公允价值能够可靠地计量就应当视为符合资产的可计量性的确认条件。

（3）资产分类。资产按其流动性不同，分为流动资产和非流动资产。

流动资产是指预计在一个正常营业周期中变现、出售或耗用，或者主要为交易目的而持有，或者预计在资产负债表日起一年内（含一年）变现的资产，以及自资产负债表日起一年内交换其他资产或清偿债务的能力不受限制的现金或现金等价物。流动资产主要包括货币资金、交易性金融资产、应收票据、应收账款、预付账款、应收利息、应收股利、其他应收款、存货等。

非流动资产是指流动资产以外的资产，主要包括长期股权投资、固定资产、在建工程、工程物资、无形资产、开发支出等。

长期股权投资是指企业持有的对其子公司、合营企业及联营企业的权益性投资以及企业持有的对被投资单位不具有控制、共同控制或重大影响，并且在活跃市场中没有报价、公允价值不能可靠计量的权益性投资。

固定资产是指同时具有以下特征的有形资产：①为生产商品、提供劳务、出租或经营管理而持有的；②使用寿命超过一个会计年度。

无形资产是指企业拥有或者控制的没有实物形态的可辨认非货币性资产。例如，专利权、非专利技术、商标权、著作权、土地使用权、特许权等。

2. 负债

负债是指企业过去的交易或者事项形成的、预期会导致经济利益流出企业的现时义务。

（1）负债的特征。根据负债的定义，负债具有以下基本特征：

第一，负债的清偿预期会导致经济利益流出企业。负债通常是在未来某一时日通过交付资产（包括现金和其他资产）或提供劳务来清偿。例如，企业赊购一批材料，材料已验收入库，但尚未付款，该笔业务所形成的应付账款应确认为企业的负债，需要在未来某一时日通过交付现金或银行存款来清偿。有时，企业可以通过承诺新的负债或转化为所有者权益来了结一项现有的负债，但最终一般都会导致企业经济利益的流出。

第二，负债是由过去的交易或事项形成的。导致负债的交易或事项必须已经发生，即只有过去发生的交易或事项才形成负债，例如，购置货物或使用劳务会产生应付账款（已经预付或是在交货时支付的款项除外），接受银行贷款则会产生偿还贷款的义务。对于企业正在筹划的、将在未来发生的承诺、签订的合同等交易或事项，并不形成企业的负债。

第三，负债是企业承担的现时义务。现时义务是指企业在现行条件下已承担的义务。现时义务可以是法定义务，也可以是推定义务。未来发生的交易或者事项形成的义务不属于现时义务，不应当确认为负债。

（2）负债的确认条件。将一项现时义务确认为负债，除了应当符合负债要素的定义外，还要同时满足以下两个条件：

第一，与该义务有关的经济利益很可能流出企业。履行义务所需要流出的经济利益带有不确定性，尤其是与推定义务相关的经济利益通常需要依赖大量的估计，而"预期会导致经济利益流出企业"是负债的一个本质特征，因此，负债的确认应当与经济利益流出的不确定性程度的判断结合起来。

第二，未来流出的经济利益的金额能够可靠地计量。负债的确认也需要符合可计量性的要求，即对于未来流出的经济利益的金额应当能够可靠地计量。

（3）负债分类。负债按其流动性不同，分为流动负债和非流动负债。流动负债是指预计在一个正常营业周期内清偿、或者主要为交易目的而持有、或者自资产负债表日起一年内（含一年）到期应予以清偿、或者企业无权自主地将清偿推迟至资产负债表日后一年以上的负债。流动负债主要包括短期借款、应付票据、应付账款、预收款项、应付职工薪酬、应交税费、应付利息、应付股利、其他应付款等。非流动负债是指流动负债以外的负债，主要包括长期借款、应付债券等。

3. 所有者权益

所有者权益是指企业资产扣除负债后，由所有者享有的剩余权益。公司的所有者权益又称股东权益。所有者权益按其来源主要包括所有者投入的资本、直接计入所有者权益的利得和损失、留存收益等。

所有者投入的资本，是指所有者投入企业的资本部分，它既包括构成企业注册资本或股本部分的金额，也包括投入资本超过注册资本或者股本部分的金额，即资本溢价或股本溢价，这部分投入资本在我国会计准则体系中被计入资本公积。

直接计入所有者权益的利得或损失，是指不应当计入当期损益、会导致所有者权益发生增减变动的、与所有者投入资本或向所有者分配利润无关的利得或损失。其中，利得，是指由企业非日常活动所形成的、会导致所有者权益增加的、与所有者投入资本无关的经济利益的流入；损失，是指由企业非日常活动所发生的、会导致所有者权益减少的、与向所有者分配利润无关的经济利益的流出。比如，可供出售金融资产的公允价值变动额就属于直接计入所有者权益的利得或损失。

留存收益，是企业历年实现的净利润留存于企业的部分，主要包括计提的盈余公积和未分配利润。

从权益的原有意义来看，它包括所有者权益和债权人权益，投资者和债权人都是企业资产的提供者，他们对企业的资产都有相应的要求权。但是，两者又有显著区别，主要表现在以下几点：

①债权人对企业资产的要求权优于所有者权益。②企业的投资者可以参与企业的经营管理，而债权人往往无权参与企业的经营管理。③对于所有者而言，在企业持续经营的情况下，除按法律程序减资外，一般不能提前撤回投资；而负债一般都有规定的偿还期限，必须于一定时期偿还。④投资者以股利或利润的形式参与企业的利润分配，而债权人的债权只能按规定的条件得到偿付并获取利息收入。

所有者权益具有以下特征：①除非发生减资、清算或分派现金股利，企业不需要偿还所有者权益。②企业清算时，只有在清偿所有的负债后，所有者权益才返还给所有者。③所有者凭借所有者权益能够参与企业利润的分配。

所有者权益的确认主要依赖于其他会计要素，尤其是资产和负债的确认，所有者权益金额的确定也主要取决于资产和负债的计量。

（三）反映企业经营成果的会计要素及其确认

经营成果是企业在一定时期内从事生产经营活动所取得的最终成果，是资金运动显著变动状态的主要体现。反映经营成果的会计要素包括收入、费用、利润三项。

1. 收入

收入是指企业在日常活动中形成的、会导致所有者权益增加的、与所有者投入资本无关的经济利益的总流入。包括商品销售收入、提供劳务收入和让渡资产收入。企业代第三方收取的款项，应当作为负债处理，不应当不确认为收入。

（1）收入的特征。根据收入的定义，收入具有以下三方面特征：

第一，收入是企业在日常活动中形成的。日常活动是指企业为完成其经营目标所从事的经常性活动以及与之相关的活动。例如，工业企业制造并销售产品、商业企业销售商品、保险公司签发保单、咨询公司提供咨询服务、软件企业为客户开发软件、安装公司提供安装服务、商业银行对外贷款、租赁公司出租资产等，均属于企业的日常活动。明确界定日常活动是为了将收入与利得相区分。

第二，收入是与所有者投入资本无关的经济利益的总流入。收入只有在经济利益很可能流入从而导致企业资产增加或者负债减少，且经济利益的流入额能够可靠计量时才能予以确认。

第三，收入最终会导致所有者权益的增加。

（2）收入的确认条件。收入的确认除了要符合定义外，还应当满足严格的确认条件，因此，收入的确认至少要同时满足下列条件。

销售商品收入同时满足下列条件的，才能予以确认：①企业已将商品所有权上的主要风险和报酬转移给购货方；②企业既没有保留通常与所有权相联系的继续管理权，也没有对已售出的商品实施有效控制；③收入的金额能够可靠计量；④相关经济利益很可能流入企业；⑤相关的、已发生的或将发生的成本能够可靠计量。

提供劳务收入同时满足下列条件的，才能予以确认：①收入的金额能够可靠计量；②相关的经济利益很可能流入企业；③交易的完工进度能够可靠确定；④交易中已发生的和将发生的成本能够可靠计量。

让渡资产使用权收入同时满足下列条件的，才能予以确认：①相关的经济利益很可能流入企业；②收入的金额能够可靠计量。

2. 费用

费用是指企业在日常活动中发生的、会导致所有者权益减少的、与向所有者分配利润无关的经济利益的总流出。

（1）费用的特征。根据费用的定义，费用具有以下几方面特征：

第一，费用是企业在日常活动中形成的。费用必须是企业在其日常活动中所形成的，这些日常活动的界定与收入定义中涉及的日常活动的界定相一致，因此，日常活动所产生的费用通常包括销售成本（营业成本）、职工薪酬、折旧费、无形资产摊销费等。将费用界定为日常活动所形成的，目的是将其与损失相区分，企业非日常活动所形成的经济利益的流出不能确认为费用，而应当计入损失。

第二，费用是与向所有者分配利润无关的经济利益的总流出。费用的发生应当会导致经济利益的流出，从而导致资产的减少或者负债的增加（最终也会导致资产的减少）。其表现形式包括现金或者现金等价物的流出，存货、固定资产和无形资产等的流出或者消耗等。

第三，费用会导致所有者权益的减少。与费用相关的经济利益的流出应当会导致所有者权益的减少，不会导致所有者权益减少的经济利益的流出不符合费用的定义，不应确认为费用。鉴于企业向所有者分配利润也会导致经济利益的流出，而该经济利益的流出显然属于所有者权益的抵减项目，不应确认为费用，应当将其排除在费用的定义之外。

（2）费用的确认条件。费用的确认除了要符合定义外，还应当满足严格的确认条件，即费用只有在经济利益很可能流出从而导致企业资产减少或者负债增加、且经济利益的流出额能够可靠计量时才能予以确认。因此，费用的确认至少需要符合下列条件。①与费用相关的经济利益应当很可能流出企业；②经济利益流出企业的结果会导致资产的减少或者负债的增加；③经济利益的流出额能够可靠计量。

（3）费用分类。费用可以按是否与构成产品成本分为直接费用、间接费用和期间费用。

直接费用是指直接生产产品而发生的费用，包括直接材料费、直接人工费和其他直接费用。

间接费用是指间接为生产产品而发生的各项费用，主要指制造费用。制造费用是企业生产单位为组织和管理生产而发生的各项费用，如生产单位管理人员的工资、车间机物料消耗费用、修理费、车间办公费等。

上述为生产产品、提供劳务而发生的直接费用和间接费用应当计入产品成本中。

期间费用是指不计入产品成本，在某一个会计期间发生的各项费用，包括管理费用、销售费用和财务费用。

管理费用是指企业为组织和管理生产经营活动而发生的各项费用，包括企业的董事会和行政管理部门在企业的经营管理中发生的，或者应当由企业统一负担的公司经费（包括行政管理部门的职工工资及福利费、修理费、物料消耗、低值易耗品摊销、办公费、差旅费和业务招待费等）、工会经费、劳动保险费、聘请中介机构费、咨询费、诉讼费、业务招待费、职工教育经费、研究与开发费用等。

销售费用是指企业在销售商品的过程中发生的各项费用，包括企业在销售商品的过程中发生的运输费、装卸费、包装费、保险费、展览费和广告费，以及为销售本企业商品而专设的销售机构（含销售网点、售后服务网点等）的职工工资及福利费、业务费等。

财务费用是指企业为筹集生产经营所需资金而发生的各项费用，包括利息支出（减利息收入）、汇兑损失（减汇兑收益）以及相关的手续费等。

3. 利润

利润是指企业在一定会计期间的经营成果。通常情况下，如果企业实现了利润，表明企业的所有者权益将增加，业绩得到了提升；反之，如果企业发生了亏损（即利润为负数），表明企业的所有者权益将减少，业绩下滑了。因此，利润往往是评价企业管理层业绩的一项重要指标，也是投资者等财务报告使用者进行决策时的重要参考指标。

利润包括收入减去费用后的净额、直接计入当期利润的利得和损失等。

利润有营业利润、利润总额和净利润。营业利润是营业收入减去营业成本、税费及附加、期间费用（包括销售费用、管理费用和财务费用）、资产减值损失，加上公允价值变动净收益、投资净收益后的金额。利润总额是指营业利润加上营业外收入，减去营业外支出后的金额。净利润是指利润总额减去所得税费用后的金额。

三、会计要素计量属性

会计计量是为了将符合确认条件的会计要素登记入账，并列报于财务报表而确定其金额的过程。企业应当按照规定的会计计量属性进行计量，确定相关金额。计量属性是指所予计量的某一要素的特性，如桌子的长度、铁矿的重量、楼房的高度等。从会计角度，计量属性反映的是会计要素金额的确定基础，主要包括历史成本、重置成本、可变现净值、现值和公允价值等。

（一）历史成本

历史成本，又称为实际成本。就是取得或制造某项财产物资时所实际支付的现金或者其他等价物。在历史成本计量下，资产按照其购置时支付的现金或者现金等价物的金额，或者按照购置资产时所付出的对价的公允价值计量。负债按照其因承担现时义务而实际收到的款项或者资产的金额，或者承担现时义务的合同金额，或者按照日常活动中为偿还负债预期需要支付的现金或者现金等价物的金额计量。

（二）重置成本

重置成本又称现行成本，是指按照当前市场条件，重新取得同样一项资产所需支付的现金或现金等价物金额。在重置成本计量下，资产按照现在购买相同或者相似资产所需支付的现金或者现金等价物的金额计量。负债按照现在偿付该项债务所需支付的现金或者现金等价物的金额计量。

（三）可变现净值

可变现净值，是指在正常生产经营过程中以预计售价减去进一步加工成本和销售所必须的预计税金、费用后的净值。在可变现净值计量下，资产按照其正常对外销售所能收到现金或者现金等价物的金额扣减该资产至完工时估计将要发生的成本、估计的销售费用以及相关税金后的金额计量。

（四）现值

现值是指对未来现金流量以恰当的折现率进行折现后的价值，是考虑货币时间价值因素等的一种计量属性。在现值计量下，资产按照预计从其持续使用和最终处置中所产生的未来净现金流入量的折现金额计量。负债按照预计期限内需要偿还的未来净现金流出量的折现金额计量。

（五）公允价值

公允价值，是指市场参与者在计量日发生的有序交易中，出售一项资产所能收到或者转移一项负债所需支付的价格。以公允价值计量的相关资产或负债可以是单项资产或负债（如一项金融工具、一项非金融资产等），也可以是资产组合、负债组合或者资产和负债的组合。企业是以单项还是以组合的方式对相关资产或负债进行公允价值计量，取决于该资产或负债的计量单元。

计量单元，是指相关资产或负债以单独或者组合方式进行计量的最小单位。

企业以公允价值计量相关资产或负债，应当采用市场参与者在对该资产或负债定价时为实现其经济利益最大化所使用的假设。

市场参与者，是指在相关资产或负债的主要市场（或最有利市场）中，同时具备下列特征的买方和卖方：

（1）市场参与者应当相互独立，不存在《企业会计准则第36号——关联方披露》所述的关联方关系。

（2）市场参与者应当熟悉情况，能够根据可取得的信息对相关资产或负债以及交易具备合理认知。

（3）市场参与者应当有能力并自愿进行相关资产或负债的交易。

企业在确定市场参与者时，应当考虑所计量的相关资产或负债、该资产或负债的主要市场（或最有利市场）以及在该市场上与企业进行交易的市场参与者等因素，从总体上识别市场参与者。

主要市场，是指相关资产或负债交易量最大和交易活跃程度最高的市场。

最有利市场，是指在考虑交易费用和运输费用后，能够以最高金额出售相关资产或者以最低金额转移相关负债的市场。

有序交易，是指在计量日前一段时期内相关资产或负债具有惯常市场活动的交易。清算等被迫交易不属于有序交易。

在各种会计要素计量属性中，历史成本通常反映的是资产或者负债过去的价值，而重置成本、可变现净值、现值以及公允价值通常反映的是资产或者负债的现时成本或者现时价值，是与历史成本相对应的计量属性。当然这种关系也并不是绝对的。比如，资产或者负债的历史成本有时就是根据交易时有关资产或者负债的公允价值确定的。

第二节　会计等式

会计要素反映了资金运动的静态和动态两个方面，具有紧密的相关性，它们在数量上存在着特定的平衡关系，这种平衡关系用公式来表示，就是通常所说的会计等式。会计等式是会计要素之间内在经济联系的数字表达式，又称会计方程式、会计恒等式或会计平衡式。会计等式揭示了会计要素之间本质的内在联系，是设置账户、复式记账和编制会计报表的理论依据。它可分为反映资产、负债和所有者权益之间关系的会计等式；反映收入、利润和费用之间关系的会计等式。

一、反映资产、负债和所有者权益之间关系的会计等式

反映资产、负债和所有者权益之间关系的会计等式可以表示为：

$$资产 = 负债 + 所有者权益$$

这是最基本的会计等式。如前所述，资产是由于过去的交易或事项所引起，能为企业带来经济利益的资源。资产来源于所有者的投入资金和债权人的借入资金及其在生产经营中所产生的效益，分别归属于所有者和债权人。归属于所有者的部分形成所有者权益；归属于债权人的部分形成债权人权益（即企业的负债）。

资产和权益（包括所有者权益和债权人权益）实际是企业所拥有的经济资源在同一时点上所表现的不同形式。资产表明的是资源在企业存在、分布的形态，而权益则表明了资源取得和形成的渠道。资产来源于权益，资产与权益必然相等。资产与权益的恒等关系，是复式记账法的理论基础，也是编制资产负债表的依据。

企业在生产经营过程中，每天都会发生多种多样、错综复杂的经济业务，从而引起各会计要素的增减变动，但并不影响资产与权益的恒等关系。虽然一个企业的经济业务数量多、花样繁，但归纳起来不外乎以下两种。

（一）经济业务的发生，仅引起等式一边发生增减变化，但增减金额相等，总额不变

这里有可以分为五种情形：

（1）经济业务的发生导致等式左边的资产项目此增彼减，但增减金额相等，故等式保持平衡。

（2）经济业务的发生导致等式右边的负债项目此增彼减，但增减金额相等，故等式保持平衡。

（3）经济业务的发生导致等式右边的所有者权益项目此增彼减，但增减金额相等，故等式保持平衡。

（4）经济业务的发生导致等式右边的负债项目增加，所有者权益项目减少，但增减金额相等，故等式保持平衡。

（5）经济业务的发生导致等式右边的负债项目减少，所有者权益项目增加，但增减金额相等，故等式保持平衡。

（二）经济业务的发生，引起等式两边同时增加或减少的变化，但增加或减少的金额相等，等式保持平衡，而两边的总额或增加或减少

这里又分为四种情况。

（1）经济业务的发生引起等式左边的资产项目增加，同时导致等式右边的负债项目亦增加，增加金额相等，故等式保持平衡。

（2）经济业务的发生引起等式左边的资产项目增加，同时导致等式右边的所有者权益项目亦增加，增加金额相等，故等式保持平衡。

（3）经济业务的发生引起等式左边的资产项目减少，同时导致等式右边的负债项目亦减少，减少金额相等，故等式保持平衡。

（4）经济业务的发生引起等式左边的资产项目减少，同时导致等式右边的所有者权益项目亦减少，减少金额相等，故等式保持平衡。

下面通过分析晨星有限责任公司 6 月发生的经济业务，说明资产与权益的恒等关系（暂且不考虑增值税）。

【例 2-1】6 月 2 日，晨星公司以银行存款购买一台机器设备，价值 60 000 元。

这项经济业务仅涉及资产这一个要素，这一要素中的固定资产和银行存款两个项

目，其中固定资产增加了 60 000 元，而银行存款同时减少了 60 000 元，也就是说企业的资产内部发生增减变动，但资产总额不变。

	资产	=	负债	+	所有者权益
受经济业务的影响	银行存款 –60 000 固定资产 +60 000				

【例 2-2】6 月 7 日，晨星公司从银行借入 100 000 元的短期借款，直接用于偿还前欠 A 公司的材料采购款。

这项经济业务仅涉及负债这一要素，是这一要素中的应付账款和短期借款两个项目，其中应付账款减少了 100 000 元，短期借款增加了 100 000 元，即企业的负债内部发生增减变动，但负债总额不变。

	资产	=	负债	+	所有者权益
受经济业务的影响			短期借款 +100 000 应付账款 –100 000		

【例 2-3】6 月 14 日，晨星公司经批准将资本公积 250 000 元转增资本金。

这项经济业务仅涉及所有者权益这一要素，是这一要素的资本公积和实收资本两个项目，其中资本公积减少了 250 000 元，实收资本增加了 250 000 元，即企业的所有者权益内部发生增减变动，但所有者权益总额不变。

	资产	=	负债	+	所有者权益
受经济业务的影响					资本公积 –250 000 实收资本 +250 000

【例 2-4】6 月 15 日，持有晨星公司可转换债券的债权人，把可转换债券转为对晨星公司的投资，金额总计 150 000 元。

这项经济业务涉及负债和所有者权益两个要素，分别是负债中的应付债券项目和所有者权益中实收资本（或股本）项目，其中应付债券减少 150 000 元，实收资本（或股本）增加 150 000 元，即一项负债减少，负债总额减少，一项所有者权益增加，所有者权益总额增加，并且增减金额相等，权益总额不变。

	资产	=	负债	+	所有者权益
受经济业务的影响			应付债券 –150 000		实收资本 +150 000

【例2-5】6月18日，股东甲抽回投资260 000元，晨星公司以银行存款支付。（不考虑股东撤资的相关规定）

这项经济业务涉及资产和所有者权益两个要素，分别是资产中的银行存款项目和所有者权益中的实收资本项目，银行存款减少260 000元，实收资本减少260 000元，即等式的两边同时减少260 000元，因此并没有改变等式的平衡关系。

	资产	=	负债	+	所有者权益
受经济业务的影响	银行存款 −260 000				实收资本 −260 000

【例2-6】6月22日，晨星公司从B公司购入一批原材料，价值200 000元，货款未付。

这项经济业务涉及资产和负债两个要素，分别是资产中的原材料和负债中的应付账款，其中原材料增加200 000元，应付账款增加200 000元，即等式的两边同时增加200 000元，因此并没有改变等式的平衡关系。

	资产	=	负债	+	所有者权益
受经济业务的影响	原材料 +200 000		应付账款 +200 000		

【例2-7】6月23日，晨星公司收到所有者追加的投资500 000元，款项存入银行。

这项经济业务涉及资产和所有者权益两个要素，分别是资产中的银行存款和所有者权益中的实收资本，其中银行存款增加了500 000元，实收资本增加500 000元，即等式两边同时增加了500 000元，因此并没有改变等式的平衡关系。

	资产	=	负债	+	所有者权益
受经济业务的影响	银行存款 +500 000				实收资本 +500 000

【例2-8】6月25日，晨星公司用银行存款归还所欠华光企业的货款20 000元。

这项经济业务涉及资产和负债两个要素，分别是资产中的银行存款和负债中的应付账款，其中银行存款减少了20 000元，应付账款减少了20 000元，即等式两边同时减少20 000元，因此并没有改变等式的平衡关系。

	资产	=	负债	+	所有者权益
受经济业务的影响	银行存款 −20 000		应付账款 −200 000		

【例 2-9】6 月 28 日，股东甲继续抽回投资 40 000 元，晨星公司暂欠。

这项经济业务涉及负债和所有者权益两个要素，分别是负债中的其他应付款和所有者权益中的实收资本，其中其他应付款增加 40 000 元，实收资本减少 40 000 元，即一项负债增加，负债总额减少，一项所有者权益减少，所有者权益总额减少，并且增减金额相等，权益总额不变。

	资产	=	负债	+	所有者权益
受经济业务的影响			其他应付款 +40 000		实收资本 -40 000

在实际工作中，企业每天发生的经济业务要复杂得多，但无论其引起会计要素如何变动，都不会破坏资产与权益的恒等关系（即会计等式的平衡关系）。

二、反映收入、利润和费用之间关系的会计等式

企业经营的目的是获取收入，实现盈利。企业在取得收入的同时，也必然要发生相应的费用。通过收入与费用的比较，才能确定企业一定时期的盈利水平。

收入、费用和利润之间的关系用公式表示为：

$$收入 - 费用 = 利润$$

广义而言，企业一定时期所获得的收入扣除所发生的各项费用后的余额，即表现为利润。在实际工作中，由于收入不包括处置固定资产净收益、固定资产盘盈、出售无形资产收益等，费用也不包括处置固定资产净损失、自然灾害损失等，所以，收入减去费用，并经过调整后，才等于利润。收入、费用和利润之间的上述关系，是编制利润表的基础。

三、扩展会计等式

收入、费用和利润的变化会引起企业资产和所有者权益的变化。因为，收入会增加企业资产，费用会使资产消耗而减少；如果收入大于费用，利润为正，该利润会带来企业资产的增加。反之，利润为负，负利润会带来企业资产的减少。企业实现的利润归属于所有者权益，利润为正，表明所有者在企业的权益数额增加；反之，企业亏损，只能由所有者承担，表明所有者权益数额减少。所以通过企业生产经营活动产生收入、费用、利润后，原来的会计等式可以扩展为：

$$期初资产 = 期初负债 + 期初所有者权益$$

$$期末资产 = 期初资产 + 本期新增资产$$

$$期末所有者权益＝期初所有者权益＋利润＝期初所有者权益＋（收入－费用）$$
$$期末资产＝期末负债＋期初所有者权益＋（收入－费用）$$
$$资产＝负债＋所有者权益＋（收入－费用）$$
$$资产＋费用＝负债＋所有者权益＋收入$$

【例2-10】 6月30日，晨星公司以现金购买办公用品，共计5 000元。

这项经济业务涉及资产和费用两个要素，分别是资产中的库存现金和费用中的管理费用，其中库存现金减少5 000元，管理费用增加5 000元，即一项资产减少，资产总额减少，一项费用增加，费用总额增加，并且增减金额相等。

	资产	+	费用	=	负债	+	所有者权益	+	收入
受经济业务的影响	库存现金 -5 000		管理费用 +5 000						

这个等式不仅没有破坏会计静态等式的平衡关系，而且把企业的财务状况和经营成果联系起来了，说明了企业经营成果对资产和所有者权益产生的影响，反映了会计六项要素之间的恒等关系。会计等式反映了这种恒等关系，它始终成立，任何经济业务的发生都不会破坏会计等式的平衡关系。

拓展阅读

中国第一位注册会计师谢霖

谢霖（1885—1969），字霖甫，江苏常州人。我国会计界先驱，知名会计学者，我国会计师制度的创始人，会计改革实干家和会计教育家，我国第一位注册会计师，第一个会计师事务所的创办者。

1905年，谢霖东渡日本并在明治大学攻读商科，获商学学士学位；1909年学成归国。次年清廷开考经济特科，谢霖被录为商科举人，派到四川总督衙门任文案委员，后改任劝业道署商业科长，此后就职于大清银行。

清末民初时，中国企业遇有破产、清理财产或与外国企业发生账目纠葛等经济争执常由外国会计师仲裁，而无论中方属原告还是被告，利益均无保障，"国人之含怨不白者，实属不可胜计"。为了维护我国主权和民族利益，谢霖于1918年6月上书北洋政府农商、财政两部，建议设立"中国会计师制度"。经批准后，谢霖受两部委托起草了《会计师章程》（草案）十条，于同年9月7日公布试行。同时，北洋政府农商部向谢霖颁发了第一号注册会计师证书，谢霖成了有史以来中国第一名CPA。

　　领到会计师证书后，谢霖设立了我国第一个会计师事务所——"正则"会计师事务所。随着业务的开展，正则会计师事务所迅速扩展，在北京、天津、上海、南京、镇江、扬州、杭州、芜湖、南昌、长沙、常德、汉口、广州、重庆、成都、青岛、济南、开封、太原、衡阳、湘潭、沙市等二十多个大中城市设有分支机构。当时，"正则"与"立信"两家会计师事务所齐名，在全国会计界中享有很高的声誉。

　　1937年日本侵占上海后，谢霖受光华大学校长张寿庸的委托，到成都筹办分校。他凭着热爱教育、为国育才的心愿，向社会士绅筹集资金，经过一年多的日夜操劳，终于在1938年建成光华大学成都分校，并聘请各方面知名专家、教授来校任课，使该校成为全国有影响、有成就的高等学府之一。

　　谢霖一生著作颇丰，计有《银行簿记学》《簿记学》《改良中式会计》《中国之会计师制度》《实用银行簿记》《实用银行会计》《银行会计》《会计学》《成本会计》《铁道会计》《审计学要义》等。谢霖的著作不仅满足了当时传播会计知识的需要，对今天的会计理论和实际工作也仍有参考价值。

　　除了开我国注册会计师制度先河和兴办会计教育外，谢霖还在兼任中国银行、交通银行总会计师职务期间，根据西方借贷复式记账原理和中国的实际情况设计了银行会计制度，将中国传统收付记账改变为现金收付复式记账。这一会计改革震动了当时的经济界，全国工商企业争相效仿，积极推动了借贷复式记账法在我国的普及。

　　谢霖一生为我国的会计发展做出了重大贡献，不愧是我国历史上著名的会计改革家、会计教育家，中国注册会计师第一人。

思政小课堂

资产和负债的定义告诉我们，资产和负债的本质区别不在于现实属性和历史属性，而在于产生的未来预期。那么，对于家庭、社会和国家来说，你属于会计哪个要素呢？

对于家庭来说，你可以是资产，也可以是负债，甚至可以是所有者权益。你的经济属性并不在于你的过去和现在，而在于你给家庭形成的预期。如果家庭预期你未来会长大成才，你就是资产；如果家庭预期你未来很难成才而只会带来负担，那你就是负债。而家庭对你的预期往往来自你给家庭带来的信号。同学们，好好努力学习，学会承担一个成年人的责任，用你的实际行动不断向你的家庭释放这样的信号——你的未来是可期望的。

对于社会和国家，也是如此。今天我们能坐在如此美丽的校园中，是要心存感激的。要知道，社会养育了我们，是一种投资，我们要通过努力学习，锻造自己的专业技能，为未来成为社会的有用之才而不负今日之时光。这样的我们，对于社会来讲，就不是负债，而是一种资产。那么，如何成为对于社会有用的人才呢？作为社会主义建设者和接班人，我们必须时刻牢记拥护中国共产党的领导和我国的社会主义制度，立志成为为中国特色社会主义伟大事业奋斗终生的有用人才。我们对于家庭、社会以及国家的意义在于未来，而这种未来的预期源于今天的态度和努力。

课后练习

第三章　会计科目与会计账户

引导案例 ▶

　　主营信息软件安全产品的北信源 2012 年 9 月 12 日在深交所创业板成功上市。据公司招股说明书显示，北信源此次 IPO 将发行不超过 1670 万股，计划募集 1.73 亿元投资于终端安全管理整体解决方案升级等四大项目。虽然其凭借着良好的业绩顺利过会并得以上市，但从公布的财务数据来看，其拥有超出竞争对手的超高毛利率的同时，应收账款的增幅也高于主营收入的增幅，这引起了媒体、专业人士和市场投资人的普遍质疑。

　　北信源应收账款的增幅高于销售收入增幅，且毛利率高于同业水平。根据北信源的公开数据显示，公司一直保持着较好的经营业绩，其主营产品 2009 年至 2011 年合计毛利率分别为 97.35%、95.96%、90.39%，平均数为 94.57%，虽然 2012 年上半年有所下降，但仍保持在 85.89% 的高位水平。从产品来看，北信源软件产品中的核心产品终端安全管理产品，2009 年至 2011 年的毛利率分别为 98.32%、99.39%、99.08%，平均数为 98.37%。单就这些数据而言，北信源的毛利率甚至可与贵州茅台相媲美。

　　以上是一种从不同会计科目之间的勾稽关系出发来进行财务信息异常识别的方法应用。那么什么是会计科目，会计科目包括哪些？

学习目标 ▶

　　（1）理解会计科目的概念。

　　（2）能说出会计科目分类。

　　（3）理解账户的概念。

　　（4）根据账户的设置原则熟练设置账户。

　　（5）正确识别账户的基本结构。

　　（6）明确会计科目与账户之间的区别与联系。

第一节　会计科目

在前面的章节中，我们阐述了会计的基本概念和会计核算基础理论，其中涉及了会计核算方法。会计核算方法包括设置会计科目和账户、复式记账、填制和审核会计凭证、设置与登记账簿、成本计算、财产清查和编制会计报表。从本节开始将陆续介绍会计的具体核算方法。

一、会计科目的设置原则和意义

（一）会计科目的概念

会计要素是对会计对象的基本分类，而这六项会计要素仍显得过于粗略，难以满足各有关方面对会计信息的需要。例如，所有者需要了解利润构成及其分配情况、了解负债及其构成情况；债权人需要了解流动比率、速动比率等有关指标，以评判其债权的安全情况；税务机关要了解企业交纳税金的详细情况等。为此还必须对会计要素做进一步分类，这种对会计要素的具体内容进行分类核算的项目，称为会计科目。每一会计科目对应着特定经济内容，如用"库存现金"科目核算企业库存现金，而用"银行存款"科目核算企业存放在银行的款项。

（二）设置会计科目的原则

会计科目作为反映会计要素的构成及其变化情况，为投资者、债权人、企业经营管理者等提供会计信息的重要手段，在其设置过程中应努力做到科学、合理、适用，遵循下列原则：

（1）合法性原则。为了保证会计信息的可比性，所设置的会计科目应当符合国家统一的会计制度的规定。

（2）相关性原则。会计科目的设置，应为提供有关各方所需要的会计信息服务，满足对外报告与对内管理的要求。在设置会计科目的内容和详尽程度时，要考虑信息使用者的需要。企业会计信息的使用者可以分为外部和内部两大类，不同的信息使用者对企业提供的会计信息要求有所不同。因此，在设置会计科目时，要兼顾对外报告和企业内部经营管理的需要，并根据需要提供数据的详细程度，分别设置总分类科目和明细分类科目。例如，不同企业的经营内容、收入类别、存货种类、固定资产的构成等各不相同，但外部信息使用者更为关注总括的可以在不同企业间比较的信息，企业按照有关规定设置的一级会计科目，基本上是考虑到了外部使用者的需要，而管理者需要的明细信息则可以通过设置明细科目来反映。

（3）实用性原则。企业的组织形式、所处行业、经营内容及业务种类等不同，在会计科目的设置上亦应有所区别。在合法性的基础上，应根据企业自身特点，设置符合企业需要的会计科目。

会计科目作为对会计对象的具体内容进行分类的项目标志，要能全面、系统地反映会计要素的特点，只有在对会计要素的内容进行具体分类的基础上，才能分门别类地反映和监督各项经济业务，使所设置的会计科目能覆盖企业所有的要素，不会有任何遗漏。例如工业企业是制造产品的行业，根据其业务特点，工业企业的会计科目首先应反映产品的生产过程，在此前提下，再根据企业生产的特点及规模大小决定各个会计科目的具体设置；商业企业是组织商品流通的行业，从商业企业活动的特点看，它是以商品购销作为主营业务，其会计科目应该主要反映商品的购销过程。所以在成本核算方面，工业企业需要设置"生产成本"和"制造费用"等会计科目，而商业企业不进行产品生产，一般不需要设置"生产成本"科目，但需要设置反映商品采购、商品销售以及在购、销、存等环节发生的各项费用的会计科目。

（4）完整性和互斥性相结合原则。会计科目的数量要能满足全面反映各项经济业务的需要，形成一个完整的体系。同时，每个会计科目都是单独反映特定的某一方面的经济内容，并有其核算和监督特定经济内容的方法和要求。会计科目之间在内容上是排斥的，互不相容。会计科目的名称要清晰明确，通俗易懂。例如"库存现金"和"银行存款"科目、"原材料"和"库存商品"科目、"制造费用"和"管理费用"科目等都有其特殊的性质，不能混同，避免错误地反映资金运动情况。因此，对会计科目反映的经济内容要有明确的界定，要满足互斥性的要求。

（5）统一性和灵活性相结合原则。由于企业生产经营的特点所决定，企业的经济业务千差万别，为了分别核算会计要素的增减情况，在设置会计科目时，需要将统一性和灵活性相结合。因此，在设置总分类核算科目时，要按照企业会计制度对一些主要会计科目的设置及其核算内容所作的统一规定，尽量符合中华人民共和国会计法企业会计准则以及企业会计制度的规定，以保证会计核算指标在一个部门，乃至全国范围内综合汇总，充分利用；在设置明细分类核算时，允许企业在保证提供统一核算指标的前提下，根据企业自身生产经营特点，适当地增加、减少和合并某些科目。反映企业经营特点的明细科目可由企业自行设置。会计科目的编号应留有空间，以备增加新的科目。

（6）相对的稳定性原则。为了便于在一定范围内汇总核算指标和在不同时期对会计核算指标进行比较分析，会计科目的设置应该保持相对的稳定性，不能经常变动，使会计科目核算指标具有可比性。

（三）设置会计科目的意义

会计科目的设置包括规定会计科目的数量、名称、核算内容和层次关系等，是进行各项会计记录和提供各项会计信息的基础，设置系统、科学的会计科目，其意义主要表现在以下三方面。

1.会计科目的设置为核算经济业务和提供财务信息创造了条件

会计对象虽然可概括为六大会计要素，但每一要素反映的内容过于宽泛。为了满足信息使用者的需要，还须对会计要素做进一步分类，以反映有关各要素具体内容的经济信息。如企业的资产有很多类别，它们在外观上、功能上和对企业盈利的贡献等方面都有所不同，应该有所区分。我国将资产进一步分为流动资产、长期投资、固定资产、无形资产和其他资产。这一分类依然较为笼统，如流动资产又包含库存现金、银行存款、应收账款、库存商品等许多具体的类别。按照会计要素的具体内容设置会计科目，能够既全面又细致地反映一个会计主体（企业等）发生的各项经济业务及其财务影响。会计科目是编制记账凭证、复式记账的基础，为编制会计报表提供了方便。以会计科目为依据设置账户及报表项目，能够提供使用者需要的分类和系统的财务信息，为全面、细致、分类和系统地核算经济业务和提供财务信息创造了条件。

2.会计科目是组织会计核算工作、统一会计核算方法的依据

会计信息的可比性，是对会计信息的质量要求之一。而会计科目的统一和规范，有利于增强会计信息的可比性，为会计核算工作提供了指南，为各企业提供口径一致、相互可比的财务信息创造了条件。

3.会计科目是加强经济管理的重要手段

每一会计科目都有其特定的核算内容和范围，不能反映超过其核算范围的经济内容，因而它是检查和监督各类经济业务是否合乎法规、是否合理及会计处理是否正确的重要依据。无论是会计部门的内部稽核，还是企业外部有关部门的检查、审计，都要以会计科目的核算内容和范围为依据来进行。通过会计科目的设置，有助于成本核算，使各种成本计算成为可能；而通过账面记录与实际结存的核对，又为财产清查、保证账实相符提供了必备的条件。

二、会计科目分类

（一）会计科目分类

为了正确使用会计科目，应对会计科目进行分类。

1.按反映的经济内容分类

会计科目按反映的经济内容不同可分为：资产类、负债类、所有者权益类、共同类、成本类和损益类科目。这种分类便于明确应当设置哪些会计科目来核算和监督经济活动，也便于取得编制会计报表所需的综合会计核算资料，因此此分类也称为按会计报表要素分类。

2. 按反映经济业务的详细程度分类

会计科目按其反映经济业务的详细程度即统驭关系可分为总分类科目和明细分类科目，也称为会计科目的级次。

总分类科目是对经济业务进行总括分类、提供总括信息的科目，如"应收账款""应付账款""原材料"等，又称为总账科目或一级科目。一级科目原则上由财政部统一制定。为了提供更加详细的指标，可在一级科目下设置若干个明细分类科目。

明细分类科目是对总分类科目进一步分类的科目，提供更详细更具体会计信息的科目，又称为明细科目或细目。明细科目的设置除会计制度明文规定外，可根据经济管理的实际需要，由各单位自行决定。在实务中除极少数一级科目（如"应收票据""应付票据"等科目）不需设置明细科目外，大多都要设置明细科目。如"应收账款"科目按债务人名称或姓名设置明细科目，反映应收账款的具体对象；"应付账款"科目按债权人名称或姓名设置明细科目，反映应付账款的具体对象；"原材料"科目按原料及材料的类别、品种和规格等设置明细科目，反映各种原材料的具体构成内容。如果某一级科目所统驭的明细科目较多，可将相同性质的明细分类科目归类，增设二级科目、三级科目等。例如在"原材料"一级科目下面，可按材料类别设置"原料及主要材料""辅助材料""燃料"等二级科目。这种分类是为了满足不同信息使用者对会计信息的不同需求。

下面以"原材料"和"固定资产"为例，说明会计科目按反映经济业务的详细程度分类，如表3-1、表3-2所示。

表3-1 按反映经济业务的详细程度分类例示（一）

总分类科目（一级科目）	明细分类科目		
	二级科目（子目）	三级科目（细目）	四级科目
原材料	原料及主要材料	钢材	圆钢
			方钢
			工字钢
		铝材	板材
			管材
			线材
	辅助材料	铜材	管材
			线材

表3-2　按反映经济业务的详细程度分类例示（二）

总分类科目（一级科目）	明细分类科目		
	二级科目（子目）	三级科目（细目）	四级科目
固定资产	生产用固定资产	机器设备	车床
			铣床
			刨床
	非生产用固定资产	办公用设备	计算机
			打印机
			复印机

3. 按与资产负债表的关系分类

会计科目按其与资产负债表的关系可分为表内科目和表外科目。表内科目又称为"基本科目"，是指包括在资产负债表内有关项目中的会计科目；表外科目又称为"备查科目"，是指不包括在资产负债表内有关项目中，而用补充资料或用表外项目方式反映的会计科目。常用的表外科目有租入固定资产、代管商品、受托代销商品等。

4. 按反映资金运动的情况分类

会计科目按反映资金运动的情况可分为静态类科目和动态类科目。静态类科目包括资产类、负债类、所有者权益类科目，动态类科目包括收入类、费用类、利润类科目。

（二）会计科目表

具体会计科目的设置一般是从会计要素出发，将会计科目分为资产类、负债类、共同类、所有者权益类、成本类、损益类六大类。参照我国《企业会计准则——应用指南》，企业的部分会计科目如表3-3所示。

表3-3　会计科目参照表

顺序号	编号	名称	顺序号	编号	名称
		一、资产类	8	1131	应收股利
1	1001	库存现金	9	1132	应收利息
2	1002	银行存款	10	1221	其他应收款
3	1012	其他货币资金	11	1231	坏账准备
4	1101	交易性金融资产	12	1401	材料采购
5	1121	应收票据	13	1402	在途物资
6	1122	应收账款	14	1403	原材料
7	1123	预付账款	15	1404	材料成本差异

续表

顺序号	编号	名称	顺序号	编号	名称
16	1405	库存商品	47	2203	预收账款
17	1406	发出商品	48	2211	应付职工薪酬
18	1407	商品进销差价	49	2221	应交税费
19	1408	委托加工物资	50	2231	应付利息
20	1411	周转材料	51	2232	应付股利
21	1471	存货跌价准备	52	2241	其他应付款
22	1501	持有至到期投资	53	2401	递延收益
23	1502	持有至到期投资减值准备	54	2501	长期借款
24	1503	可供出售金融资产	55	2502	应付债券
25	1511	长期股权投资	56	2701	长期应付款
26	1512	长期股权投资减值准备	57	2702	未确认融资费用
27	1521	投资性房地产	58	2711	专项应付款
28	1531	长期应收款	59	2801	预计负债
29	1532	未实现融资收益	60	2901	递延所得税负债
30	1601	固定资产			三、共同类
31	1602	累计折旧	61		套期工具
32	1603	固定资产减值准备			四、所有者权益类
33	1604	在建工程	62	4001	实收资本
34	1605	工程物资	63	4002	资本公积
35	1606	固定资产清理	64	4101	盈余公积
36	1701	无形资产	65	4103	本年利润
37	1702	累计摊销	66	4104	利润分配
38	1703	无形资产减值准备	67	4201	库存股
39	1711	商誉			五、成本类
40	1801	长期待摊费用	68	5001	生产成本
41	1811	递延所得税资产	69	5101	制造费用
42	1901	待处理财产损溢	70	5201	劳务成本
		二、负债类	71	5301	研发支出
43	2001	短期借款			六、损益类
44	2101	交易性金融负债	72	6001	主营业务收入
45	2201	应付票据	73	6051	其他业务收入
46	2202	应付账款	74	6101	公允价值变动损益

续表

顺序号	编号	名称	顺序号	编号	名称
75	6111	投资收益	81	6602	管理费用
76	6301	营业外收入	82	6603	财务费用
77	6401	主营业务成本	83	6701	资产减值损失
78	6402	其他业务成本	84	6711	营业外支出
79	6403	税金及附加	85	6801	所得税费用
80	6601	销售费用	86	6901	以前年度损益调整

三、会计科目编号

会计科目编号，是用数字表示会计科目所属的类别及其在该类别中的位置。会计科目编号是一个良好的会计科目编号系统，必须有一定的章法和合乎逻辑；编号的每一"数码"能够准确显示会计科目的内容、性质与意义，以及便于记忆与运用的要求。

（一）会计科目编号的意义

1. 简化手续、提高效率的保证

长期会计实践表明，会计要素与科目除要有适切需要，层次分明的良好分类，性质明确，名实相符的科目命名，以及有系统的排列外，还要将会计科目予以科学化的编号；这也是使账户系统井然、便于记忆与使用、简化账务处理手续、提高工作效率的保证。西方会计界对企业会计制度一向有统一会计科目名称、统一科目编号的理论与主张。

2. 财务资讯及会计电脑化的先决条件

现代会计实践证明，在使用机器记账，特别是迈向企业管理整体电脑化的时代，会计科目编号不但可使账户作有系统的排列，同时也是实现财务资讯及会计电脑化的先决条件；用科目编号代替入账的科目名称，即所谓"会计码分录法"，便可收电子计算机在会计程序运作上的快速功效；在手写作业会计上，使用会计科目编号同样也可获得许多便利。

3. 可用会计科目编号代替文字

20 世纪 50 年代，新中国在编制记账凭证时，曾实行"以科目编号代替科目名称"的做法，省时省事，节省篇幅，在凭证填制和账簿记录上都很方便。

4. 便于记忆与使用

会计科目编号使账户系统井然，由账号排列的次序，一看而知其所用科目属于何类、何项，使账户的内容、性质明确，容易查找，无须多加解释与说明，便于记忆与使用。

5. 对外保密

由于采用会计科目编号，会计科目与会计账户的内容，除会计人员及有关主管人员，其他人员除非查阅会计科目表，否则无法了解其含义，从而可收到"对外保密"之效。

（二）会计科目编号的原则

关于会计科目的编号，在西方会计学理论与实务中，主要有三种方法：即数字编号法、文字编号法及数字、文字混合编号法。编号的方式，也因方法的不同而有多种，如数字编号法又可分为四种方式：①顺序编号法；②分段编号法；③十进位符号法；④定位编号法。

会计科目编号虽有多种不同的方法与方式，但其基本要求与原则必须是：

（1）便于记忆与运用：科目的编号要依一定的规律，分别先后顺序，力求系统清晰，使人一望而知其代表的会计科目的性质与意义，以便分录、过账、汇总，防止、减少错误的发生。

（2）力求固定统一：同一行业，同一会计科目，应统一编号，不得任意变更，以免发生混乱，便于同行业企业、或企业前后期会计资讯的比较。更有主张在一国范围内，对每一会计科目，编一固定账号，永恒不变者。

（3）编号位数适切需要：每个"点位"应使其具有意义，借以做成有逻辑的编号，即要考虑到大类、项目、科目分类层次分明的需要，以便明确显示其在各科目间的地位，属于何类、何项及其与子目或细目的关系。但位数不宜太多，如果冗长烦琐，将会失去使用编号的意义，尤其在财务资讯及会计电脑化实务中，更需顾及机器操作上的便利，减少编号的点位数。

（4）要有相当弹性：应考虑到企业将来业务发展的需要，预留一部分编号，以便容纳以后可能要重加细分的项目和新增的会计科目编号使用。

（三）一个良好会计科目编号系统的要求

总结西方会计科目编号的理论与实务，一个良好的会计科目编号系统必须有一定的章法和合乎逻辑；编号的每一"数码"，须使其具有意义，借以显示类、项、科、子目的区别及各科目彼此间的关节联系，以达到类、项、科、子目分类层次分明，系统清晰，准确显示会计科目的内容、性质与意义，以及便于记忆与运用的要求。

（四）会计科目编号的具体方法

如上所述，会计科目编号的理论方法不一，但限于篇幅，不能对各种方法详加论述。这里以被广为采用的数字编号法的"四位数字定位编号法"为例，说明其具体的编号方法如下：

现行企业会计科目表中共分六类：资产类、负债类、共同类、所有者权益类、成本类和损益类。每一类均以不同首位数字（分别是1、2、3、4、5、6）加以识别。每一类别中的一级会计科目的编号采用4位制，其中性质相同的科目，前两位号码相同；二级科目采用6位制，其中性质相同的科目，前4位数字相同；三级科目采用8位制。科目编号留有空间，以备增添新的科目编号。

我国最新颁布的企业会计制度指出：会计科目和主要账务处理依据《企业会计准则》中确认和计量的规定制定。企业在不违反会计准则中确认、计量和报告规定的前提下，可以根据本单位的实际情况，自行增设、分拆、合并会计科目。企业不存在的交易或者事项，可不设置相关会计科目。对于明细科目，企业可以比照本附录中的规定自行设置。会计科目编号供企业填制会计凭证、登记会计账簿、查阅会计账目、采用会计软件系统参考，企业可以结合实际情况自行确定会计科目编号。

四、会计科目运用

【例3-1】企业接受投资者投入资金100 000元，存入银行。

这项经济业务的发生涉及银行存款和所有者权益的增加。因此，应设置"银行存款"和"实收资本"两个会计科目。

【例3-2】企业用银行存款200 000元归还短期借款。

这项经济业务的发生涉及银行存款和短期存款的减少。因此，应设置"短期借款"和"银行存款"两个会计科目。

【例3-3】企业用银行存款50 000元购买机器设备。

这项经济业务的发生涉及机器设备的增加和银行存款的减少。因此，应设置"固定资产"和"银行存款"两个会计科目。

【例3-4】企业从银行提取现金1 000元。

这项经济业务的发生涉及银行存款的减少和现金的增加。因此，应设置"银行存款"和"库存现金"两个会计科目。

【例3-5】企业购买原材料 60 000 元，用银行存款支付 40 000 元，余货暂欠。

这笔经济业务的发生涉及原材料的增加、银行存款的减少和企业负债的增加。因此，应设置"原材料""银行存款"和"应付账款"三个会计科目。

第二节　会计账户

会计科目，只是对会计对象的具体内容进行科学分类的项目，是组织会计核算的依据。为了完整、系统、连续地反映和监督各项经济业务所引起的资产、负债和所有者权益增减变动及其结果，提供经济管理所必需的各种核算资料，还必须根据会计科目开设账户。设置和运用账户是会计核算的一种专门方法。

一、会计账户的概念

会计科目是对会计对象的具体内容进行分类的项目，它只说明某一科目应包括的经济业务的内容，不能反映出经济业务生后引起的各项资产、负债、所有者权益项目的增减变动情况及结果。因此，必须根据会计科目开设相应的账户，以便对各项经济业务进行分类、系统、连续地记录。所谓账户，是指根据会计科目设置的，用来分类、系统、连续地记录和核算经济业务过程和结果的一种工具。

账户是依据会计科目开设的。因此，应当按照会计科目的分类，相应地开设有关账户。首先，应当根据会计科目按经济内容分类开设账户，以工业企业为例，应当开设资产类账户，负债类账户、所有者权益类账户、成本类账户和损益类账户；其次，根据会科目提供核算指标详细程度的分类，按科目、子目、细目开设，即根据会计科目开设总分类账户，用以登记各项经济业务，提供各种总括分类的核算资料，根据二级和明细科目开设明细分类账户，用以登记各项经济业务，提供各种具体的、详细的分类核算资料。对各项经济业务通过总分类账户进行核算，叫作总分类核算；对某项经济业务通过有关明细分类账户进行核算，叫作明细分类核算。

二、会计账户分类

账户是根据会计科目开设的，有一个科目就必须开设一个账户，所以账户数量较多。我国现行会计制度规定开设的账户有 85 个，在我国历史上，会计制度规定开设的账户数量多达 100 多个。且账户之间既有区别，又有内在联系，每一账户既有各自的核算内容，又相互联系构成一个完整的账户体系。因此，为了弄清每一账户性质和具体内容，揭示账户之间的共同规律，以便熟练地掌握和运用账户，应按一定标准进行账户分类。账户分类标准一般有以下三种。

（一）账户按性质（或经济内容）分类

账户的性质即是账户的经济内容，是指账户核算、监督的会计要素项目的具体内容。账户按其性质不同分为资产类账户、负债类账户、所有者权益类账户、费用成本类账户和收入成果类账户五大类。其中，资产、负债及所有者权益类账户是根据资产、负债及所有者权益类科目设置的，费用成本及收入成果类账户是根据成本类和损益类的相应科目设置的。这是账户最基本的分类。通过这种分类，可以掌握每一账户的性质特征，明确账户间的区别，以便在经济业务发生时能迅速判断应使用的账户。

（二）账户按提供指标详细程度分类

账户按提供指标详细程度分为总分类账户和明细分类账户。总分类账户简称总账或一级账户，它是根据一级会计科目开设的，用来提供总括分类核算资料的账户。例如，"原材料"总账用来提供所有材料的增减变动及结存的总括核算指标，因此总分类账户只能用货币量度。明细分类账户简称明细账，它是根据明细科目开设的，用来提供详细具体核算资料的账户。例如，"甲材料"明细账用来提供甲种材料增减变动及结存的明细核算资料。明细分类账户除用货币量度外，有些账户还要用实物量度。如"原材料""产成品"等明细账，既要提供货币指标，又要提供实物数量指标。有些总分类账户所统驭的明细分类账户数量较多，可根据二级科目设置二级账户，二级账户是介于总分类账户和明细分类账户之间的账户。经济业务通过总分类账户进行的核算称为总分类核算，通过明细分类账户进行的核算称为明细分类核算。总分类账户与明细分类账户之间有密切联系，总分类账户对明细分类账户起统驭作用，明细分类账户对总分类账户起补充说明作用。对于发生的经济业务应按平行登记原则，分别在有关总分类账户及所属明细分类账户中进行登记，关于平行登记原则详见第 7 章。

（三）账户按与资产负债表的关系分类

按账户与资产负债表的关系分为表内账户与表外账户。表内账户用货币计量单位反映，表外账户可用货币计量单位反映，也可用其他计量单位反映。常用的表外账户有：租入固定资产、代管商品、受托代销商品等。

三、会计账户的基本结构

要正确地设置和使用账户，首先必须了解账户的基本结构。

账户是对各项经济业务进行分类核算和监督的工具。它不仅要有明确的核算内容，还必须具有一定的结构。

各项经济业务所引起的资产、负债、所有者权益、收入、费用等的变动，虽然错综复杂，但归纳起来不外乎增加和减少两种变动情况。因此，可把账户划分为两个基本部分，分别记录各项要素的增加和减少的数额，就可满足记账、核算的需要。

账户要依附于簿籍开设，亦称账簿，这样，每一个账户只表现为账簿中的某张或某些账页，它们一般应包括下列基本内容：

（1）账户名称（即会计科目）。

（2）日期和摘要（记录经济业务的日期和概括说明经济业务的内容）。

（3）增加和减少的金额及余额（记录的金额）。

（4）凭证编号（账簿记录的依据）。

如表 3-4 所示的是三栏式账户的一般格式。

表3-4 账户名称（会计科目）

年		凭证编号	摘要	借方	贷方	借或贷	余额
月	日						

在教学中，为了方便演示账户的结构，一般截取账户中最重要的部分，用简化的形式表示，如图 3-1 所示。在西方会计中，由于这种格式非常像英文字母"T"，所以称为 T 形账户。在我国则称为"丁"字账户，并以其中一方记增加额，另一方记减少额。

左方　　　　　账户名称（会计科目）　　　　　右方

图3-1 账户的简化格式

上列账户的左右两方分别用于记录其增加额和减少额，账户在一定时期（月、季、年）内所记录的增加额和减少额，称为本期发生额。其中，所记录的增加额的合计数，称为本期增加发生额；所记录的减少额的合计数，称为本期减少发生额。本期发生额是一个动态指标，反映一定时期内各项资产、负债或所有者权益增减变动的情况。

每个账户的本期增加发生额与本期减少发生额相抵后的差额，称为余额。余额是一个静态指标，它反映各项资产、负债和所有者权益在某个时点的状况，即在一定时期内增减变动的结果。余额按其所在时期的不同时点，又分为期初余额和期末余额。本期期末余额就是下期的期初余额。账户期末余额的计算公式如下：

$$期末余额 = 期初余额 + 本期增加发生额 - 本期减少发生额$$

账户余额、本期增加发生额、本期减少发生额是记在账户的左方还是右方，以及账户左右两方的名称，则要根据记账方法的要求和账户所反映的经济内容的性质来加以确定。

四、账户与会计科目的联系和区别

会计科目与账户都是对会计对象具体内容的科学分类，两者口径一致，性质相同，会计科目是账户的名称，也是设置账户的依据，账户是会计科目的具体运用。没有会计科目，账户便失去了设置的依据；没有账户，就无法发挥会计科目的作用。两者的区别是：会计科目仅仅是账户的名称，不存在结构；而账户则具有一定的格式和结构。在实际工作中，对会计科目和账户不加严格区分，而是相互通用。

 拓展阅读

L 公司骗贷案

2009 年，L 公司及其他几家关联企业突然倒闭，步入重整阶段。曾经叱咤钢铁市场的多家关联企业一夜间轰然倒塌，这其中 L 公司董事长佘某泰以不足 30 亿元的资本金撬动了数百亿元资产的圈钱"财技"令人咂舌。

据报道，L 公司及其他几家关联企业倒闭的真实原因，在于过去几年中，佘某泰不断利用融资性交易等方式圈钱，虚增资产等方式骗贷，并大规模扩张企业产能。企业遭遇金融危机后，紧张的资金链无法承担钢铁价格暴跌的冲击，最终只能走向倒闭。L 公司的融资手段大致可以分为三类：虚设新建工程，增加固定资产，骗取银行高额抵押贷款；虚造交易合同，再拿承兑汇票到银行贴现；利用仓单质押贷款中的漏洞骗取银行贷款。

事后反思，佘某泰的骗贷、圈钱手法并不高明，无非是利用行业潜规则或串通相关人员虚造账册、合同。只要银行认真履行信贷制度、流程，骗术很容易被识破。

令人诧异的是，在上当受骗的金融机构名单中，包括知名金融机构在内的多家金融机构都在无抵押状态下，向 L 公司及其他几家关联企业发放了数千万元乃至上亿元贷款。银行方面甘愿冒险，发放无抵押贷款，与地方政府施加的压力不无关系。事发后，受害的债权银行急于让 L 公司及其他几家关联企业破产重整，以最大限度减小自身损失。但数据表明，L 公司及其他几家关联企业预计可回收资产当中，仅剩3 亿元能用来清偿普通债权，远远无法弥补这些债权人的损失。

金融系统频频曝出骗贷事件，反映出金融机构在风险预防和管理上的薄弱环节。中介的违规操作，商业银行的内部金融腐败，加之监管的缺失，使简单的骗贷案频发，造成资金大笔流失，给投资者和债权人造成严重损失。为避免骗贷行为再次发生，当前迫切需要加快金融机构改革，完善监管机制，对骗贷行为进行有效约束和惩处，从而提高借贷关系的质量和稳定性。

思政小课堂

　　民无信不立，业无信不兴。在个别领域，理想信念滑坡，诚实守信被视为"老古板"，见利忘义反倒成了"大聪明"，在企业当中树立社会主义核心价值观尤为迫切。自古以来，诚信就是人类传承的美好品德。在中华民族几千年的文明史中，诚信之光始终普照着人类从蒙昧走向文明。

　　长期以来，企业融资特别是中小企业融资问题都是制约国内经济快速发展的一道难题。融资信用是企业诚信建设的重要组成部分，是社会主义核心价值观的重要践行和体现。在市场经济环境下，无论是企业，还是银行等金融机构，都应以诚信为本，实事求是，重塑"信用金融"，解决企业与金融机构间的信息不对称问题，增加高质量征信的有效供给，促进经济资源的合理分配，推进社会主义市场经济健康发展。

课后练习

第四章　复式记账

　　小甄从某财经大学会计系毕业刚刚被聘任为启明公司的会计员。今天是他来公司上班的第一天。会计科里那些同事们忙得不可开交，一问才知道，大家正在忙于月末结账。"我能做些什么？"会计科长看他那急于投入工作的表情，也想检验一下他的工作能力，就问："试算平衡表的编制方法在学校学过了吧？""学过。"小甄很自然地回答。

　　"那好吧，趁大家忙别的时候，你先编一下我们公司这个月的试算平衡表。"科长帮他找到了本公司所有的总账账簿，让他在早已为他准备的办公桌开始了工作。不到一个小时，一张"总分类账户发生额及余额试算平衡表"就完整地编制出来了。看到表格上那相互平衡的三组数字，小甄激动的心情很难予以言表。兴冲冲地向科长交了差。

　　"呀，昨天车间领材料的单据还没记到账上去呢，这也是这个月的业务啊！"会计员李媚说到。还没等小甄缓过神来，会计员小张手里又拿着一些会计凭证凑了过来，对科长说，"这笔账我核对过了，应当记入'原材料'和'生产成本'的是 10 000 元，而不是 9 000 元。已经入账的那部分数字还得改一下。"

　　"试算平衡表不是已经平衡了吗？怎么还有错账呢？"小甄不解地问。

　　如果你是财务科长，如何向小甄解释他的问题？

　　（1）理解复式记账的基本原理。
　　（2）掌握借贷记账法的概念和基本内容。
　　（3）明确账户的对应关系和对应账户的含义。
　　（4）借助试算平衡原理编制试算平衡表。
　　（5）熟练地编制简单的会计分录。

第一节　复式记账法

一、记账方法

为了便于对会计要素进行核算和监督，除了设置会计科目并按其开设账户之外，还要用一定的记账方法将会计要素的增减变动登记在账户中，以便全面、系统地记录经济业务的内容，所以采用什么记账方法对会计核算显得非常重要。

所谓记账方法，就是根据一定的原理、记账符号、记账规则，采用一定的计量单位，利用文字和数字记录经济业务活动的一种专门方法。记账方法按登记账簿方式的不同，可分为单式记账法和复式记账法。

二、单式记账法

单式记账法是一种除了对应收、应付、现金及银行存款的收付在两个或两个以上有关账户中登记以外，对其他经济业务都只在一个账户中登记或不予登记的记账方法。其特点是平时只反映现金、银行存款收付业务和各种往来款项，对其他业务则忽略不予登记。这是因为单式记账法只着重考虑现金、银行存款的收付，债务（应付款）和对外债权（应收款）的结算必须记清楚，其他财产物资因为都在本单位管理之下，毋需记账。举例说明。

【例4-1】企业以银行存款4 000元购买原材料并验收入库。

在单式记账法下，这笔业务发生后，只在银行存款账户中登记减少4 000元，而不登记原材料账户。

单式记账法使用简便，但不能全面、完整地反映经济活动的全貌和经济业务的来龙去脉、账户之间缺乏必然的联系。

三、复式记账法

复式记账法是以资产与权益平衡关系作为记账基础，对于每一笔经济业务都要在两个或两个以上相互联系的账户中登记，系统地反映资金运动变化结果的一种记账方法。

任何一项经济业务的发生，都会引起资产和负债、所有者权益至少两个项目发生增减变动，而且涉及这些项目的变动的金额必须相等。为全面、完整地把这些经济业务记录下来，反映经济业务的来龙去脉，必须进行复式记账。下面举例说明复式记账方法。

【例4-2】企业以银行存款2 000元支付管理费用。

在复式记账法下，这笔业务发生后，不仅要在银行存款账户中登记减少2 000元，而且同时要在管理费用账户中登记增加2 000元。

可见，复式记账法与单式记账法比较，有如下两个特点：

（1）复式记账法能够完整地反映每一项经济业务的来龙去脉，能够反映经济活动的全貌。因为复式记账法对每一笔经济业务都以相等的金额在两个或两个以上的有关账户中相互联系地进行登记，可清楚而全面地反映出经济活动的情况，也便于管理人员了解经济业务全貌，以加强资金管理。

（2）在复式记账法下，由于每一项经济业务都涉及两个或两个以上相关账户，能使账户之间形成相互对应和平衡的关系。利用这种对应关系，可以检查入账的正确性，便于核对、检查账目。从经济业务的九种类型分析可知，任何一种类型的经济业务的发生都会引起会计要素的增减变动，但其结果都不会破坏会计要素之间的平衡关系。根据这一基本原理创立的复式记账法，在对经济业务进行账务处理时，一种情况是在某一会计要素内部以相等的金额在一个账户登记增加，在另一个账户中登记减少，例如以银行存款购买材料；另一种情况是在相关要素的若干账户中同时登记增加或减少，但其增减金额相等，例如以银行存款上缴应交税金，向银行借款存入银行等。因此，用复式记账法把全部经济业务登记入账之后，所有账户的一方登记数之和必然等于所有账户另一方登记数之和，而且经济业务变化后的会计恒等式依然不变；如果不符合这一点，便说明账户记录有误，应该查找并予以更正。这种方法称为试算平衡。

复式记账法是一种科学、全面、系统地反映经济业务的记账方法。

第二节　借贷记账法

一、借贷记账法的基本原理

借贷记账法是以"资产＝负债＋所有者权益"会计恒等式为理论依据，以"借"和"贷"作为记账符号，按照"有借必有贷，借贷必相等"的记账规则来记录经济业务的一种复式记账方法。

借贷记账法起源于1211年的意大利北部城邦佛罗伦萨，最初为单式记账法，到

1494 年，意大利数学家巴其阿勒在他的著作《算数、几何与比例概要》一书中详细地、全面系统地介绍了借贷记账法（意大利式的记账方法），并从理论上对借贷记账法给予必要的阐述，使它的优点及方法为世人所接受。18 世纪借贷记账法传入英国，并且在欧洲和全世界推广。我国在 20 世纪 20 年代后创造的增减记账法和收付记账法都借鉴了借贷记账法的基本原理。

借贷记账法特有的记账符号、记账规则以及在记账符号和记账规则下账户基本结构及设置、试算平衡等内容，是区别于其他记账方法的关键所在。

二、借贷记账法的基本内容

（一）记账符号

借贷记账法是以"借""贷"作为记账符号。"借""贷"两字的含义，最初是用来反映债权和债务的增减变动。在 12 世纪末与 13 世纪初的意大利，借贷业主（现指商业银行）的账户按人名设置，借款的客户称为借主方，存款的客户称为贷主方，从银行的角度讲是借出贷入。借——指借出款项，债权增加（应收款），表示现金流出；贷——指收入款项，即债务的增加（应付款），表示现金的流入。"借""贷"最早是用于记载现金流量的方向，贷主贷出和借主归还表现为商业银行的现金流入，贷主收回和借主借入表现为商业银行的现金流出。

随着商品经济的发展，经济活动的内容日益复杂，记账对象逐渐扩大到商品物资、费用和收益等。在会计账簿中，不仅要记录银钱的借贷，而且要记录财产物资的增减变化。这时，即使非银钱借贷业务，也要求用借贷记录，以求账簿记的统一。这样，"借""贷"两字就逐步地失去了原来的含义，转化为单纯的记账符号，变成会计上的专门术语，用以指明记账的方向、账户对应关系和账户余额的性质。

前述账户的基本结构用"T"字形表示时分左右两方，在借贷记账法中账户的左方称为"借方"，右方称为"贷方"。用"T"字形表示如图 4-1 所示。

图4-1　账户的基本结构

记账符号确定后，账户的两个重要部分也就有了专门的、固定的称谓，指示经济业务记入各该账户的方向也就有了明确的标志。

（二）账户的结构设置

所谓账户结构是指：账户借方记什么，账户贷方记什么，账户的余额在借方还是在贷方。

借贷记账法把账户分为借贷两方，左为借方，右为贷方。所有账户借方和贷方都按相反的方向记录，一方登记增加，另一方登记减少。至于何方登记增加，何方登记减少，则取决于账户反映的经济内容，这也是借贷记账法中的核心内容。

1. 资产账户的结构

资产类账户的结构是：借方记录资产的增加额，贷方记录资产的减少额，账户的余额一般在借方，表示期末资产的实际数额，如图4-2所示。

借方	资产类账户	贷方	
期初余额	×××		
本期增加额	×××	本期减少额	×××
本期借方发生额	×××	本期贷方发生额	
期末余额	×××		

图4-2　资产类账户的结构

期末余额计算的公式为：

期末借方余额 = 期初借方余额 + 本期借方发生额 − 本期贷方发生额

【例4-3】企业6月30日"银行存款"账户期末余额为15 000元，7月存入银行的存款为85 000元，7月从银行支取的存款为89 000元，在"银行存款"账户中登记，如图4-3所示。

借方	银行存款	贷方	
期初余额	15 000		
本期增加额	85 000	本期减少额	89 000
本期借方发生额	85 000	本期贷方发生额	89 000
期末余额	11 000		

图4-3　资产类账户结构案例

2. 负债和所有者权益账户的结构

负债和所有者权益是企业的资金来源渠道，这类账户的结构是：贷方记录负债和所有者权益的增加，借方记录负债和所有者权益的减少，账户的余额一般在贷方，表示期末负债和所有者权益的实际数额。由于资产与负债和所有者权益体现为对立统一又相互依存的关系，资产是会计恒等式的左边，而负债和所有者权益是会计恒等式的右边，资产类账户借方记增加，贷方记减少，因此，负债和所有者权益账户的结构亦表现为截然相反的结构，如图4-4所示。

借方	负债类和所有者权益类账户		贷方
		期初余额	×××
本期减少额 ×××		本期增加额	×××
本期借方发生额 ×××		本期贷方发生额	×××
		期末余额	×××

图4-4　负债和所有者权益账户的结构

期末余额计算公式是：

期末贷方余额 ＝ 期初贷方余额 ＋ 本期贷方发生额 － 本期借方发生额

【例4-4】企业6月30日"应付账款"余额为5 000元，7月购货9 000元，款未付，7月以银行存款偿还以前所欠购货款3 000元。登记"应付账款"账户，如图4-5所示。

借方	应付账款		贷方
本期减少额	3 000	期初余额	5 000
		本期增加额	9 000
本期借方发生额	3 000	本期贷方发生额	9 000
		期末余额	11 000

图4-5　负债和所有者权益账户结构案例

资产、负债和所有者权益账户无论在平时或结账后，通常都会留有余额，这类账户会计上称为实账户。资产账户期初、期末余额通常在借方；负债、所有者权益账户期初、期末余额通常在贷方。然而对账户分类及其余额的理解也不能绝对化。例如，预收账款是负债类账户，它的贷方记录已经预收而没有售出商品的款项，这时该账户余额在贷方，为负债；售出商品应收取的货款记在借方，当这个数额大于原已预收账款时，就会出现借方余额，表示应收回的欠货款，这时"预收账款"即成为债权性质的资产了。采用借贷记账法，会存在既反映资产又反映负债、既反映债权又反映债务的双重性质的账户，期末就必须通过账户余额的方向确定其反映经济业务的性质。

3. 收入类账户的结构

企业进行生产经营活动、销售商品和提供劳务，必然会取得收入。收入类账户是反映各项收入形成及其结转情况的账户。这些账户有"主营业务收入""其他业务收入"和"营业外收入"等。收入是利润的直接来源。因此，对于收入可以理解为所有者权益的增加。

收入类账户的结构是：收入增加记在贷方，减少或转销记在借方，会计期末，将本期收入增加额减去本期收入减少额后的差额转入"本年利润"账户，转销以后，收入类账户没有期末余额，如图4-6所示。

借方	收入类账户	贷方
本期收入减少和转销额 ×××		本期收入增加额 ×××
本期借方发生额 ×××		本期贷方发生额 ×××

图4-6 收入类账户的结构

4. 成本、费用类账户的结构

企业进行生产经营活动必将发生各种耗费。成本、费用类账户就是用来反映各种费用的形成及结果、计算产品成本的账户。用来计算生产成本的账户有"生产成本""制造费用"等。用来计算利润的费用类账户包括"主营业务成本""税金及附加""其他业务成本""营业外支出""所得税费用""财务费用""管理费用""销售费用"等。

由于收入减去费用后的数额为利润，因此，收入与费用是对立的两个方面，成本费用类账户的结构与收入类账户的结构恰好相反。其结构为：费用增加的数额记借方，费用减少的数额记贷方，会计期末，将本期费用增加合计数减去本期费用减少合计数后的差额，成本类中的"制造费用"账户转入"生产成本"账户，完工产品成本从"生产成本"账户转入"库存商品"账户；费用类账户都转入"本年利润"账户借方，结转以后，费用类账户一般没有余额。成本类账户可能有余额，如果有余额，必然在借方，表示在生产过程中有尚未完工产品的成本。成本、费用类账户的结构，如图4-7所示。

借方	成本、费用类账户	贷方
本期费用增加额 ×××		本期费用减少及转销额 ×××
本期借方发生额 ×××		本期贷方发生额 ×××

图4-7 成本、费用类账户的结构

5. 利润账户的结构

利润是企业最终财务成果，是企业收入和费用相抵后的差额。因此，利润账户必然与收入和费用类账户紧密相联。这类账户只有"本年利润"。

利润账户的结构是：贷方归集由收入类账户转入的各种收入数，借方汇总由费用类账户转入的各种费用数，贷方大于借方（收入大于费用）的余额为企业的利润，反之为企业的亏损。因此该账户在年终结账之前有余额，贷方余额为企业累积利润总额，若为借方余额，表示企业累积亏损总额。年终，无论是利润或亏损，都必须从本账户转入"利润分配——未分配利润"账户。年终结账之后，该账户就没有余额了。"本年利润"账户结构如图4-8所示。

借方	本年利润	贷方
期初余额（年度内亏损）		期初余额（年度内利润）
本期费用的转入数额		本期收入的转入数额
本期费用发生额合计		本期收入发生额合计
期末余额：年度内亏损总额		期末余额：年度内利润总额

图4-8 "本年利润"账户的结构

由此可见，收入和费用类账户在每个会计期间终了都必须要结转清楚，目的是为计算利润，结转以后都没有余额。因此，人们将收入、费用类账户也叫暂记账户或虚账户。显然这类账户与实账户结构有相同之处，但又有差别。

借贷记账法下，账户基本结构综合如表4-1所示。

表4-1 各类账户结构

账户类别		借方	贷方	余额
资产类		增加	减少	借方
负债类		减少	增加	贷方
所有者权益类		减少	增加	贷方
成本类		增加	减少、转销	如有余额在借方
损益类	收入类	减少、转销	增加	结账后无余额
	费用支出类	增加	减少、转销	结账后无余额

（三）借贷记账法的记账规则

记账规则是指运用某一记账方法时，确定其应借、应贷方向和金额时必须遵守的规定。

借贷记账法的记账规则是"有借必有贷，借贷必相等"。这是指按借贷记账法记账时，发生的每一笔经济业务都要求以相等的金额同时在两个或两个以上相互联系的账户中进行登记，一方面要记入一个或几个账户的借方，另一方面要记入一个或几个账户的贷方，而且记入借方的金额同记入贷方的金额必须相等。

下面仍以晨星有限责任公司6月发生的4种类型9种形式的经济业务为例，说明"有借必有贷，借贷必相等"的记账规则。

【例4-5】6月2日，晨星公司以银行存款购买一台机器设备，价值60 000元。

这项经济业务涉及"固定资产"和"银行存款"两个资产账户，前者增加，后者减少。根据资产账户的结构，增加记借方、减少记贷方，应将这项业务在这两个账户中登记，如图4-9所示。

图4-9

【例4-6】6月7日，晨星公司从银行借入100 000元的短期借款，直接用于偿还前欠A公司的材料采购款。

这项经济业务涉及"短期借款"和"应付账款"两个负债账户，前者增加，后者减少。根据负债账户的结构，增加记贷方、减少记借方，应将这项业务在这两个账户中登记，如图4-10所示。

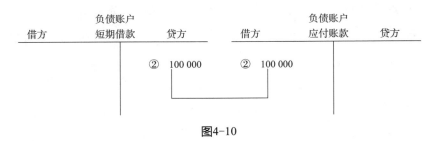

图4-10

【例4-7】6月14日，晨星公司经批准将资本公积250 000元转增资本金。

这项经济业务涉及"实收资本"和"资本公积"两个所有者权益账户，前者增加，后者减少。根据所有者权益账户的结构，增加记贷方，减少记借方。这项业务在这两个账户中的登记如图4-11所示。

图4-11

【例4-8】6月15日，持有晨星公司可转换债券的债权人把可转换债券转为对晨星公司的投资，金额总计150 000元。

这项经济业务涉及一个所有者权益账户，即"实收资本"，还涉及一个负债账户，即"应负债券"，前者增加，后者减少。根据所有者权益账户的结构，增加记贷方；根据负债账户的结构，减少记借方。这项业务在这两个账户中的登记如图4-12所示。

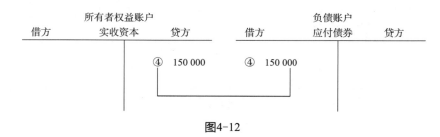

图4-12

【例4-9】6月18日，股东甲抽回投资260 000元，晨星公司以银行存款支付。（不考虑股东撤资的相关规定）

这项经济业务，涉及一个资产账户，即"银行存款"，还涉及一个所有者权益账户，即"实收资本"，两者都发生了减少的变化。根据资产账户的结构，减少数记入贷方；根据所有者权益账户的结构，减少数记入借方。再将这项业务在这两个账户中登记，如图4-13所示。

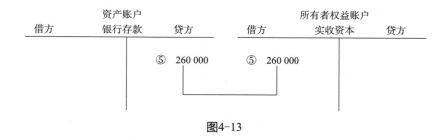

图4-13

【例4-10】6月22日，晨星公司从B公司购入原材料一批，价值200 000元，货款未付。

这项经济业务，涉及一个资产账户，即"原材料"，还涉及一个负债账户，即"应付账款"，两者都发生了增加的变化。根据资产账户的结构，增加数记入借方；根据负债账户的结构，增加数记入贷方。将这项业务在这两个账户中登记，如图4-14所示。

图4-14

【例4-11】6月23日，晨星公司收到所有者追加的投资500 000元，款项存入银行。

这项经济业务，涉及一个资产账户，即"银行存款"，还涉及一个所有者权益账户，即"实收资本"，两者都发生了增加的变化。根据资产账户的结构，增加数记入借方；根据所有者权益账户的结构，增加数记入贷方。再将这项业务在这两个账户中登记，如图4-15所示。

图4-15

【例4-12】6月25日，晨星公司用银行存款归还所欠华光公司的货款20 000元。

这项经济业务，涉及一个资产账户，即"银行存款"，还涉及一个负债账户，即"应付账款"，两者都发生了减少的变化。根据资产账户的结构，减少数记入贷方；根据负债账户的结构，减少数记入借方。将这项业务在这两个账户中登记，如图4-16所示。

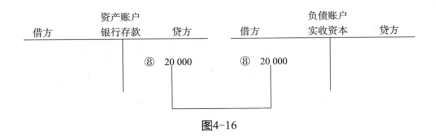

图4-16

【例4-13】6月28日，股东甲继续抽回投资40 000元，晨星公司暂欠。

这项经济业务涉及一个负债账户，即"其他应付款"，还涉及一个所有者权益账户，即"实收资本"，前者增加后者减少。根据负债账户的结构，增加数记入贷方；根据所有者权益账户的结构，减少数记入借方。再将这项业务在这两个账户中登记，如图 4-17 所示。

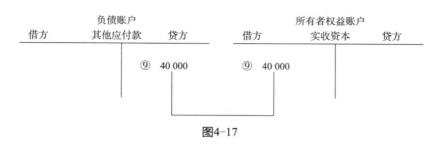

图4-17

上述例题说明：每项经济业务发生后，至少要在两个相互联系的账户中登记，要按相等的金额记入一个账户的借方和另一个账户的贷方，这就是记账的规律性。这个规律性再进一步加以概括，就成为"有借必有贷，借贷必相等"便于记忆和运用的记账规则了。掌握了这一规则，就可把这一规则既作为记账的依据和准绳，又作为检查记账是否正确的一种标志。

（四）借贷记账法下的会计分录

1. 会计分录的概念

会计核算中，当经济业务发生后，首先应分析该项经济业务的内容，确定所有使用的账户，进而分析确定应记这些账户的方向（借方还是贷方）以及金额，然后根据这些分析的结果登记有关的账户。这些分析工作，在会计上是通过编制会计分录来进行的。会计分录（简称分录）是指对某项经济业务标明其应借应贷账户及其金额的记录。在实际工作中，会计分录是在记账凭证中编制的。

2. 会计分录的分类

按照所涉及账户的多少，会计分录分为简单会计分录、复合会计分录。

简单会计分录是指在一笔分录中，只有一个账户应记借方，一个账户应记贷方，也就是所谓的"一借一贷"分录。

复合会计分录是指在一笔分录中，一个账户应记借方，若干个账户应记贷方；或一个账户应记贷方，若干个账户应记借方，也就是所谓的"一借多贷"或"一贷多借"分录。它是由若干个简单分录组成的，但是不能把几项不同性质的业务合并编制复合会计分录。

3. 会计分录的编制步骤

借贷记账法的会计分录有固定的格式，无论什么经济业务，在编制会计分录时，应先写应记借方的账户，后写应记贷方的账户，而且借贷错开一格。但在记账凭证中编制会计分录，则按不同的凭证格式填列。编制会计分录的具体步骤如下：

（1）分析经济业务涉及的会计要素。

（2）确定涉及哪些账户，是增加还是减少。

（3）确定记入哪个（或哪些）账户的借方，哪个（或哪些）账户的贷方。

（4）确定应借应贷账户是否正确，借贷方金额是否相等。

以下将前述【例4-5】至【例4-13】共9笔经济业务，按照上述会计分录编制步骤和方法做以下会计分录：

根据【例4-5】编制的会计分录为：

　　　借：固定资产　　　　　　　60 000

　　　　　贷：银行存款　　　　　　　60 000

根据【例4-6】编制的会计分录为：

　　　借：应付账款　　　　　　　100 000

　　　　　贷：短期借款　　　　　　　100 000

根据【例4-7】编制的会计分录为：

　　　借：资本公积　　　　　　　250 000

　　　　　贷：实收资本　　　　　　　250 000

根据【例4-8】编制的会计分录为：

　　　借：应付债券　　　　　　　150 000

　　　　　贷：实收资本　　　　　　　150 000

根据【例4-9】编制的会计分录为：

　　　借：实收资本　　　　　　　260 000

　　　　　贷：银行存款　　　　　　　260 000

根据【例4-10】编制的会计分录为：

　　　借：原材料　　　　　　　　200 000

　　　　　贷：应付账款　　　　　　　200 000

根据【例4-11】编制的会计分录为：

　　　借：银行存款　　　　　　　500 000

　　　　　贷：实收资本　　　　　　　500 000

根据【例4-12】编制的会计分录为：

　　　借：应付账款　　　　　　　20 000

　　　　　贷：银行存款　　　　　　　20 000

根据【例4-13】编制的会计分录为：

借：实收资本   40 000

 贷：其他应付款   40 000

从以上各例可以看出，无论什么类型的经济业务，在运用借贷记账法编制会计分录时，都是符合"有借必有贷，借贷必相等"的记账规则的。由于经济业务的发生而引起有关账户之间形成应借、应贷的相互关系，称为账户的对应关系。发生对应关系的账户称为对应账户。

通过账户的对应关系，可以了解经济业务的内容。

【例4-14】企业以银行存款购买材料5 000元，对这项经济业务，应编制的会计分录为

借：原材料   5 000

 贷：银行存款   5 000

通过这两个账户的对应关系可以了解，银行存款减少了5 000元，是因为材料购进而发生的支出，也就是由于购买材料，使银行存款减少了5 000元。

利用账户的对应关系，还可以检查对经济业务的处理是否合理、合法。

某笔会计分录为：

借：应付账款   5 000

 贷：库存现金   5 000

这笔分录表明，以库存现金偿还购货时未付款5 000元。从理论上讲，这笔会计分录并没有错误，但这项经济业务却违反了我国现金管理制度的规定。因为现金管理制度规定，偿还或支付大额货款1 000元以上的，不能直接以现金支付，而必须通过银行转账结算。

某笔会计分录：

借：银行存款   30 000

 贷：应付账款   30 000

若上项经济业务登记的内容是销售产品（暂不考虑增值税），取得销售收入的话，这笔会计分录是错误的，因为销售产品取得的收入应做分录为：

借：银行存款   30 000

 贷：主营业务收入   30 000

也就是说，银行存款与应付账款不是对应账户，它们之间不存在对应关系，因而原处理是不对的。

以上所举各例均为简单分录。下面举例说明复合分录的编制。复合分录是由相互联

系的若干个简单分录组成的，即复合分录可分解为若干个简单分录。

【**例 4-15**】企业购进材料一批，价款 60 000 元。其中，以银行存款支付 40 000 元，余下的款项暂欠（不考虑增值税）。

这项经济业务涉及"原材料""银行存款""应付账款"三个账户。"原材料""银行存款"属于资产类账户，而"应付账款"属于负债类。这笔业务中，原材料增加60 000 元，应记入"原材料"账户借方 60 000 元；银行存款减少 40 000 元，应记入"银行存款"账户贷方 40 000 元，应付账款增加 20 000 元，应记"应付账款"账户贷方20 000 元。编制会计分录为：

借：原材料	60 000
贷：银行存款	40 000
应付账款	20 000

这就成为一笔"一借多贷"的复合分录，也可把这笔复合分录分解为若干个简单分录为：

（1）	借：原材料	40 000
	贷：银行存款	40 000
（2）	借：原材料	20 000
	贷：应付账款	20 000

无论是简单会计分录还是复合会计分录，其编制步骤都是相同的，编制会计分录时，应认真分析经济业务所涉的账户类型、金额的增减，确定应借应贷的方向和金额。就会计核算的全部过程来看，编制会计分录是会计工作中的基础性工作，它贯穿于每个会计循环的始终。所以必须正确地编制会计分录，为账簿记录、财务会计报告的正确性提供基础保障。

（五）借贷记账法下的试算平衡

试算平衡指根据资产与权益的恒等关系以及借贷记账法的记账规则，检查所有账户记录是否正确的过程，包括发生额试算平衡法和余额试算平衡法两种方法。

1. 发生额试算平衡法

它是根据本期所有账户借方发生额合计与所有账户贷方发生额合计的恒等关系，检查本期发生额记录是否正确的方法。公式为：

全部账户借方发生额合计 = 全部账户贷方发生额合计

发生额试算平衡法是根据借贷记账规则，即"有借必有贷，借贷必相等"来确定账户本期发生额的入账及计算是否正确的一种方法。运用借贷记账法记账规则记账时，根据每一项经济业务编制的会计分录的借贷金额必然相等，那么把一定时期（如一个月）内全部经济业务都记入有关账户后，所有账户的借方本期发生额合计也就必然与所有账户的贷方本期发生额合计相等。

2. 余额试算平衡法

它是根据本期所有账户借方余额合计与所有账户贷方余额合计的恒等关系，检查账户余额记录是否正确的方法。根据余额时间不同又分为期初余额平衡与期末余额平衡两类。期初余额平衡是期初所有账户借方余额合计与所有账户贷方余额合计相等，期末余额平衡是期末所有账户借方余额合计与所有账户贷方余额合计相等。这是由"资产 = 负债＋所有者权益"的恒等关系决定的。公式为：

全部账户的借方期初余额合计 = 全部账户的贷方期初余额合计

全部账户的借方期末余额合计 = 全部账户的贷方期末余额合计

实际工作中，余额试算平衡通过编制试算平衡表方式进行。现将以上所举的晨星公司 6 月的 9 笔经济业务记入有关总分类账户，结出各账户本期发生额和期末余额，编制的总分类账户发生额及余额试算平衡表如表 4-2 所示。

表4-2　晨星公司总分类账户发生额及余额试算平衡表

账户名称	期初余额		本期发生额		期末余额	
	借方	贷方	借方	贷方	借方	贷方
银行存款	1 000 000		500 000	340 000	1 160 000	
原材料	150 000		200 000		350 000	
固定资产	900 000		60 000		960 000	
短期借款		100 000		100 000		200 000
应付账款		100 000	120 000	200 000		180 000
应付债券		150 000	150 000			
其他应付款				40 000		40 000
实收资本		1 500 000	300 000	675 000		1 875 000
资本公积		200 000	25 000			175 000
合计	2 050 000	2 050 000	1 355 000	1 355 000	2 470 000	2 470 000

通过试算，可以从借、贷方合计金额是否平衡来检查账户记录的正确性。如果试算结果出现不平衡，就意味着账户记录或计算上有错，应进一步找出错误，予以纠正；如果试算结果无误，一般说来是正确的，但也可能有错。因为试算平衡表对于漏记、重记、串户、反方向等不影响发生额平衡的错误是发现不了的。所以，为了保证记账的正确性，除定期进行试算平衡外，更要注意平时记账必须认真仔细并加强核对，尽量做到账户记录和计算的正确性。

碳排放权会计

碳排放权就是二氧化碳的排放权利，碳排放权交易就是将此权利作为可以交易的商品，在双方都认可的公平条件下进行公开、自愿的交换。中国选择了以激励为主的市场化减排政策，积极引入碳排放权交易机制。2011年10月29日，国家发展改革委员会发布《关于开展碳排放权交易试点工作的通知》，宣布在深圳、上海、北京、广东、天津、湖北和重庆7个省（市）开展碳排放权交易试点工作。自2013年6月起，7个试点省（市）先后启动碳排放权交易市场。截至2019年10月底，全国各试点二级市场配额累计成交量约为347亿吨，配额累计成交金额约为76.8亿元，自愿减排量累计成交量为2亿吨。2021年7月16日，全国碳排放权交易市场开市。

碳排放权会计简称碳会计。碳会计需要遵循碳交易地的市场法规，以碳排放权配额、核证减排量及其等值货币为计量单位，以企业履行低碳、减碳等强制或自愿节能减排社会责任为基础，对碳交易业务进行确认、计量、核算和报告，即公司财务报表中碳排放单位的会计计量的标准化问题。可见，碳会计的定义与"碳排放权""市场交易""交易规则""会计工具"等关键词密切相关，碳交易市场是生态现象过渡到经济现象的必然产物，会进一步影响会计实践。

为配合我国碳排放权市场的建设，并将会计处理作为碳排放权交易市场建设的保障制度之一，2019年12月23日，财政部正式发布了《碳排放权交易有关会计处理暂行规定》（财会〔2019〕22号，以下简称《暂行规定》），就碳排放权交易相关的会计处理进行了规范。《暂行规定》自2020年1月1日起施行，重点排放企业应当采用未来适用法应用该规定。考虑到我国碳排放权交易市场尚在试点阶段，全国市场还在酝酿中，具体的市场机制尚未明确，《暂行规定》的导向是简便易行。

（1）会计初始确认。碳排放权是一种可供使用、交易的经济资源，属于由企业过去的交易或者事项形成的、由企业拥有或控制的、预期会给企业带来经济利益的资源，因此是企业的一项资产。与该资源有关的经济利益很可能流入企业，该资源的成本或价值能够可靠计量。因此，碳排放权应确认为企业的资产。

为避免争议，《暂行规定》要求，重点排放企业应当设置"1489碳排放权资产"科目，核算通过购入方式取得的碳排放配额。重点排放企业的国家核证自愿减排量相关交易，参照《暂行规定》进行会计处理，在"碳排放权资产"科目下设置明细科目进行核算。"碳排放权资产"科目的借方余额在资产负债表中的"其他流动资产"项目列示。对于计量属性，由于企业持有配额主要是保证自身的清洁发展，因此按照成本进行计量更贴近企业的业务实际。对于政府免费分配的碳排放配额，由于与直接取得资产的政府补助不同，且按公允价值确认补助后按公允价值结转损益与不确认为政府补助对净利润的影响基本一致，从简化实务的角度出发，通过政府免费分配等方式无偿取得碳排放配额不做账务处理更便于操作。

（2）初始及后续计量。关于资产的计量属性，我国《企业会计准则——基本准则》中界定了历史成本、重置成本、可变现净值、现值和公允价值。在企业用以上方法对会计要素进行计量时，为了保证计量过程的准确性和可靠性，需要确定所列的会计要素金额数据都是可取的，并且数据来源真实可靠。对碳资产的会计处理，其核心内容就是对碳资产进行确认和量化。和传统会计不同的是，碳资产的会计处理涵盖了资产的认定、计算以及确定的过程，但因为其本身的特殊性，造成了其在处理过程中和传统会计的差异。《暂行规定》的账务处理要求如下：①重点排放企业购入碳排放配额的，按照购买日实际支付或应付的价款（包括交易手续费等相关税费），借记"碳排放权资产"科目，贷记"银行存款""其他应付款"等科目。重点排放企业无偿取得碳排放配额的，不做账务处理。②重点排放企业使用购入的碳排放配额履约（履行减排义务）的，按照所使用配额的账面余额，借记"营业外支出"科目，贷记"碳排放权资产"科目。重点排放企业使用无偿取得的碳排放配额履约的，不做账务处理。③重点排放企业出售碳排放配额，应当根据配额取得来源的不同，区分以下情况进行账务处理：第一，重点排放企业出售购入的碳排放配额的，按照出售日实际收到或应收的价款（扣除交易手续费等相关税费），借记"银行存款""其他应收款"等科目，按照出售配额的账面余额，贷记"碳排放权资产"科目，按其差额，贷记"营业外收入"科目或借记"营业外支出"科目。第二，重点排放企业出售无偿取得的碳排放配额的，按照出售日实际收到或应收的价款（扣除交易手续费等相关税费），借记"银行存款""其他应收款"等科目，贷记"营业外收入"科目。④重点排放企业自愿注销购入的碳排放配额的，按照注销配额的账面余额，借记"营业外支出"科目，贷记"碳排放权资产"科目；重点排放企业自愿注销无偿取得的碳排放配额的，不做账务处理。

 思政小课堂

人类只有一个地球、一个世界。2012 年 11 月，党的十八大明确提出要倡导"人类命运共同体"意识。习近平同志表示，国际社会日益成为一个"你中有我、我中有你"的"命运共同体"，面对世界经济的复杂形势和全球性问题，任何国家都不可能独善其身。人类命运共同体旨在追求本国利益时兼顾他国合理关切，在谋求本国发展中促进各国共同发展。

　　和而不同、和谐万邦，始终是中国人的天下情怀，也是中国的大国智慧。中国将深入参与全球治理进程，引导经济全球化朝着更加包容互惠、公正合理的方向发展。中国还将携手各国一道，在共同协商、平等对话、相互助力的基础上，合力解决现代化发展面临的普遍性难题，共同跨越和突破现代化发展的各种陷阱和困局。这充分表明，中国的发展已经并正在为世界的发展做出更大的贡献，满足了各国人民对我们的期待。这也正是中国在新的时代条件下的大国担当。

课后练习

课件

第五章 复式记账的应用

对所有向客户销售产品的公司而言，至关重要的是要在合适的时间、合适的地点，生产并提供合适的产品或者服务。这些公司包括可口可乐、中国石油化工集团公司等大型公司，也包括诸如杂货、药店或者百货商店之类的连锁商店。

以鞍钢股份有限公司为例，公司注册资本为72.34亿元，是国内大型钢材生产企业，主要业务为生产及销售热轧产品、冷轧产品、中厚板及其他钢铁产品。主要包括16大类品种、600个牌号、42 000个规格的钢材产品。"鞍钢"牌铁路用钢轨、船体结构用钢板、集装箱用钢板获得"中国名牌产品"称号。对于鞍钢股份有限公司面临的挑战就是如何在合适的时间、合适的地点，生产并提供合适的产品或者服务。要实现这些目标，公司必须要合理安排筹资、采购、生产、销售、利润分配等各种业务，并由会计人员真实地将其记录下来并转化为会计信息公布出去，以促进公司可持续发展。那么会计人员是如何对企业的筹资、采购、生产、销售、利润分配等业务进行会计处理的呢？

学习目标 ▶

（1）了解工业企业生产经营过程总分类核算主要账户的用途、结构。

（2）能正确编制企业主要经济业务基本会计分录。

（3）能界定利润总额的组成内容及其计算方法。

本章将以工业企业为例，进一步研究复式记账法的应用。

工业企业是在市场经济中从事生产经营活动的经济实体，它的主要任务是生产能够被市场所接受的社会产品，以满足社会各方面的需要。

工业企业的生产经营过程，是围绕着供应、生产、销售三个阶段进行的。在供应过程，企业为保证生产需要，以货币资金购买原材料，支付购入材料的货款和采购费用，使企业的货币资金转为储备资金。

在生产过程，生产工人借助于劳动资料对劳动对象进行加工生产出产品。生产过程既是产品制造过程，又是物化劳动和活劳动的消耗过程。物化劳动消耗主要是反映劳动资料和劳动对象耗费，即厂房、机器设备等劳动手段在参加生产中所发生的折旧费用和材料的消耗费用。活劳动消耗主要是指劳动力的消费，即付给生产工人及职工的工资费用。从物质形态来看，先形成在产品，又逐渐转化为产成品。资金随着实物的变化，也逐渐由货币资金、储备资金转化为生产资金，继而转化为成品资金。

在销售过程，企业对外销售商品，同时收回货款。为保证销售收入的顺利实现，还要支付必要的销售费用。在这个过程中，使企业的成品资金又转化为货币资金。

工业企业的生产经营过程是连续不断的，其经营资本也是沿着供应、生产、销售三个阶段不断转化、不断循环，实现资本金的增值。企业从所获得的销售收入中，补偿各种生产耗费后，确定利润或亏损。企业实现的利润要按国家的规定进行分配，一部分上交国家所得税，一部分留归企业形成企业盈余公积，另一部分分配给企业的投资者。下面将阐述工业企业主要经营过程的核算。

第一节　资金筹集业务的核算

企业从事经营活动，必须具备与其生产经营活动和服务规模相适应的资金数额。企业筹集资金的渠道有两个：一是企业从所有者处筹集的资金，通常称为所有者投资；二是企业从债权人处筹集的资金，形成企业的负债。企业的负债又分为短期负债、长期负债等。下面简要说明企业主要的资金筹资业务即实收资本、资本公积和短期借款的核算。

一、实收资本核算

实收资本是指企业实际收到投资者投入的资本，它是企业所有者权益的主要内容。

为了反映企业实收资本的增减变动情况及其结果，企业应设置"实收资本"账户。该账户属于所有者权益类，其贷方登记所有者投资的增加额，借方登记所有者投资的减少额，期末余额在贷方，表示期末所有者投资的实有数额。该账户应按投资者设置明细账，进行明细分类核算。

投资人可以用货币资产投资，也可以用货币资产以外的其他有形资产和无形资产投资。

（一）接受货币资产投资的账务处理

企业收到货币资产投资时，在实际收到或存入企业开户银行时，按实际收到或存入的金额，借记"银行存款"账户，贷记"实收资本"账户。

本章以晨星有限责任公司为例，阐述制造业企业主要会计交易或事项的核算。

【例5-1】7月1日，晨星公司收到康华公司投入的资金130 000元，存入银行。

这项交易或事项的发生，一方面企业的银行存款增加130 000元；另一方面企业的实收资本增加130 000元。在核算中涉及"银行存款"和"实收资本"两个账户。会计分录如下：

> 借：银行存款　　　　　　　　130 000
> 　贷：实收资本——康华公司　130 000

（二）接受非货币资产投资的账务处理

企业收到实物资产投资时，在办理实物转移手续后，按评估确认的资产价值，借记"原材料""库存商品""固定资产""无形资产""应交税费——应交增值税（进项税额）"等账户，贷记"实收资本"账户。

【例5-2】7月5日，晨星公司收到华光公司投资的一项专利权，投资合同约定的价值为200 000元。

这项交易或事项的发生，一方面企业的无形资产增加200 000元，同时企业具有垫付性质且可以抵扣的应交税费（进项税额）增加12 000元；另一方面企业的实收资本增加212 000元。在核算中涉及"无形资产""应交税费——应交增值税（进项税额）"和"实收资本"三个账户。会计分录如下：

> 借：无形资产——专利权　　　　　　　　　　　　　　200 000
> 　　应交税费——应交增值税（进项税额）　　12 000
> 　贷：实收资本——华光公司　　　　　　　　　　　　212 000

二、资本公积核算

资本公积是投资者或者其他人投入企业、所有权归属投资者并且金额上超过法定资本部分的资本，是企业所有者权益的重要组成部分。从形式上看，资本公积属于一种投入资本，只是这种投入资本不在核定的注册资本之内。由此可见，资本公积从本质上讲也属于投入资本的范畴，也可以称其为准备资本。资本公积从其实质上看是一种准资本，它是资本的一种储备形式。但是，资本公积与实收资本（或股本）又有一定的区别，实收资本（或股本）是投资者（或股东）为谋求价值增值而对公司的一种原始投入，从法律上讲属于公司的法定资本，而资本公积可以来源于投资者的额外投入，也可以来源于投资者以外的其他企业或个人。可以说实收资本（或股本）无论是在来源上，还是在金额上，都有着比较严格的限制，而不同来源形成的资本公积却归所有投资者共同享有。

资本公积的主要用途就在于转增资本，即在办理增值手续后用资本公积转增资本。

为了反映企业收到投资者出资超出其在注册资本或股本中所占的份额以及直接计入所有者权益的利得和损失等情况，而设置"资本公积"账户。该账户属于所有者权益类，其贷方登记资本公积的增加额，借方登记资本公积的减少额，期末余额在贷方，表示期末资本公积的余额。

企业收到投资者投入的资本，借记"银行存款""其他应收款""固定资产""无形资产"等账户，按其在注册资本或股本中所占份额，贷记"实收资本"或"股本"账户，按其差额，贷记"资本公积——资本溢价或股本溢价"账户。按法定程序办理了增资手续后，借记"资本公积"账户，贷记"实收资本（或股本）"账户。

【例5-3】7月6日，辉瑞公司以一套生产线设备向晨星公司投资，经双方确定，生产线设备的市场价值为490 000元，生产线设备已交付车间使用，有关增资手续已经办妥。根据投资协议，该投资在企业注册资本中所占份额（占20%）为500 000元，其余53 700元作为资本公积（资本溢价）。

这项交易或事项的发生，一方面企业的固定资产增加490 000元，同时应交税费（进项税额）增加63 700元；另一方面企业的实收资本增加500 000元，同时资本公积增加53 700元。在核算中涉及"固定资产""应交税费——应交增值税（进项税额）"和"实收资本""资本公积"四个账户。做如下会计分录：

> 借：固定资产 490 000
> 　　应交税费——应交增值税（进项税额） 63 700
> 　　贷：实收资本——辉瑞公司 500 000
> 　　　　资本公积——资本溢价 53 700

【例5-4】7月18日，按照公司章程规定，经过董事会批准，晨星公司将资本公积200 000元转增实收资本。

这项交易或事项的发生，一方面企业的实收资本增加200 000元，另一方面企业的资本公积减少200 000元。在核算中涉及"实收资本"和"资本公积"两个账户。应做如下会计分录：

> 借：资本公积 200 000
> 　　贷：实收资本 200 000

三、短期借款核算

企业向债权人借入的资金主要有短期借款和长期借款两种，下面主要介绍短期借款的核算。

短期借款属于流动负债，它主要是指企业向商业银行和其他金融机构借入用于企业经营活动的，期限在一年或长于一年的一个营业周期以内的各种借款。

为了反映短期借款的核算内容，企业应设置"短期借款"账户。该账户属于负债类，在企业取得短期借款时，表明负债增加，应贷记"短期借款"账户；偿还短期借款时，表明负债减少，应借记"短期借款"账户，该账户的期末余额在贷方，表示期末尚未偿还的短期借款。为了提供短期借款的详细、具体资料，该账户应按债权人和借款种类设置明细账，进行明细分类核算。

短期借款的核算内容主要有三个方面：第一，取得借款的账务处理；第二，借款利息的账务处理；第三，归还借款的账务处理。

（一）取得借款的账务处理

短期借款通常在取得借款日，按取得金额入账，借记"银行存款"账户，贷记"短期借款"账户。

（二）借款利息的账务处理

如果短期借款的利息是按期支付的（如按季），或者利息是在借款到期时连同本金一起归还，并且数额较大的，为了正确计算各期的盈亏，可以按月记入费用账户。即借记"财务费用"账户，贷记"应付利息"账户；实际支付时，按照已经计入应付利息的金额，借记"应付利息"账户，按实际应支付的利息金额与已计入应付利息金额的差额，借记"财务费用"账户，按实际支付的利息金额，贷记"银行存款"账户。

（三）归还借款的账务处理

短期借款到期时，应及时归还。在归还借款时，应按借入时的账面金额，借记"短期借款"账户，按已提取的借款利息额，借记"应付利息"账户，按应归还的本利合计，贷记"银行存款"账户。

【例 5-5】7 月 1 日，晨星公司从银行取得借款 80 000 元存入银行，该项借款期限为 6 个月，年利率为 4.2%。

这项交易或事项的发生，一方面企业的银行存款增加 80 000 元，另一方面企业的短期借款增加 80 000 元。在核算中涉及"银行存款"和"短期借款"两个账户。作如下会计分录：

> 借：银行存款　　　　　　　　　80 000
> 　　贷：短期借款　　　　　　　　　　80 000

【例5-6】7月31日，晨星公司预提本月负担的短期借款利息280元。

这项交易或事项的发生，一方面企业期间费用中的财务费用增加280元，另一方面企业的应付利息增加280元。在核算中涉及"财务费用"和"应付利息"两个账户。做如下会计分录：

> 借：财务费用　　　　　　　　　280（80 000×4.2%/12）
> 　　贷：应付利息　　　　　　　　　　280

【例5-7】9月30日，晨星公司以银行存款支付本季度短期借款利息840元。

这项交易或事项的发生，一方面企业的应付利息减少560元，同时财务费用增加280元；另一方面企业的银行存款减少840元。在核算中涉及"应付利息""财务费用"和"银行存款"三个账户。做如下会计分录：

> 借：应付利息　　　　　　　　　560（280×2）
> 　　　财务费用　　　　　　　　　280
> 　　贷：银行存款　　　　　　　　　　840
> 或　　借：财务费用　　　　　　　　　280
> 　　　　贷：应付利息　　　　　　　　　280
> 　　借：应付利息　　　　　　　　　840（280×3）
> 　　　贷：银行存款　　　　　　　　　　840

【例5-8】12月31日，晨星公司以银行存款归还到期的短期借款80 000元和后三个月的借款利息840元。

这项交易或事项的发生，一方面企业的短期借款减少80 000元，应付利息减少560元，同时财务费用增加280元；另一方面企业的银行存款减少80 840元。在核算中涉及"短期借款""应付利息""财务费用"和"银行存款"四个账户。做如下会计分录：

> 借：短期借款　　　　　　　　　80 000
> 　　　应付利息　　　　　　　　　560（280×2）
> 　　　财务费用　　　　　　　　　280
> 　　贷：银行存款　　　　　　　　　　80 840
> 或　　借：财务费用　　　　　　　　　280
> 　　　　贷：应付利息　　　　　　　　　280

借：短期借款   80 000

  应付利息   840（280 × 3）

 贷：银行存款   80 840

第二节　生产准备业务的核算

企业为了开展正常的生产经营活动，就必须拥有生产所需要的劳动资料和劳动对象，如厂房、机器设备、材料等。因此，生产准备业务核算的主要内容包括固定资产购建业务的核算和材料采购业务的核算。

一、固定资产购置业务的核算

固定资产是指为生产商品、提供劳务、出租或经营管理而持有的，使用年限超过 1 年，单位价值较高的有形资产，包括企业使用的房屋、建筑物、机器设备、运输工具等。

（一）固定资产购置业务核算应设置的主要账户

1. "固定资产"账户

该账户属于资产类。用以核算企业固定资产的原始价值。其借方登记企业增加的固定资产的原值；贷方登记减少的固定资产原值；期末余额在借方，反映企业固定资产的账面原价。该账户应按固定资产类别设置明细账，进行明细分类核算。

2. "在建工程"账户

该账户属于资产类。用以核算企业为建造固定资产等而进行的各项工程所发生的实际支出。其借方登记企业建造、安装固定资产等工程所发生的各项支出；贷方登记固定资产达到预定可使用状态时的实际成本；期末余额在借方，反映企业未完工程的实际成本。该账户应按工程项目设置明细账，进行明细分类核算。

（二）固定资产购置业务核算

企业购入不需要安装的固定资产，按应计入固定资产成本的金额，借记"固定资产"账户，贷记"银行存款""其他应付款""应付票据"等账户。

购入需要安装的固定资产，先借记"在建工程"账户，安装完毕交付使用时再转入"固定资产"账户。

自行建造完成的固定资产，借记本科目，贷记"在建工程"账户。

已达到预定可使用状态但尚未办理竣工决算手续的固定资产，可先按估计价值记账，待确定实际价值后再进行调整。

【例5-9】7月6日，晨星公司购入全新不需要安装的设备一台，买价50 000元，增值税额6 500元，包装费200元，运输费500元，全部款项以银行存款支付。

这项交易或事项的发生，一方面设备的采购支出增加，其中，买价50 000元、包装费200元、运输费500元应计入固定资产成本，从而使固定资产原价增加50 700元，进项税额6 500元则应用以抵扣应交增值税；另一方面企业的银行存款减少57 200元。在核算中涉及"固定资产""应交税费——应交增值税（进项税额）"和"银行存款"三个账户。做如下会计分录：

> 借：固定资产　　　　　　　　　　　　　　50 700
> 　　应交税费——应交增值税（进项税额）　 6 500
> 　　贷：银行存款　　　　　　　　　　　　　　57 200

【例5-10】7月8日，晨星公司购入需要安装的设备一套，买价150 000元，增值税额19 500元，运杂费1 000元，全部款项以银行存款支付，设备已投入安装。

这项交易或事项的发生，一方面设备的采购支出增加，其中，买价150 000元、运杂费1 000元应计入在建工程成本，进项税额19 500元，则应用以抵扣应交增值税；另一方面企业的银行存款减少。在核算中涉及"在建工程""应交税费——应交增值税（进项税额）"和"银行存款"三个账户。做如下会计分录：

> 借：在建工程　　　　　　　　　　　　　151 000
> 　　应交税费——应交增值税（进项税额）　19 500
> 　　贷：银行存款　　　　　　　　　　　　　170 500

【例5-11】7月9日，晨星公司在安装上述设备时，发生如下的安装费用：领用本企业的原材料5 000元（暂不考虑增值税），支付本企业安装工人的工资2 000元，用现金600元支付零星开支。

这项交易或事项的发生，一方面企业在建工程的成本增加7 600元，另一方面企业原材料减少5 000元，库存现金减少600元，应付人工费增加2 000元。它影响资产和负债两个要素，在建工程成本增加应记入"在建工程"账户的借方，材料减少应记入"原材料"账户的贷方，现金的减少应记入"库存现金"账户的贷方，应付人工费增加应计入"应付职工薪酬——工资"的贷方。应做如下会计分录：

> 借：在建工程　　　　　　　　　　　　　　7 600

	贷：原材料	5 000
	库存现金	600
	应付职工薪酬——工资	2 000

【例5-12】7月11日，晨星公司上述设备安装完毕，达到预定可使用状态，全部成本158 600元。

这项交易或事项的发生，一方面企业的固定资产增加158 600元，另一方面企业在建工程减少158 600元。在核算中涉及"固定资产"和"在建工程"两个账户。做如下会计分录：

	借：固定资产	158 600
	贷：在建工程	158 600

二、材料采购业务的核算

原材料是指企业在生产过程中经过加工改变其形态或性质并构成产品主要实体的各种原料、主要材料和外购半成品，以及不构成产品实体但有助于产品形成的辅助材料。原材料具体包括原料及主要材料、辅助材料、外购半成品（外购件）、修理用备件（备品备件）、包装材料、燃料等。不同方式取得的原材料，其成本确定的方法不同，成本构成也不同。其中购入的原材料，其实际成本由买价（购货发票上所注明的货款金额），采购过程中发生的运输费、包装费、装卸费、仓储费等，材料在运输途中的合理损耗，材料入库之前发生的挑选整理费用，按规定应计入材料采购成本的各种税金等费用构成。原材料的日常收发及结存，可以采用实际成本核算，也可以采用计划成本核算。

在企业材料的种类比较多、收发次数又比较频繁的情况下，其核算的工作量就比较大，而且也不便于考核材料采购业务成果和分析材料采购计划的完成情况。所以在我国一些大、中型企业里，材料可以按照计划成本计价组织收、发核算。材料按计划成本计价核算，就是材料的收、发凭证按计划成本计价，材料总账及明细账均按计划成本登记，通过增设"材料成本差异"账户来核算材料实际成本与计划成本之间的差异额，并在会计期末调整计划成本，以确定库存材料的实际成本和发出材料应负担的差异额，进而确定发出材料的实际成本。

一般来讲，在企业的经营规模较小，原材料的种类不是很多，而且原材料收、发业务的发生也不是很频繁的情况下，企业可以按照实际成本计价方法组织原材料的收、发核算。原材料按照实际成本计价方法进行日常的收、发核算，其特点是从材料的收、发凭证到材料明细分类账和总分类账全部按实际成本计价。

由于原材料按照计划成本计价组织收、发核算较为复杂，涉及的内容和运用的账户较多，因此本教材仅就原材料按照实际成本计价的核算进行阐述。

综上所述，材料的买价、增值税和各项采购费用的发生和结算，材料采购成本的计算，以及材料的验收入库等就构成了供应过程中材料采购业务核算的主要内容。

（一）材料采购业务设置的会计账户

1.“原材料”账户

该账户属于资产类，用于核算库存各种材料的收发与结存情况。在原材料按实际成本核算时，本科目的借方登记入库材料的实际成本，贷方登记发出材料的实际成本，期末余额在借方，反映企业库存材料的实际成本。

2.“在途物资”账户

该账户属于资产类，用于核算企业采用实际成本（进价）进行材料、商品等物资的日常核算、货款已付尚未验收入库的各种物资（即在途物资）的采购成本，本账户应按供应单位和物资品种进行明细核算。本账户的借方登记企业购入的在途物资的实际成本，贷方登记验收入库的在途物资的实际成本，期末余额在借方，反映企业在途物资的采购成本。

企业购入材料、商品，按应计入材料、商品采购成本的金额，借记“在途物资”账户，按可抵扣的增值税额，借记“应交税费——应交增值税（进项税额）”账户，按实际支付或应付的款项，贷记“银行存款”“应付票据”“应付账款”等账户。

3.“应付账款”账户

该账户属于负债类，用于核算企业因购买材料、商品和接受劳务等经营活动应支付的款项。本账户的贷方登记企业因购入材料、商品和接受劳务等尚未支付的款项，借方登记偿还的应付账款，期末余额一般在贷方，反映企业尚未支付的应付账款。

4.“预付账款”账户

该账户属于资产类，用于核算企业按照合同规定预付的款项。本账户的借方登记预付的款项及补付的款项，贷方登记收到所购物资时根据有关发票账单记入“原材料”等账户的金额及收回多付款项的金额，期末余额在借方，反映企业实际预付的款项；期末余额在贷方，则反映企业尚未预付的款项。预付款项情况不多的企业，可以不设置“预付账款”账户，而将此业务在“应付账款”账户中核算。

5.“应交税费”账户

该账户属于负债类，用以核算企业应交纳的各种税费，如增值税、消费税、城市维护建设税、企业所得税、教育费附加等。增值税是对我国境内销售货物或者加工、修理修配劳务、销售服务、无形资产不动产以及进口货物的单位和个人，就其销售货物、劳务、服务、无形资产、不动产的增值额和进口货物金额为计税依据而课征的一种流转税。它是一种价外税。增值税的纳税义务人是我国境内销售货物或者加工修理修配劳务、服务、无形资产、不动产以及进口货物的单位和个人，为增值税的纳税人。增值税暂行条例将纳税人分为一般纳税人和小规模纳税人。一般纳税人销售货物或提供应税劳务、服务等可以开具增值税专用发票，购入货物、服务等取得的增值税专用发票上注明的增值税额可以抵扣销项税额，增值税的基本税率为13%。小规模纳税人销售货物或者提供应税劳务、服务等一般只能开具普通发票；购入货物、服务等取得的增值税专用发票上注明增值税额不能抵扣，其征收率一般为3%。

该账户的贷方登记应交纳的各种税费，借方登记已交纳的各种税费，期末余额在贷方，反映企业尚未交纳的税费；期末如为借方余额，反映企业多交或尚未抵扣的税费。该账户应设"应交增值税""应交消费税""应交所得税"等明细账，进行明细分类核算。其中"应交税费——应交增值税"账户的借方反映企业购进货物或接受应税劳务支付的进项税额和实际已交纳的增值税，贷方反映销售货物或提供应税劳务应交纳的增值税销项税额等，期末余额在借方，反映企业多交或尚未抵扣的增值税；期末贷方余额，反映企业尚未交纳的增值税。企业应在"应交增值税"明细账内，设置"进项税额""已交税金""销项税额"等专栏，并按规定进行明细分类核算。

（二）材料采购业务核算

由于支付方式不同，原材料入库的时间与付款的时间可能一致，也可能不一致，在会计处理上也有所不同。

1. 货款已经支付或开出、承兑商业汇票，同时材料已验收入库

【例5-13】晨星公司为增值税一般纳税人。7月5日，晨星公司购入A材料一批，增值税专用发票上注明价款150 000元，增值税额19 500元，另对方代垫运杂费2 000元，全部款项已用转账支票付讫，材料已验收入库。

这项交易或事项的发生，一方面增加了采购A材料的支出171 500元，其中货款和运杂费应计入A材料的采购成本152 000元，进项税额19 500元则应用以抵扣应交增值税；另一方面减少了银行存款171 500元。在核算中涉及"原材料""应交税费——应交增值税（进项税额）"和"银行存款"三个账户。做如下会计分录：

借：原材料——A材料　　　　　　　　　152 000
　　应交税费——应交增值税（进项税额）　19 500
　　贷：银行存款　　　　　　　　　　　　171 500

2. 货款已经支付或已开出、承兑商业汇票，材料尚未到达或尚未验收入库

【例5-14】7月8日，晨星公司采用汇兑结算方式购入B材料一批，发票及账单

已收到，增值税专用发票上记载的货款为 60 000 元，增值税额 7 800 元，支付保险费 1 000 元，材料尚未到达。

这项交易或事项的发生，一方面增加了采购 B 材料的支出 68 800 元，其中货款和保险费应计入 B 材料的采购成本 61 000 元，进项税额 7 800 元则应用以抵扣应交增值税；另一方面减少了银行存款 68 800 元。在核算中涉及"在途物资""应交税费——应交增值税（进项税额）"和"银行存款"三个账户。做如下会计分录：

借：在途物资——B 材料　　　　　　　　　　61 000
　　应交税费——应交增值税（进项税额）　 7 800
　贷：银行存款　　　　　　　　　　　　　　68 800

【例 5-15】7 月 10 日，上述购入的 B 材料已收到，并验收入库。

这项交易或事项的发生，一方面增加了库存 B 材料的实际成本 61 000 元，另一方面减少了采购 B 材料的实际成本 61 000 元。在核算中涉及"原材料"和"在途物资"两个账户。做如下会计分录：

借：原材料——B 材料　　　　61 000
　贷：在途物资——B 材料　　　61 000

3. 货款尚未支付，材料已经验收入库

【例 5-16】7 月 15 日，晨星公司采用托收承付结算方式购入 C 材料一批，增值税专用发票上注明价款 50 000 元，增值税额 6 500 元，对方代垫包装费 1 000 元，银行转来的结算凭证已到，款项尚未支付，材料已验收入库。

这项交易或事项的发生，一方面增加了采购 C 材料的支出 57 500 元，其中货款和包装费应计入 C 材料的采购成本 51 000 元，进项税额 6 500 元则应用以抵扣应交增值税；另一方面增加了应付账款 57 500 元。在核算中涉及"原材料""应交税费——应交增值税（进项税额）"和"应付账款"三个账户。做如下会计分录：

借：原材料——C 材料　　　　　　　　　　51 000
　　应交税费——应交增值税（进项税额）　 6 500
　贷：应付账款　　　　　　　　　　　　　　57 500

【例 5-17】7 月 20 日，晨星公司采用委托收款结算方式购入 D 材料一批，材料已验收入库，月末发票账单尚未收到也无法确定其实际成本，暂估价值为 30 000 元。

借：原材料——D 材料　　　　　　30 000
　贷：应付账款——暂估应付账款　　30 000

下月初做相反的会计分录予以冲回:

> 借: 应付账款——暂估应付账款 30 000
> 　　贷: 原材料——D 材料 30 000

在这种情况下,发票账单未到也无法确定实际成本,期末应按照暂估价值先入账,但是,下期初做相反的会计分录予以冲回,收到发票账单后再按照实际金额入账。即对于材料已到达并已验收入库,但发票账单等结算凭证未到,货款尚未支付的采购业务,应于期末按材料的暂估价值,借记"原材料"账户,贷记"应付账款——暂估应付账款"账户。下期初做相反的会计分录予以冲回,以便下月付款或开出、承兑商业汇票后,按正常程序,借记"原材料""应交税费——应交增值税(进项税额)"账户,贷记"银行存款"或"应付票据"等账户。

【例 5-18】承【例 5-17】,晨星公司上述购入的 D 材料于次月收到发票账单,增值税专用发票上注明货款 31 000 元,增值税额 4 030 元,对方代垫保险费 2 000 元,已用银行存款付讫。

这项交易或事项的发生,一方面增加了采购 D 材料的支出 37 030 元,其中货款和保险费应计入 D 材料的采购成本 33 000 元,进项税额 4 030 元则应用以抵扣应交增值税;另一方面减少了银行存款 37 030 元。在核算中涉及"原材料""应交税费——应交增值税(进项税额)"和"银行存款"三个账户。做如下会计分录:

> 借: 原材料——D 材料 33 000
> 　　应交税费——应交增值税(进项税额) 4 030
> 　　贷: 银行存款 37 030

4. 货款已经预付,材料尚未验收入库

【例 5-19】7 月 25 日,根据与某厂的购销合同规定,晨星公司为购买 B 材料向该厂预付 100 000 元货款的 80%,已经通过汇兑方式汇出。

这项交易或事项的发生,一方面增加了预付购料款 80 000 元,另一方面减少了银行存款 80 000 元。在核算中涉及"预付账款"和"银行存款"两个账户。做如下会计分录:

> 借: 预付账款 80 000
> 　　贷: 银行存款 80 000

第三节　生产过程业务的核算

生产过程是制造企业经营过程的第二阶段。在生产过程中，劳动者利用劳动资料（即厂房、机器设备等固定资产）对劳动对象（即材料）进行加工使之成为劳动产品。所以生产过程既是产品的制造过程，又是物化劳动（劳动资料和劳动对象）和活劳动的消耗过程。

企业在生产产品过程中所发生的各种耗费，称为生产费用，主要包括为生产产品所消耗的原材料、辅助材料、燃料和动力，生产工人的薪酬及福利费，厂房和机器设备等固定资产的折旧费，以及管理、组织生产、为生产服务而发生的费用等。这些生产费用，要按一定产品进行归集和分配，以计算产品的生产成本。为此，生产过程核算的主要任务是：核算与监督生产费用的发生和分配，产品生产的品种、数量和质量；计算产品成本，考核生产资金定额和成本计划的执行情况；总结生产过程中的问题和经验，促使企业不断降低生产成本，提高经济效益。

一、账户设置

为了进行生产费用的归集、分配的核算，正确计算产品成本，企业应设置以下账户：

（一）"生产成本"账户

它是成本类账户，用来核算企业在生产各种产品（包括产成品、自制半成品等）过程中所发生的各项生产费用，并据以确定产品实际生产成本。它的借方登记月份内发生的全部生产费用；贷方登记应结转的完工产品的实际生产成本。月末的借方余额，表示生产过程中尚未完工的在产品实际生产成本。"生产成本"账户应设置"基本生产成本"和"辅助生产成本"两个明细账户。为了具体反映每一种产品的生产费用和实际生产成本，这两个明细账户可按成本核算对象（产品种类）进行三级明细核算。

（二）"制造费用"账户

它是成本类账户，用来归集和分配企业为生产产品而发生的各项间接费用，包括职工薪酬及福利费、折旧费、修理费、办公费、水电费、机物料消耗、劳动保护费、季节性停工损失、修理期间的停工损失以及其他不能直接计入产品生产成本的费用。它的借方登记月份内发生的各种制造费用；贷方登记分配结转应由各种产品生产负担的制造费用。月末一般无余额。为了考核不同车间的经费开支情况以及不同产品的制造费用分配标准和数额，该账户应按不同车间、部门和费用项目设置明细分类账。

（三）"管理费用"账户

它是损益类账户，用来核算企业为组织和管理企业生产经营所发生的管理费用，包括企业的董事会和行政管理部门在企业的经营管理中发生的或者应由企业统一负担的公司经费（包括行政管理部门职工薪酬、修理费、物料消耗、低值易耗品摊销、办公费和差旅费等）、工会经费、董事会费（包括董事会成员津贴、会议费和差旅费等）、聘请中介机构费、咨询费（含顾问费）、诉讼费、业务招待费、技术转让费、矿产资源补偿费、研究费用、排污费等。

"管理费用"账户的借方登记一定时间内企业发生的管理费用数，贷方登记期末转入"本年利润"账户数，结转后"管理费用"账户应无余额。

企业在筹建期间内发生的开办费，包括人员工资、办公费、培训费、差旅费、印刷费、注册登记费以及不计入固定资产价值的借款费用等，借记"管理费用"账户，贷记"银行存款""应付利息"等账户。

行政管理部门人员的职工薪酬，借记"管理费用"账户，贷记"应付职工薪酬"账户。

行政管理部门计提的固定资产折旧，借记"管理费用"账户，贷记"累计折旧"账户。

发生的办公费、修理费、水电费、业务招待费、聘请中介机构费、咨询费、诉讼费、技术转让费、研究费用时，借记"管理费用"账户，贷记"银行存款""研发支出"等账户。

按规定计算确定的应交矿产资源补偿费的金额，借记"管理费用"账户，贷记"应交税费"账户。

（四）"库存商品"账户

它是资产类账户，用来核算企业库存的各种商品的实际成本。

制造企业的库存商品主要是指产成品。产成品是指企业已完成全部生产过程并已验收入库可供销售的产品的实际成本。它的借方登记已经完工验收入库的各种产品的实际生产成本；贷方登记已经出售的各种产品的实际生产成本。月末，借方余额表示库存产成品的实际成本。为了具体反映库存产成品的结构和增减变动情况，应按产成品的品种、规格或类别设置明细分类账。

（五）"累计折旧"账户

固定资产是工业企业的主要劳动资料，它在使用过程中，始终保持其原有的实物形态，它的价值是通过计提折旧方式，逐渐、部分地转入产品成本中。所谓固定资产折旧，就是固定资产在企业生产经营过程中由于使用而逐渐损耗的价值，它一般是根据月初固定资产的账面原值和规定的折旧率按月计提的。为了反映固定资产的损耗价值，需要设置和应用"累计折旧"账户。

"累计折旧"账户是固定资产原始价值的抵减调整账户，按其反映的经济内容，属于资产类账户。该账户是用来核算企业固定资产累计损耗价值的。其贷方反映折旧的增加数额，借方反映当固定资产退出企业时，已提折旧额的冲销数。期末贷方余额表示截至本期末止的累计折旧额。企业按月计提的固定资产折旧，按固定资产的使用部门，借记"制造费用""管理费用""销售费用"等账户，贷记"累计折旧"账户；当固定资产调出或报废时，借记"累计折旧"账户和"固定资产清理"账户，贷记"固定资产"账户。

（六）"应付职工薪酬"账户

它是负债类账户，核算应付职工薪酬的提取、结算、使用等情况。该账户贷方登记已分配计入有关成本费用项目的职工薪酬的数额，借方登记实际发放职工薪酬的数额；该账户期末贷方余额，反映企业应付未付的职工薪酬。"应付职工薪酬"账户应当按照"工资""职工福利""社会保险费""住房公积金""工会经费""职工教育经费""非货币性福利"等应付职工薪酬项目设置明细账户，进行明细核算。外商投资企业按规定从净利润中提取的职工奖励及福利基金，也在"应付职工薪酬"账户核算。

（七）"其他应收款"账户

它属于资产类账户，是用来核算企业除应收票据、应收账款、预付账款以外的其他各种应收、暂付款项，包括备用金、应收各种赔款、罚款、应向职工收取的各种垫付款项等。其借方反映其他各种应收、暂付的款项，贷方反映已收回或已报销的应收、暂付款项，期末借方余额，表示尚未收回或尚未结账的款项。企业发生其他各种应收款项时，借记"其他应收款"账户，贷记"库存现金""银行存款"或其他有关账户；收回或报销各种款项时，借记"库存现金""银行存款""管理费用"等账户，贷记"其他应收款"账户。该账户按照不同的债务人设明细分类账，进行明细核算。

二、生产过程中主要经济业务的核算

在生产过程中，发生的主要经济业务有：车间领用制造产品的原材料投入生产、计算和分配职工薪酬、从银行提取现金发放职工薪酬、计提固定资产折旧、分配制造费用、计算产品成本、产品完工、结转产品实际生产成本等。

【例5-20】7月8日，晨星公司从仓库领用A、B、C材料各一批，价值55 000元，用以生产甲、乙两种产品和其他一般耗用，如表5-1所示。

表5-1 材料领用情况表

项目	A材料		B材料		C材料		合计	
	数量（千克）	金额（元）	数量（千克）	金额（元）	数量（千克）	金额（元）	数量（千克）	金额（元）
制造甲产品耗用	1 000	8 000	600	2 400	2 000	20 000	3 600	30 400
制造乙产品耗用	1 000	8 000	300	1 200	1 000	10 000	2 300	19 200
小计	2 000	16 000	900	3 600	3 000	30 000	5 900	49 600
车间一般耗用	500	4 000			100	1 000	600	5 000
管理部门领用			100	400			100	400
合计	2 500	20 000	1 000	4 000	3 100	31 000	6 600	55 000

这项交易或事项的发生，一方面增加了生产费用中的直接材料费49 600元，其中应计入甲产品成本30 400元，应计入乙产品成本19 200元，同时增加了生产费用中的间接费用5 000元和期间费用中的管理费用400元；另一方面减少了库存原材料55 000元，其中A材料20 000元、B材料4 000元、C材料31 000元。在核算中涉及"生产成本""制造费用""管理费用"和"原材料"四个账户。其会计分录如下：

```
借：生产成本——甲产品        30 400
            ——乙产品        19 200
    制造费用                 5 000
    管理费用                   400
    贷：原材料——A 材料       20 000
              ——B 材料        4 000
              ——C 材料       31 000
```

【例5-21】7月10日，晨星公司开出现金支票从银行提取现金20 000元，准备用以发放职工薪酬。

这项交易或事项的发生，一方面增加库存现金20 000元，另一方面减少银行存款20 000元。在核算中涉及"库存现金"和"银行存款"两个账户。其会计分录如下：

```
借：库存现金               20 000
    贷：银行存款            20 000
```

【例5-22】7月10日，晨星公司以现金20 000元发放职工薪酬。

这项交易或事项的发生，一方面应付给职工的工资债务减少20 000元，另一方面库存现金也减少20 000元。在核算中涉及"应付职工薪酬"和"库存现金"两个账户。

其会计分录如下：

　　　　借：应付职工薪酬——工资　　　　20 000
　　　　　　贷：库存现金　　　　　　　　　20 000

【例 5-23】7 月 18 日，晨星公司以银行存款支付行政管理部门办公费、水电费1 000 元。

这项交易或事项的发生，一方面行政管理部门的费用增加 1 000 元，另一方面银行存款减少 1 000 元。在核算中涉及"管理费用"和"银行存款"两个账户。其会计分录如下：

　　　　借：管理费用　　　　　　　　　1 000
　　　　　　贷：银行存款　　　　　　　　1 000

【例 5-24】7 月 31 日，晨星公司按照规定的固定资产折旧率，计提本月固定资产折旧 13 000 元，其中车间固定资产折旧 11 000 元，行政管理部门固定资产折旧2 000 元。

固定资产在使用过程中的损耗部分价值应按照固定资产原始价值和核定的折旧率按月计算折旧费用计入间接费用或期间费用。

这项交易或事项的发生，一方面成本费用中的间接费用增加 11 000 元，同时期间费用中的管理费用增加 2 000 元；另一方面由于减少了固定资产价值而增加了固定资产折旧额 13 000 元。在核算中涉及"制造费用""管理费用"和"累计折旧"三个账户。其会计分录如下：

　　　　借：制造费用　　　　　　　　　11 000
　　　　　　管理费用　　　　　　　　　 2 000
　　　　　　贷：累计折旧　　　　　　　　13 000

【例 5-25】7 月 31 日，晨星公司结算本月份应付职工薪酬 20 000 元，其中：制造甲产品工人职工薪酬 10 000 元，制造乙产品工人职工薪酬 7 980 元，车间管理人员职工薪酬 1 000 元，厂部管理人员职工薪酬 2 000 元。

这项交易或事项的发生，一方面生产费用中的直接人工费增加了 17 980 元，其中应计入甲产品成本 10 000 元，应计入乙产品成本 7 980 元，同时增加了生产费用中的间接费用 1 000 元和期间费用中的管理费用 2 000 元；另一方面增加了应付给工人的工资债务 20 980 元。在核算中涉及"生产成本""制造费用""管理费用"和"应付职工薪酬"四个账户。其会计分录如下：

　　　　借：生产成本 —— 甲产品　　　　10 000
　　　　　　　　　　—— 乙产品　　　　 7 980

制造费用	1 000
管理费用	2 000
贷：应付职工薪酬——工资	20 980

【例5-26】7月31日，晨星公司将本月发生的制造费用17 000元转入生产成本，其中计入甲产品成本10 000元，计入乙产品成本7 000元。

制造费用是产品生产成本的组成部分，月末应将月内归集的各种间接生产费用从"制造费用"账户转入"生产成本"账户的借方，以反映产品生产成本。

这项交易或事项的发生，一方面增加了产品生产成本17 000元，其中甲产品成本增加10 000元，乙产品成本增加7 000元；另一方面减少了制造费用17 000元。在核算中涉及"生产成本"和"制造费用"两个账户。其会计分录如下：

借：生产成本——甲产品 　　10 000
　　　　　　——乙产品 　　　7 000
　　贷：制造费用 　　　　　　17 000

【例5-27】7月31日，本月甲产品100台全部制造完工，并已验收入库，按其实际生产成本50 400元转账。

甲产品的实际生产成本是根据甲产品的明细分类账户的记录计算确定的。

这项交易或事项的发生，说明甲产品已全部制造完工并已验收入库，一方面增加了库存甲产品的实际成本50 400元，另一方面减少了生产甲产品的实际成本50 400元。在核算中涉及"库存商品"和"生产成本"两个账户。其会计分录下：

借：库存商品——甲产品 　　50 400
　　贷：生产成本——甲产品 　　50 400

另外，乙产品尚未制造完工，因此月末"生产成本"账户的借方余额为乙产品的在产品的实际生产成本。

三、产品制造成本计算

产品制造成本的计算，就是按照生产的各种产品，归集和分配在生产过程中所发生的各种生产费用，并按成本项目计算各种产品的总成本和单位成本。

（一）产品制造成本的内容

（1）劳动资料耗费的费用，包括厂房、建筑物、机器设备等固定资产折旧。

（2）劳动对象耗费的费用，包括原材料、辅助材料、燃料。

（3）活劳动耗费的费用，包括职工工资、福利费。

（4）其他费用支出，包括其他为生产产品而发生的间接费用。

（二）产品制造成本计算应归入的成本项目

（1）直接材料。这是指企业生产过程中实际消耗的直接材料、辅助材料、设备配件、外购半成品、燃料、动力、包装物、低值易耗品以及其他直接材料和电力、蒸汽等动力。

（2）直接人工。这是指企业直接从事产品生产人员的职工薪酬、奖金、津贴和补贴，以及直接从事产品生产人员的职工福利费等。

（3）制造费用。这是指为生产产品和提供劳务而发生的各种间接费用，如车间、分厂管理人员、技术人员的职工薪酬及福利费，车间使用的固定资产折旧费和修理费、办公费、水电费、机物料消耗、劳动保护费、季节性停工损失、修理期间的停工损失等。

在计算产品生产成本时，应将生产过程中发生的各项生产费用，按产品的名称或类别分别进行归集和分配，以便分别计算各种（类）产品的生产总成本和单位成本。在不同类型的企业里，因生产组织和工艺过程各有特点，可采用不同的产品成本计算方法。这些专门的产品成本计算方法，将在有关专业会计中论述。

下面根据前例说明生产成本的一般计算方法。晨星有限责任公司7月生产甲、乙两种产品所发生的各项生产费用，按其用途整理如表5-2所示。

表5-2　甲、乙产品生产费用资料明细

产品名称	完工产品数量	直接材料	直接人工	制造费用	合计
甲产品 乙产品	100 件 100 件	30 400 19 200	10 000 7 980	10 000 7 000	50 400 34 180
合计		49 600	17 980	17 000	84 580

从上表看出，直接材料 49 600 元和直接人工 17 980 元是直接成本项目费用，可直接计入各种产品的生产成本。而制造费用 17 000 元是甲、乙两种产品共同负担的间接费用，需要按照一定标准在甲、乙产品之间进行分配，然后分别计入各种产品的生产成本。分配的标准一般有：按生产工人工资、按生产工人工时、按机器工时、按直接原材料成本、按直接总成本。企业在用某一种分配标准时，要慎重考虑各种间接费用的发生与该种分配标准是否有直接关系，是否接近实际，以保证产品生产成本的计算相对正确。一般选择按生产工时比例、生产工人的工资的标准分配较多，主要是简便易行。总之，要根据企业实际情况选择适当的分配标准。

（三）具体分配计算方法

（1）假设甲产品生产工时 10 000 小时，乙产品生产工时 7 000 小时，按甲、乙产品的生产工时分摊共同负担的制造费用分配率为：

17 000/（10 000+7 000）=1

甲产品应分摊的制造费用：10 000×1=10 000（元）

乙产品应分摊的制造费用：7 000×1=7 000（元）

（2）登记甲、乙产品生产明细分类账户，如表 5-3、表 5-4 所示。

表5-3 "生产成本"明细分类账

产品品种及类别：甲产品

年		凭证号	摘要 直接材料	借方				贷方	借或贷	余额
月	日			直接人工	制造费用	合计				
			生产耗用材料	30 400			30 400		借	30 400
			分配人工费		10 000		10 000		借	40 400
			分配制造费用			10 000	10 000		借	50 400
			结转完工产品成本					50 400	平	0
			本期发生额及余额	30 400	10 000	10 000	50 400		平	0

表5-4 "生产成本"明细分类账

产品品种及类别：乙产品

年		凭证号	摘要 直接材料	借方				贷方	借或贷	余额
月	日			直接人工	制造费用	合计				
			生产耗用材料	19 200			19 200		借	19 200
			分配人工费		7 980		7 980		借	7 980
			分配制造费用			7 000	7 000		借	7 000
			本期发生额及余额	19 200	7 980	7 000	34 180		借	34 180

（3）编制产品生产成本计算表，如表 5-5 所示。

表5-5 产品生产成本计算表

单位：元

成本项目	甲产品	
	总成本（100件）	单位成本
直接材料	30 400	304
直接人工	10 000	100
制造费用	10 000	100
合计	50 400	504

第四节　产品销售业务的核算

一、产品销售业务核算的内容

工业企业销售业务主要包括产品销售、材料销售、包装物出租和对外提供劳务等业务。其中，产品销售是销售阶段的主营业务。在销售过程中，企业要按国家有关价格政策，根据市场需求状况制订价格，同时按照经济合同和规定的结算制度组织销售，获取销售收入。企业在组织商品销售过程中，应依照国家税收政策，无偿缴纳增值税、消费税、城市维护建设税等税费。月终，将本月取得的主营业务收入、其他业务收入，转入"本年利润"账户的贷方，将本期主营业务成本、税金及附加、其他业务成本、销售费用等，转入"本年利润"账户的借方。因此，销售收入的取得、销售成本及销售税金等的计算结转，就是销售业务的主要核算内容。

此外，企业在销售过程中，购货单位有时不能及时支付货款，因此形成应收账款。由于市场竞争和经营风险，企业应收账款还面临着收不回来的可能。为了合理核算可能发生的坏账损失，企业要按照一定的方法对应收账款提取坏账准备，预先计入相关费用。坏账准备金的提取，也是销售业务的核算内容。

二、账户设置

为了正确地反映主营业务收入、其他业务收入的取得，以及销售成本和销售税金等项目的发生和结转，需要设置如下账户。

（一）"主营业务收入"账户

它属于损益类账户，用来核算企业在销售商品、提供劳务及让渡资产使用权等日常活动中所产生的营业收入，可根据企业营业执照上规定的主要业务范围加以确定。贷方登记企业实现的主营业务收入，借方登记月末结转"本年利润"的主营业务收入。结转后没有期末余额。本账户应按主营业务的种类设置明细账，进行明细分类核算。

企业销售商品或提供劳务实现的销售收入，应按照实际收到或应收的价款，借记"银行存款""应收账款""应收票据"等账户；按销售收入的金额，贷记"主营业务收入"账户；按专用发票上注明的增值税额，贷记"应交税费——应交增值税（销项税额）"账户。

企业本期发生的销售退回或销售折让，按应冲减的销售商品收入，借记"主营业务收入"账户；按专用发票上注明的应冲减的增值税销项税额，借记"应交税费——应交增值税（销项税额）"账户；按实际支付或应退还的价款，贷记"银行存款""应收账款"等账户。

（二）"主营业务成本"账户

它属于损益类账户，用来核算企业因销售商品、提供劳务及让渡资产使用权等日常活动而发生的实际成本。借方登记月末结转的主营业务成本，贷方登记月末结转"本年利润"的主营业务成本。结转后没有期末余额。本账户应按主营业务的种类设置明细账，进行明细分类核算。

月末，企业应根据本月销售各种商品、提供各种劳务等实际成本，计算应结转的主营业务成本，借记"主营业务成本"账户，贷记"库存商品""劳务成本"账户。

采用计划成本或售价核算库存商品的，平时的营业成本按计划成本或售价结转，月末，还应结转本月销售商品应分摊的产品成本差异或商品进销差价。

企业本期发生的销售退回，一般可以直接从本月的销售商品数量中减去，也可以单独计算本月销售退回商品成本，借记"库存商品"等账户，贷记"主营业务成本"账户。

（三）"税金及附加"账户

它属于损益类账户，用来核算企业日常活动应负担的税金及附加，包括消费税、资源税、城市维护建设税、土地增值税、教育费附加、房产税、车船税、土地使用税、印花税等。借方登记月末按规定计算的应负担的税金及附加，贷方登记月末结转"本年利润"的税金及附加。结转后没有期末余额。

企业按规定计算确定的与经营活动相关的税费，借记"税金及附加"账户，贷记"应交税费"等账户。

企业收到的返还的消费税等原记入"税金及附加"账户的各种税金，应按实际收到的金额，借记"银行存款"账户，贷记"税金及附加"账户。

（四）"销售费用"账户

它属于损益类账户，是用来核算企业销售商品过程中发生的费用，包括运输费、装卸费、包装费、保险费、商品维修费、预计产品质量保证损失、展览费和广告费，以及为销售本企业商品而专设的销售机构（含销售网点、售后服务网点等）的职工薪酬、福利费、业务费、折旧费等经营费用。借方登记发生的销售费用，贷方登记月末结转"本年利润"的销售费用，结转后没有期末余额。销售费用应按费用项目设置明细账，进行明细核算。

企业在销售商品过程中发生的包装费、保险费、展览费和广告费、运输费、装卸费等费用，借记"销售费用"账户，贷记"库存现金""银行存款"账户。

企业发生的为销售本企业商品而专设的销售机构的职工薪酬、业务费等经营费用，借记"销售费用"账户，贷记"应付职工薪酬""银行存款""累计折旧"等账户。

（五）"应收账款"账户

它属于资产类账户，用来核算因销售产品、材料、提供劳务等业务，应向购货单位收取的款项。借方登记企业经营收入发生的应收账款，贷方登记收到的账款，借方余额为应收未收的账款。应收账款应按照不同的购货单位或接受劳务的单位设置明细账，进行明细分类核算。

企业发生应收账款时，按应收金额，借记"应收账款"账户；按实现的营业收入，贷记"主营业务收入""其他业务收入"等账户；按专用发票上注明的增值税额，贷记"应交税费——应交增值税（销项税额）"账户。收回应收账款时，借记"银行存款"等账户，贷记"应收账款"账户。

代购货单位垫付的包装费、运杂费，借记"应收账款"账户，贷记"银行存款"等账户。收回代垫费用时，借记"银行存款"账户，贷记"应收账款"账户。

（六）"应收票据"账户

它属于资产类账户，是用来核算企业采用商业汇票结算方式取得债权收取的商业汇票。借方登记收到承兑的商业汇票，贷方登记到期承兑的票据款，期末借方余额为尚未承兑的商业汇票。

企业因销售商品、产品、提供劳务等而收到开出、承兑的商业汇票，按商业汇票的票面金额，借记"应收票据"账户；按实现的营业收入，贷记"主营业务收入"等账户；按专用发票上注明的增值税额，贷记"应交税费——应交增值税（销项税额）"账户。

企业持未到期的应收票据向银行贴现，应按实际收到的金额（即减去贴现息后的净额），借记"银行存款"账户；按贴现息部分，借记"财务费用"等账户；按商业汇票的票面金额，贷记"应收票据"账户（符合金融资产转移准则规定的金融资产终止确认条件的）或"短期借款"账户（不符合金融资产转移准则规定的金融资产终止确认条件的）。

贴现的商业承兑汇票到期，因承兑人的银行存款账户不足支付，申请贴现的企业收到银行退回的商业承兑汇票时，按商业汇票的票面金额，借记"应收账款"账户，贷记"银行存款"账户。申请贴现企业的银行存款账户余额不足，银行作逾期贷款处理，借记"应收账款"账户，贷记"短期借款"账户。

企业将持有的商业汇票背书转让以取得所需物资时，按应计入取得物资成本的金额，借记"材料采购""在途物资""原材料""库存商品"等账户；按可抵扣的增值税额，借记"应交税费——应交增值税（进项税额）"账户；按商业汇票的票面金额，贷记"应收票据"账户；如有差额，借记或贷记"银行存款"等账户。

商业汇票到期，应按实际收到的金额，借记"银行存款"账户；按商业汇票的票面金额，贷记"应收票据"账户。

因付款人无力支付票款，收到银行退回的商业承兑汇票、委托收款凭证、未付票款通知书或拒绝付款证明等，按商业汇票的票面金额，借记"应收账款"账户，贷记"应收票据"账户。

企业应当设置"应收票据备查簿"，逐笔登记每一商业汇票的种类、号数和出票日、票面金额、交易合同号和付款人、承兑人、背书人的姓名或单位名称、到期日、背书转让日、贴现日、贴现率和贴现净额以及收款日和收回金额、退票情况等资料，商业汇票到期结清票款或退票后，应当在备查簿内逐笔注销。

（七）"预收账款"账户

它属于负债类账户，是用来核算企业按照合同规定向购货单位预收的货款。贷方登记预收购货单位的款项，借方登记销售实现时冲销的预收款项，期末贷方余额表示企业预收购买单位的款项。"预收账款"账户可按购货单位设置明细账，进行明细分类核算。预收账款情况不多的，可将预收的款项直接记入"应收账款"账户。

企业向购货单位预收的款项，借记"银行存款"账户，贷记"预收账款"账户；销售实现时，按实现的收入和应交的增值税销项税额，借记"预收账款"账户，按实现的营业收入，贷记"主营业务收入"账户，按专用发票上注明的增值税额，贷记"应交税费——应交增值税（销项税额）"等账户。

购货单位补付的款项，借记"银行存款"账户，贷记"预收账款"账户；退回多付的款项，做相反的会计分录。

（八）"其他业务收入"账户

它属于损益类账户，核算企业根据收入准则确认的除主营业务以外的其他经营活动实现的收入，包括出租固定资产、出租无形资产、出租包装物和商品、销售材料等实现的收入。其贷方反映企业实现的其他业务收入，借方反映应转入"本年利润"账户贷方的其他业务收入，期末结转后，该账户无余额。为了具体反映各类其他业务收入取得情况，应按其他业务的种类，如"材料销售""包装物出租收入"等设置明细账，进行明细分类核算。

企业销售原材料，按售价和应收的增值税额，借记"银行存款""应收账款"等账户；按实现的收入，贷记"其他业务收入"账户；按专用发票上注明的增值税额，贷记"应交税费——应交增值税（销项税额）"账户。收到出租包装物的租金，借记"库存现金""银行存款"等账户，贷记"其他业务收入"账户，按专用发票上注明的增值税额，贷记"应交税费——应交增值税（销项税额）"账户。

（九）"其他业务成本"账户

它属于损益类账户，是用来核算企业除主营业务活动以外的其他经营活动所发生的支出，包括销售材料的成本、出租固定资产的累计折旧、出租无形资产的累计摊销、出租包装物的成本或摊销额等。其借方反映企业发生的其他业务成本，贷方反映转入"本年利润"账户借方的其他业务成本，期末结转后，该账户无余额。为了具体反映企业其他业务成本的情况，应按其他业务销售的种类，如"材料销售"等设置明细账户，进行明细分类核算。

企业发生的其他业务成本，借记"其他业务成本"账户，贷记"原材料""周转材料""累计折旧""累计摊销""应付职工薪酬""银行存款"等账户。

（十）"坏账准备"账户

"坏账准备"账户是"应收账款"账户的抵减调整账户，按其反映的经济内容属于资产类账户，用来核算企业对预计可能无法收回的应收款项所提取的坏账准备。其贷方反映企业本期提取的坏账准备，借方反映实际发生的坏账损失，期末贷方余额表示已经提取尚未冲销的坏账准备。资产负债表日，按应计提的坏账准备金额，借记"资产减值损失"账户，贷记"坏账准备"账户。本期应计提的坏账准备大于其账面余额的，应按其差额计提；应计提的金额小于其账面余额的差额，做相反的会计分录。

对于确实无法收回的应收款项，按管理权限报经批准后作为坏账损失，转销应收款项，借记"坏账准备"账户，贷记"应收账款"等账户。

已确认并转销的应收款项以后又收回的，应按实际收回的金额，借记"应收账款"等账户，贷记"坏账准备"账户；同时，借记"银行存款"账户，贷记"应收账款"等账户。

三、产品销售业务的核算

（一）收入的确认

销售商品收入同时满足下列条件的，才能予以确认：

（1）企业已将商品所有权上的主要风险和报酬转移给购货方。

（2）企业既没有保留通常与所有权相联系的继续管理权，也没有对已售出的商品实施有效控制。

（3）相关的经济利益很可能流入企业。

（4）收入的金额能够可靠地计量。

（5）相关的已发生或将发生的成本能够可靠地计量。

熟悉销售商品收入的确认条件，是销售商品收入核算的一个关键点。本节销售商品收入会计处理部分所提到的具体收入都符合上述五个条件。

（二）产品销售收入核算

【例5-28】7月2日，晨星公司向某厂销售甲产品50件，每件售价600元，开出的增值税专用发票上注明销售价格为30 000元，增值税额3 900元，产品已经发出，款项已收到并存入银行。

这项交易或事项的发生，一方面银行存款增加了33 900元，另一方面主营业务收入增加了30 000元，应交增值税增加了3 900元。在核算中涉及"银行存款""应交税费——应交增值税（销项税额）"和"主营业务收入"三个账户。会计分录为：

借：银行存款	33 900	
贷：主营业务收入——甲产品		30 000
应交税费——应交增值税（销项税额）		3 900

【例5-29】7月8日，晨星公司向盛利公司销售一批甲产品30件，每件售价600元，开出的增值税专用发票上注明的销售价格为18 000元，增值税额2 340元，产品已经发出，货款尚未收到。

这项交易或事项的发生，一方面应收账款增加了20 340元，另一方面主营业务收入增加了18 000元，应交增值税增加了2 340元。在核算中涉及"应收账款""应交税费——应交增值税（销项税额）"和"主营业务收入"三个账户。会计分录为：

借：应收账款——盛利公司	20 340	
贷：主营业务收入——甲产品		18 000
应交税费——应交增值税（销项税额）		2 340

【例5-30】7月13日，按合同规定晨星公司预收天宏公司货款3 000元，并存入银行。

这项交易或事项的发生，一方面银行存款增加了3 000元，另一方面预收账款增加了3 000元。在核算中涉及"银行存款"和"预收账款"两个账户。会计分录为：

借：银行存款	3 000
贷：预收账款——天宏公司	3 000

【例5-31】7月20日，晨星公司向天宏公司销售甲产品20件，每件600元，开出

的增值税专用发票上注明的销售价格 12 000 元，增值税额 1 560 元，产品已经发出，其中 3 000 元为预收账款，余款 10 560 元收到后存入银行。

这项交易或事项的发生，一方面银行存款增加了 10 560 元，冲减预收账款 3 000 元；另一方面主营业务收入增加了 12 000 元，应交增值税增加了 1 560 元。在核算中涉及"银行存款""预收账款""应交税费——应交增值税（销项税额）"和"主营业务收入"四个账户。会计分录为：

```
借：银行存款                          10 560
    预收账款——天宏公司                 3 000
  贷：主营业务收入——甲产品                      12 000
      应交税费——应交增值税（销项税额）            1 560
```

【例5-32】7月25日，晨星公司向嘉华公司销售乙产品一批，开出的增值税专用发票上注明销售价格 20 000 元，增值税额 2 600 元，产品已经发出，收到购货方商业汇票一张。

这项交易或事项的发生，一方面应收票据增加了 22 600 元，另一方面企业销售收入增加了 20 000 元，应交增值税增加了 2 600 元。在核算中涉及"应收票据""主营业务收入"和"应交税费——应交增值税（销项税额）"三个账户。会计分录为：

```
借：应收票据——嘉华公司                22 600
  贷：主营业务收入——乙产品                      20 000
      应交税费——应交增值税（销项税额）            2 600
```

（三）销售费用核算

【例5-33】7月5日，晨星公司以银行存款支付鸿华物流公司的运输费，收到增值税专用发票上注明价款 2 500 元，税率 9%，税额 225 元。

这项交易或事项的发生，一方面期间费用中的销售费用增加了 2 500 元，进项税额 225 元应用于抵扣应交增值税；另一方面企业银行存款减少了 2 725 元。在核算中涉及"银行存款"和"销售费用"两个账户。会计分录为：

```
借：销售费用                          2 500
    应交税费——应交增值税（进项税额）     225
  贷：银行存款                                  2 725
```

（四）结转已销售产品成本

销售产品的过程中，一方面要取得销售收入，另一方面要售出产成品。也就是说，取得产品销售收入是以出让产成品所有权为代价的。主营业务成本的结转，就是产品所包含的价值由成品储备环节转移到销售环节的过程。

对已实现销售的产品成本，应从"库存商品"账户的贷方转入"主营业务成本"账户的借方，表示库存产成品的减少和主营业务成本的增加。

【例5-34】7月31日，晨星公司结转本月已售甲产品的实际生产成本50 400元、乙产品的实际生产成本15 000元。

这项交易或事项的发生，一方面销售产品的成本增加65 400元；另一方面库存商品减少65 400元，其中甲产品50 400元、乙产品15 000元。在核算中涉及"主营业务成本"和"库存商品"两个账户。会计分录为：

借：主营业务成本　　　　　　　65 400
　　贷：库存商品——甲产品　　　　50 400
　　　　　　　　——乙产品　　　　15 000

（五）税金及附加核算

企业销售产品实现了收入，就应该按照国家的规定交纳税费。

【例5-35】7月31日，晨星公司计算并结转本月应纳消费税。

晨星公司本月销售应税消费品，应税销售价格为20 000元，消费税税率为15%，应纳消费税额为3 000元。

这项交易或事项的发生，一方面企业主营业务收入中抵减的税金增加了3 000元，另一方面计算出的税金尚未交纳之前形成企业的一项流动负债，使企业的负债增加了3 000元。在核算中涉及"税金及附加"和"应交税费"两个账户。会计分录为：

借：税金及附加　　　　　　　　3 000
　　贷：应交税费——应交消费税　3 000

第五节　利润及其分配业务的核算

一、利润的构成及分配顺序

（一）利润的构成

利润是企业在一定会计期间的经营成果，利润包括收入减费用后的净额、直接计入当期损益的利得和损失等。

直接计入当期利润的利得和损失，是指应当计入当期损益、会导致所有者权益发生增减变动的、与所有者投入资本或者向所有者分配利润无关的利得和损失。

$$营业利润=营业收入-营业成本-税金及附加-销售费用-管理费用-$$
$$财务费用-资产减值损失+公允价值变动收益+投资收益$$
$$利润总额=营业利润+营业外收入-营业外支出$$
$$净利润=利润总额-所得税费用$$

（二）利润分配顺序

利润分配就是企业根据法律、董事会或类似权力机构提请股东大会或类似批准机构批准的、对企业可供分配利润指定特定用途和分配给投资者的行为。利润分配过程和结构不仅关系到每个股东的权益是否得到保障，而且关系到企业的未来发展问题，所以，必须做好企业利润分配工作，正确地对利润分配的具体内容进行会计核算。根据《中华人民共和国公司法》等有关法规的规定，企业当年实现的净利润，首先应弥补以前年度尚未弥补的亏损，对于剩余部分，应按照下列顺序分配：

（1）提取法定公积金。公司法规定公司制企业税后利润的 10% 提取；其他企业可以根据需要确定提取比例，但不得低于 10%。企业提取的法定公积金累计额为公司注册资本的 50% 以上的，可以不再提取。公司从税后利润中提取法定公积金后，经股东会或者股东大会决议，还可以从税后利润中提取任意公积金。

（2）向投资者分配利润或股利。公司弥补亏损和提取公积金后所余税后利润，有限责任公司股东按照实缴的出资比例分取红利；股份有限公司按照股东持有的股份比例分配。

股东会、股东大会或者董事会违反前款规定，在公司弥补亏损和提取法定公积金之前向股东分配利润的，股东必须将违反规定分配的利润退还公司。

公司持有的本公司股份不得分配利润。

二、账户设置

（一）"本年利润"账户

"本年利润"账户主要核算企业在本年度实现的利润总额（或亏损）和净利润，其贷方登记月末从"主营业务收入""其他业务收入""营业外收入"等账户转入的各种收入额；借方登记月末从"主营业务成本""税金及附加""销售费用""管理费用""财务费用""其他业务成本""营业外支出""所得税费用"账户转入的各种费用支出；期末，若"本年利润"账户的余额在贷方，表示企业所实现的净利润，若余额在借方，则表示所发生的亏损额。年度终了，应把本年收入和费用支出以及所得税相抵后结出的本年实现的利润总额或亏损总额，全部转入"利润分配"账户，结转后该账户应无余额。

（二）"营业外收入"账户

营业外收入是指企业发生的与其日常活动无直接关系的各项利得。营业外收入并不是企业经营资金耗费所产生的，不需要企业付出代价，实际上是经济利益的净流入，不可能也不需要与有关的费用进行配比，主要包括处置非流动资产利得、非货币性资产交换利得、债务重组利得、罚没利得、政府补助利得、盘盈利得、捐赠利得、确实无法支付而按规定程序经批准后转作营业外收入的应付款项等。该账户核算营业外收入的取得及结转情况，贷方登记企业确认的各项营业外收入，借方登记期末结转入本年利润的营业外收入，结转后该账户应无余额。该账户应按照营业外收入的项目进行明细核算。

企业发生的营业外收入，借记"库存现金""银行存款""应付账款""待处理财产损溢""固定资产清理"等账户，贷记"营业外收入"账户。期末，应将"营业外收入"账户余额转入"本年利润"账户，借记"营业外收入"账户，贷记"本年利润"账户。

（三）"营业外支出"账户

营业外支出是指企业发生的与其日常活动无直接关系的各项损失，主要包括处置非流动资产损失、非货币性资产交换损失、债务重组损失、盘亏损失、罚款支出、捐赠支出、非常损失等。

该账户核算营业外支出的发生及结转情况，借方登记企业发生的各项营业外支出，贷方登记期末结转入本年利润的营业外支出。结转后该账户应无余额。该账户应按照营业外支出的项目进行明细核算。

企业发生营业外支出时，借记"营业外支出"账户，贷记"固定资产清理""待处理财产损溢""库存现金""银行存款"等账户。期末，应将"营业外支出"账户余额转入"本年利润"账户，借记"本年利润"账户，贷记"营业外支出"账户。

（四）"所得税费用"账户

"所得税费用"账户核算企业按规定从本期利润总额中减去的所得税。其借方登记应交所得税，贷方登记年末转入"本年利润"的所得税，结转后该账户无余额。

资产负债表日，企业按照税法计算确定的当期应交所得税金额，借记"所得税费用"账户，贷记"应交税费——应交所得税"账户。

（五）"利润分配"账户

它是所有者权益类账户，用来核算企业利润的分配（或亏损的弥补）和历年分配

（或弥补）后的积存余额。"利润分配"账户年末余额，反映企业历年积存的未分配利润（或未弥补亏损）。

"利润分配"账户应当分别"提取法定盈余公积""提取任意盈余公积""应付现金股利或利润""转作股本的股利""盈余公积补亏"和"未分配利润"等进行明细核算。

企业按规定提取的盈余公积，借记"利润分配——提取法定盈余公积、提取任意盈余公积"账户，贷记"盈余公积——法定盈余公积、任意盈余公积"账户。

企业经股东大会或类似机构决议，分配给股东或投资者的现金股利或利润，借记"利润分配——应付现金股利或利润"账户，贷记"应付股利"账户。

经股东大会或类似机构决议，分配给股东的股票股利，应在办理增资手续后，借记"利润分配——转作股本的股利"账户，贷记"股本"账户。如其差额，贷记"资本公积——股本溢价"账户。

企业用盈余公积弥补亏损，借记"盈余公积——盈余公积补亏"账户，贷记"利润分配——盈余公积补亏"账户。

年度终了，企业应将全年实现的净利润，自"本年利润"账户转入"利润分配"账户，借记"本年利润"账户，贷记"利润分配——未分配利润"账户，为净亏损的，做相反的会计分录；同时，将"利润分配"账户所属其他明细账户的余额转入本账户的"未分配利润"明细账户。结转后，本账户除"未分配利润"明细账户外，其他明细账户应无余额。

（六）"盈余公积"账户

它是所有者权益类账户，用来核算企业从净利润中提取的盈余公积。本账户应当分别"法定盈余公积""任意盈余公积"进行明细核算。借方登记企业经股东大会或类似机构决议，用盈余公积弥补亏损或转增资本、用盈余公积派送新股，贷方登记企业按规定提取的盈余公积，期末贷方余额反映企业按规定提取的盈余公积余额。

（七）"应付利润"账户或"应付股利"账户

它是负债类账户，用来核算企业分配的现金股利或利润。贷方登记企业根据股东大会或类似机构通过的现金股利或利润分配方案应支付的金额，借记登记实际支付现金股利或利润，本账户期末贷方余额反映企业尚未支付的现金股利或利润。本账户应当按照投资者进行明细核算。

三、利润及利润分配业务的核算

【例5-36】7月18日，晨星公司收到宏升公司交来的违约金10 000元。

这项交易或事项的发生，一方面银行存款增加了 10 000 元，另一方面营业外收入增加了 10 000 元。在核算中涉及"银行存款"和"营业外收入"两个账户。会计分录如下：

借：银行存款　　　　　　　　　10 000
　贷：营业外收入　　　　　　　　　10 000

【例5-37】7 月 21 日，晨星公司以银行存款 900 元支付上月税款的滞纳金。

这项交易或事项的发生，一方面营业外支出增加了 900 元，另一方面银行存款减少了 900 元。在核算中涉及"营业外支出"和"银行存款"两个账户。会计分录如下：

借：营业外支出　　　　　　　　　900
　贷：银行存款　　　　　　　　　　900

【例5-38】7 月 31 日，根据前面的核算资料结转各项收入和成本费用支出至"本年利润"账户。

（1）结转收入类账户的会计分录：

借：主营业务收入——甲产品　　60 000
　　　　　　　　——乙产品　　20 000
　营业外收入　　　　　　　　　10 000
　贷：本年利润　　　　　　　　　90 000

（2）结转成本、费用、支出类账户的会计分录：

借：本年利润　　　　　　　　　77 480
　贷：主营业务成本　　　　　　　65 400
　　税金及附加　　　　　　　　 3 000
　　管理费用　　　　　　　　　 5 400
　　销售费用　　　　　　　　　 2 500
　　财务费用　　　　　　　　　　 280
　　营业外支出　　　　　　　　　 900

【例5-39】7 月 31 日，按企业实现利润总额的 25% 计提应交所得税并结转所得税。

利润总额 =90 000-77 480=12 520（元）

应交所得税 = 利润总额 × 税率 =12 520×25% =3 130（元）

根据上述计算结果，这项交易或事项的发生，一方面增加了所得税费用 3 130 元，同时增加了应交纳所得税 3 130 元；另一方面减少了利润 3 130 元，同时转销了所得税费用 3 130 元。在核算中涉及"所得税费用""应交税费"和"本年利润"三个账户。会计分录如下：

借：所得税费用　　　　　　　　3 130

　　贷：应交税费——应交所得税　3 130

借：本年利润　　　　　　　　　3 130

　　贷：所得税费用　　　　　　　3 130

【例5-40】 7月31日，按本月净利润10%计提盈余公积。

净利润 =12 520-3 130=9 390（元）

法定盈余公积 =9 390×10%=939（元）

根据上述计算结果，这项交易或事项的发生，一方面由于减少了净利润而增加了已分配的利润939元，另一方面增加了提取的盈余公积939元。在核算中涉及"利润分配"和"盈余公积"两个账户。会计分录如下：

借：利润分配——提取法定盈余公积　　939

　　贷：盈余公积——法定盈余公积　　　939

【例5-41】 7月31日，经研究决定，晨星公司向投资者分配利润5 000元。

这项交易或事项的发生，一方面减少了净利润，而增加了已分配的利润5 000元；另一方面增加了应付投资者利润5 000元。在核算中涉及"利润分配"和"应付股利"两个账户。会计分录如下：

借：利润分配——应付利润　　5 000

　　贷：应付股利　　　　　　　5 000

【例5-42】 7月31日，晨星公司以银行存款向投资者支付利润5 000元。

这项交易或事项的发生，一方面减少了应付投资者利润5 000元，另一方面减少了银行存款5 000元。在核算中涉及"应付股利"和"银行存款"两个账户。会计分录如下：

借：应付股利　　　　　　5 000

　　贷：银行存款　　　　　5 000

 拓展阅读

科大讯飞"十年磨一剑"

"用人工智能建设美好世界"，是2019年科大讯飞年度报告上的第一句话，也是科大讯飞董事长刘庆峰坚持多年的发展目标。在大众对科大讯飞的认识还基于传统的语音识别和机器翻译时，这个立足于"顶天立地、自主创新"的企业，在人工智能领域深耕已久。科大讯飞不仅为移动互联网、智能硬件的创业开发者和海量用户提供人工智能开发与服务，还在教育、医疗、会议、政法、智慧城市等领域实现了源头技术创新和产业应用的良性互动。

纵观科大讯飞的发展历程，可以看出该公司是一家将产学研结合得很好的企业。1999 年，科大讯飞由一群怀着民族责任感的大学生创建，与中国科学技术大学、中国社会科学院共建实验室。2008 年，科大讯飞在深圳中小企业板上市，是首个中国大学生自主创业的上市公司。其创始人兼董事长是中国科学技术大学的兼职教授、博士生导师；其董事会里有相当数量的专业技术人员。强大的技术实力赋予了科大讯飞产品的核心竞争力。

科大讯飞创立以来始终坚持"人才是公司最大的资产，人才的升值是公司最重要的升值"的核心人才观，将人才作为公司最宝贵的资源和财富。针对人力资源风险，科大讯飞除加大高端人才的引进力度外，还持续推进与中国科学技术大学、清华大学、北京大学、中国科学院大学等大学和科研院所合作办学，共建人才实训基地等多种模式，定向培养智能语音技术人才。科大讯飞持续深化实施职级制、绩效考核等一系列内部激励机制，包括发布的《董事会关于股票期权授予相关事项的公告》《股票期权激励计划人员名单》等公告。这些期权除授予企业行政领导外，还授予研发骨干人员，这就不断吸引了更多人才的加入。

从科大讯飞的招股说明书就可以看出，其研发人员的薪酬在上市前一年便高达14 579 400 元，占当时总研发费用的 63.67%，占总营业收入的 70.86%。科大讯飞致力于用较高薪酬和良性激励机制来调动员工的积极性。

在这种重视人才的政策环境下，科大讯飞的研发人员数量逐年攀升。以2015—2019 年为例，科大讯飞的研发人员数量从 2015 年的 1 998 人飙升到 2019 年的 6 404 人，研发人员数量占总人数的比重持续保持在 60% 以上。2019 年，在员工构成中，99% 的员工具本科及以上学历，36% 的员工具有研究生及以上学历。

科大讯飞从成立初期就确立了"顶天立地"的发展战略：一方面，在核心技术层面始终保持国际领先；另一方面，积极推动人工智能相关技术的规模应用，实现人工智能技术与多行业、多领域的深度结合。在坚定的战略方向下，科大讯飞让应用红利兑现、让产业生态生生不息。这种以核心技术为主导的理念被注入科大讯飞的精神之中，在其年报中所提及的关键字、研发投入情况以及专利申请情况都有所体现。

自上市以来，科大讯飞在其年报中频频提及"研发""专利""无形资产"等关键词，从一开始的 30 次到 2018 年的近 180 次，研发对科大讯飞的重要性一目了然。

科大讯飞对研发的重视也反映在对创新的投入上。2015 年，科大讯飞的研发费用是 3.3 亿元，占总营业收入的比例为 23.08%；2019 年，科大讯飞的研发费用为 16 亿元，占总营业收入的比例为 21.27%，企业对研发的投入处于不断增长的状态。此外，科大讯飞的研发有大部分都可以被资本化，如 2015 年便在开发阶段资本化了近 2400 万元支出，确认了 1600 万元的无形资产。2019 年，科大讯飞确认了 10 亿元资本化支出、9.2 亿元无形资产。这说明，总体上科大讯飞的研发有一定的回报。

综上，我们可以得出结论：科大讯飞长期对人才的重视和对研发的投入，使其研发转化成果相当丰富。

 思政小课堂

非流动资产包括债权投资、长期股权投资、固定资产、无形资产、投资性房地产等。非流动资产不同于流动资产，其变现能力弱于流动资产，尤其是企业从研发投入到最终回报可能会历经数年之久，颇有"十年磨一剑"的意味。这种长期投入需要企业在短期盈利与长期发展中抉择。此外，并不是所有的研发投入都能最终转化成资产，其中的试错也是必要的过程。

当今社会，"挣快钱""赚流量"等放弃长远发展的短视行为正冲击着部分大学生的价值观，甚至使有些人在本该认真积累的阶段心浮气躁。大家应该重新认识秉持长远眼光与珍惜当下时间的关系，无论是国家、企业还是个人的发展，都离不开"十年磨一剑"的历练，每个人的成功都离不开在工作岗位上的兢兢业业。这样才能在自身投入长期的"研发费用"后，将其转化成独属于自己的"无形资产"，创造自身价值。因此，一方面我们要眼望星空，做一个有远大理想的青年人；另一方面，我们应脚踏实地，勤勤恳恳地做好眼前事。

课后练习

第六章　会计凭证

　　从 2012 年下半年开始，常江公司向供货商先后采购了 2 万余元的液化气，双方履行顺利未见纠纷。第二年 3 月 2 日，该公司突然收到法院传票。原来，供货商一纸诉状将其告上了法庭，要求支付货款 2 万余元。审理中，被告承认供货事实，但称已经支付了该笔货款，并提供原告给其开具的发票为证。原告却提出发票上加盖的财务章不是该公司的，并拿来了财务章当庭对照。这时，被告才发现发票上财务专用章的供货商名称"北京市某某液化气站"比原告名称"北京市某某石油液化气站"少了"石油"两个字。

　　东城法院认为，根据法律规定，当事人对自己提出的主张有责任提供证据，否则要承担举证不能的不利后果。此案被告既然主张支付了货款，就应提供有效证据，现发票所盖印章名称与供货商名称不附，即无法认定系原告开出，而被告又无其他证据证实该发票的真实性，所以因证据不足，对被告的抗辩不予采信。最后，法院判决该公司向供货商支付了全部货款。

　　承办法官提示，在公司财务管理制度中，发票是作为付款的唯一有效凭证，所以公司的财务人员在支付货款时，对发票的任何项目都应仔细审查，如果取得了伪造或无效发票，经济损失就不可避免了。那么什么是会计凭证？会计凭证有哪些要求呢？

学习目标 ▶

　　（1）掌握会计凭证的概念、种类。
　　（2）掌握原始凭证的填制和审核方法。
　　（3）掌握记账凭证的填制和审核方法。

第一节　会计凭证的概念与作用

一、会计凭证的概念

在会计核算工作中，为了保证会计记录的客观真实性和明确经济责任，会计主体办理任何一项经济业务，都必须在经济业务发生、进行和完成时，填制、取得和审核足以证明经济业务发生经过，并作为记账依据的会计凭证。

会计凭证，简称凭证，是记录经济业务、明确经济责任、具有法律效力并作为登记账簿依据的书面证明。包括各种复写卡片、文件、穿孔卡片和穿孔带或磁带。填制和审核会计凭证，是会计工作的一项重要的制度和手续，是整个会计工作的基础，也是会计核算的专门方法之一。

二、填制和审核会计凭证的作用

《会计法》第十四条规定："会计凭证包括原始凭证和记账凭证。办理本法第十条所列的经济业务事项，必须填制或者取得原始凭证并及时送交会计机构。"即凡属经济业务，都必须办理会计手续，填制和审核会计凭证。会计凭证的填制和审核，对于如实反映经济业务的内容，有效监督经济业务的合理性和合法性，保证会计核算的真实性、可靠性、合理性、合法性和合规性，发挥会计在经济管理中的作用和完成会计工作的任务有重要意义。

如实填制和有效审核会计凭证作为会计核算的一项重要内容，具有以下4个方面的作用。

（一）会计凭证是传递经济信息的工具

会计凭证，一方面是经济信息的载体，记录反映了企业经济活动的原始资料；另一方面，通过会计凭证的加工、整理、汇总、传递，产生并传导新的经济信息。任何会计主体都客观地以会计部门为中心，形成一个内外广泛联系的信息网络系统，把所有证明本企业生产经营活动情况的会计凭证进行汇集、整理、分类、汇总，为各有关部门提供经济管理所需要的经济信息。因此，会计凭证是传递经济信息的工具。

（二）会计凭证是反映和监督经济活动的手段

企业的各项经济活动，首先通过会计凭证反映出来，通过填制和审核会计凭证，不仅可以反映企业的经济活动情况，而且可以检查经济业务的发生是否符合有关的法令、制度，是否符合业务经营、财务收支的方针和计划、预算的规定，以确保经济业务的合法、合理、合规和有效性。从而发现企业经营管理中存在的问题，以便采取有效措施，改善经营管理，促使企业各项经济活动符合国家财经纪律、财务制度的规定。监督经济业务的发生、发展，控制经济业务的有效实施，是发挥会计管理职能的重要内容，这种监督是通过填制和审核会计凭证来进行的。因此，会计凭证是反映和监督企业经济活动的重要手段。

（三）会计凭证是明确有关人员经济责任的依据

会计制度规定，发生任何一项经济业务，都必须办理凭证手续，要取得或填制相应的会计凭证，证明经济业务已经发生或完成，说明经济业务的内容、时间、数量和金额；同时要由有关的经办人员在凭证上签字盖章，以明确有关人员的经济责任。通过会计凭证的填制和审核，使有关责任人在其职权范围内各负其责，并作为处理争议的具有法律效力的依据。因此，会计凭证是明确有关人员经济责任的重要依据。

（四）会计凭证是登记账簿的依据（间接依据和直接依据）

任何一项经济业务，都必须有可靠的足以证明经济业务发生的、合法的会计凭证为依据登记账簿，以保证账簿记录的真实可靠。在会计工作中，不可能存在无凭证记载的经济业务，也不可能存在无根据的账簿记录。会计凭证是记账的依据，通过凭证的填制、审核，按一定方法对会计凭证进行整理、分类、汇总，为会计记账提供真实、可靠的依据。通过填制会计凭证，如实记录经济业务的内容、数量和金额，并经审核无误后，才能登记入账。因此，会计凭证是会计登记账簿的依据。

总之，填制和审核会计凭证，是进行会计核算的基础和依据，只有努力做好这一工作，才能不断提高会计工作质量，完成会计工作任务。为此，各企业单位应当根据企业管理和核算的实际需要设计会计凭证，规定会计凭证的种类、格式、内容、作用、份数及其传递程序，使会计信息及时、准确地传递到各有关部门，为经济管理发挥积极作用。

三、会计凭证的种类

在会计工作中，一切账簿记录都必须以会计凭证为依据。会计凭证是记载经济业务的，而企业单位的经济业务繁多复杂，因此，会计凭证也就多种多样，其形状大小和格式繁简也因各单位经济业务内容和管理要求不同而有所区别。

会计凭证多种多样，可以按照不同的标志分类。为了便于研究、掌握和正确使用会计凭证，在会计理论和实践上，按会计凭证填制程序和用途的不同为标志，分为原始凭证和记账凭证两大类。

（一）原始凭证

1. 原始凭证的概念

原始凭证，又称单据，是在经济业务发生时填制或取得的，用以证明经济业务的发生或完成情况，并作为记账依据（间接依据）的书面证明文件。原始凭证记载着大量的经济信息，又是证明经济业务实际发生、完成的最初文件，具有很强的法律效力。

一般而言，在会计核算过程中，凡是能够证明某项经济业务已经发生或完成情况的书面单据都可以作为原始凭证，如有关的发票、收据、银行结算凭证、收料单、发料单等；凡是不能证明该项经济业务已经发生或完成情况的书面文件就不能作为原始凭证，如生产计划、购货合同、银行对账单、材料请购单等。

原始凭证不仅是一切会计事项的入账根据，也是企业单位加强内部控制经常使用的手段之一。

2. 原始凭证的种类

（1）原始凭证按其取得的来源不同，可以分为自制原始凭证和外来原始凭证。

自制原始凭证是指由本单位内部经办业务的部门或人员，在办理某项经济业务时自行填制的凭证，如表6-1所示的出库单。

表6-1　出库单

付给：　　　　　　　　　　　　年　　月　　日

货号	品名	规格	单位	数量	备注

负责人　　　　　　　保管员　　　　　　　经手人　　　　　记账

外来原始凭证是指企业同外单位发生经济业务关系时，从外单位取得的原始凭证。如表6-2所示的购买商品时取得的购货发票，如表6-3所示的付款时所收取的收据。

表6-2　增值税专用发票

开票日期：　　　　年　月　日　　　　　税（　）No.3177683

购货单位	名称	东市亿达公司		纳税人登记号				210102363789995											
	地址、电话	青年大街88号		开户银行记账号				中行黑石办　536573-7											

商品或劳务收入	计量单位	数量	单价	金额								税率（%）	税额							
				十	万	千	百	十	元	角	分		十	万	千	百	十	元	角	分
柴油	吨	3	27 000		8	1	0	0	0	0	0	17		1	3	7	7	0	0	0
															（财务章）					
合计					8	1	0	0	0	0	0			1	3	7	7	0	0	0

价税合计（大写）	人民币零拾玖万肆仟柒百柒拾零元零角零分 94 770.00

销货单位	名称	东市石油公司	纳税人登记号	210102476867559
	地址、电话	联合大街35号	开户银行记账号	交行绿岛办 336657-1 （单位章）

收款人：××　　　　　　　　　　　　开票单位（未盖章无效）

表6-3　专用收款收据

××市财政局监制

收款日期　　　　　　　　　　　　　年　月　日（××年一版）

No.1352068

付款单位	××公司	收款单位	××装修公司		收款项目	装修款
人民币（大写）	贰拾伍万元整	￥	2 5 0 0 0 0 0 0		结算方式	转账
收款事由	材料费150 000元，人工费100 000元				（财务章）	
备注		会计主管	稽核	出纳		交款人
		张雷				××纳税人

　　实际工作中，自制原始凭证和外来原始凭证很多是同时应用的。例如，购入材料时，以供应单位的发票为主，还要附以收料单等。再如差旅费报销单后面，还应附车票、住宿费收据等原始凭证。

　　（2）原始凭证按其填制的手续次数不同，可分为一次凭证、累计凭证和汇总原始凭证。

一次凭证是指对一项或若干项同类经济业务，于发生或完成时一次填制完成的原始凭证。它的特点是一次完成凭证的填制工作。所有外来原始凭证和大部分自制原始凭证都属于一次凭证。

累计凭证是指在一定时期内（如一个月），连续记载同类重复发生的经济业务，填制手续在一张凭证中多次进行才能完成的原始凭证。它的特点是把经常发生的同类经济业务连续、累计地反映在一张凭证上，以便随时计算发生数，便于同计划、定额对比，起到事前控制的作用，也可以简化会计核算手续。如表6-4所示的限额领料单。

表6-4　限额领料单

领料单位：　　　　　　　　　　　　　　　　　　　　　　　　编号：

用途：　　　　　　　　　　　　　　年　　月　　　　　　发料仓库：

材料编号	材料名称及规格	计量单位	领用限额	实际领用			计划产量		单位耗用定额
				数量	单价	金额			
	请领			实发			退回		限额结余
领用日期	数量	领料单位负责人签章	数量	发料人签章	领料人签章	数量	收料人签章	退料人签章	
合计									

生产计划部门：　　　　　　供应部门：　　　　　　　仓库：

汇总原始凭证又称原始凭证汇总表，是将一定时期内若干张同类经济业务的原始凭证汇总成一份的凭证，如工资汇总表、差旅费报销单等。

（3）原始凭证按其用途的不同，分为通知凭证、执行凭证和计算凭证三种。

通知凭证，是指要求、指示或命令企业进行某项经济业务的原始凭证。如收款通知书、付款通知书、罚款通知书等。

执行凭证，是证明某项经济业务已经完成的原始凭证。如产品入库单、销货发票等。

计算凭证，是对正在进行或已完成的经济业务进行计算而编制的原始凭证。如工资计算表、产品成本计算单、制造费用分配表等。

（4）原始凭证按其格式的不同，分为通用凭证和专用凭证两种。

通用凭证，是指在一定范围内具有统一格式和使用方法的凭证。如全国统一使用的一些银行结算票据、某一地区统一使用的收据等。

专用凭证，是指具有特定内容和专门用途的原始凭证。如差旅费报销单、增值税专用发票等。

原始凭证按经济业务的类别分为款项收付业务原始凭证、出入库业务原始凭证、成本费用原始凭证、购销业务原始凭证、固定资产业务原始凭证、转账业务原始凭证。

上述各种原始凭证，一般都是以实际发生或完成的经济业务为依据，由经办人员填制并签章的。但也有一些自制原始凭证是由会计人员根据已经入账的结果，对某些特定事项进行归类、整理而编制的。

原始凭证的分类，如图 6-1 所示。

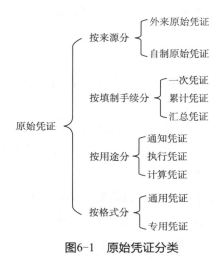

图6-1　原始凭证分类

（二）记账凭证

原始凭证来自不同方面，数量庞大，格式不一，其本身不能明确表明经济业务应记入的账户名称和方向，不经过必要的归纳和整理，难以达到记账的要求，所以，会计人员必须根据审核无误的原始凭证编制记账凭证，将原始凭证中的零散内容转换为会计语言，以便据以直接登记有关的会计账簿。

1.记账凭证的概念

记账凭证是指会计人员根据审核无误的原始凭证编制的用来履行记账手续的会计分录的凭证，它是登记账簿的直接依据。

会计循环中的一个很重要的内容就是会计确认，这里的会计确认包括两个步骤：一个是决定哪些原始数据应该记录和怎样记录，另一个是决定已经记录并在账户中反映的信息应否在会计报表上列示和怎样列式。

会计确认的第一步是从原始凭证的审核开始的。应该说，原始凭证上所载有的一切可以用货币计量的内容还仅仅是一些不规整的数据，也仅仅是数据而已。通过对原始凭证的审核，需要确认原始凭证上的数据是否能够输入会计信息系统，经过确认，对于那些可以输入会计信息系统的数据需要采用复式记账方法来处理其中含有的会计信息。在实际工作中，会计分录是填写在记账凭证上的，这一步的确认是会计循环过程中的一个基本步骤，而这一步的核心载体就是记账凭证。在记账凭证上编制了会计分录，并据以登记有关账簿，标志着第一次会计确认的结束。

原始凭证和记账凭证之间存在着密切的联系，原始凭证是记账凭证的基础，记账凭证是根据原始凭证编制的；原始凭证附在记账凭证后面作为记账凭证的附件，记账凭证是对原始凭证内容的概括和说明；记账凭证与原始凭证的本质区别就在于原始凭证是对经济业务是否发生或完成起证明作用，而记账凭证仅是为了履行记账手续而编制的会计分录凭证。

2. 记账凭证的种类

（1）记账凭证按其反映的经济业务内容的不同，可以分为专用记账凭证和通用记账凭证。

专用记账凭证是指专门用于记录某一类经济业务的记账凭证。专用记账凭证按所记录的经济业务内容与现金及银行存款的收、付关系，分为收款凭证、付款凭证和转账凭证三种，其格式如表6-5～表6-7所示。

收款凭证是指用于记录现金和银行存款收款业务的记账凭证，可分为现金收款凭证和银行存款收款凭证。收款凭证是登记现金日记账和银行存款日记账以及有关明细账和总分类账的依据，也是出纳人员收入款项的依据。

表6-5　收款凭证　　　　　　　　　　出纳编号：

借方科目：　　　　　　　年　　月　　日　　　　　　收字第　　号

摘要	贷方科目		金额										记账	付单据 张
	总账科目	明细科目	千	百	十	万	千	百	十	元	角	分		
合计														

会计主管　　　　记账　　　　复核　　　　出纳　　　　制单

付款凭证是指用于记录现金和银行存款付出业务的记账凭证，可分为现金付款凭证和银行存款付款凭证。同样道理，付款凭证是登记现金日记账和银行存款日记账以及有关明细账和总分类账的依据，也是出纳人员付出款项的依据。

如果发生的经济业务同时涉及现金与银行存款的收付，为避免重复记录，则只填制付款凭证。

表6-6　付款凭证　　　　　　　出纳编号：

贷方科目：　　　　　年　月　日　　　　　付字第　号

摘要	借方科目		金额										记账	付单据张
	总账科目	明细科目	千	百	十	万	千	百	十	元	角	分		
合计														

会计主管　　　记账　　　复核　　　出纳　　　制单

转账凭证是指用于记录不涉及现金和银行存款收付业务的记账凭证。

表6-7　转账凭证

年　月　日　　　　　转字第　号

摘要	借方科目		贷方科目		金额										记账	付单据张
	总账科目	明细科目	总账科目	明细科目	千	百	十	万	千	百	十	元	角	分		
合计																

会计主管　　　记账　　　复核　　　制单

通用记账凭证是指对所有经济业务不加分类区别，全部采用一种统一格式的记账凭证，在实际中常常简称记账凭证，其格式与转账凭证基本相同，如表6-8所示。

表6-8　记账凭证　　　　　　　出纳编号：

年　月　日　　　　　凭证编号：

摘要	借方科目		贷方科目		金额										记账	付单据张
	总账科目	明细科目	总账科目	明细科目	千	百	十	万	千	百	十	元	角	分		
合计																

会计主管　　　记账　　　复核　　　出纳　　　制单

（2）记账凭证按其填制方法的不同，分为复式记账凭证和单式记账凭证。

复式记账凭证是指将每一项经济业务涉及的借方和贷方的全部会计科目及其发生额均在同一张记账凭证中反映的一种会计凭证。它是实际工作中应用最普遍的记账凭证，前述收款、付款和转账凭证，以及通用记账凭证均为复式记账凭证。复式记账凭证可以集中反映账户的对应关系，便于了解经济业务的来龙去脉；但不利于分工记账。

单式记账凭证是指每一张记账凭证只填写经济业务所涉及的一个会计科目及其金额，或者说每一笔经济业务都要分别填制两张或两张以上的借项记账凭证和贷项记账凭证。单式记账凭证便于汇总每一个会计科目的发生额，便于分工记账；但是一张记账凭证不能反映一项经济业务的全貌，不便于查账，并且填制工作量大。如表 6-9 所示的借项记账凭证，表 6-10 所示的贷项记账凭证。

表6-9　借项记账凭证

对应科目：主营业务收入　　　　　年　　月　　日　　　　　　　凭证编号：

摘要	总账科目	明细科目	金额										记账	付单据2张
---	---	---	千	百	十	万	千	百	十	元	角	分		
销售商品款项存入银行	银行存款					3	5	0	0	0	0	0	√	
合计					¥	3	5	0	0	0	0	0		

会计主管　　　　　记账　　　　　复核　　　　　　出纳　　　　　　制单

表6-10　贷项记账凭证

对应科目：银行存款　　　　　　　年　　月　　日　　　　　　　凭证编号：

摘要	总账科目	明细科目	金额										记账	付单据2张
---	---	---	千	百	十	万	千	百	十	元	角	分		
销售商品款项存入银行	主营业务收入	甲商品				3	5	0	0	0	0	0	√	
合计					¥	3	5	0	0	0	0	0		

会计主管　　　　　记账　　　　　复核　　　　　　出纳　　　　　　制单

（3）记账凭证按汇总方式不同，分为一次性记账凭证、全部汇总记账凭证及分类汇总记账凭证。

一次性记账凭证，亦称非汇总性记账凭证，它是根据一项经济业务的原始凭证，填制手续一次完成的记账凭证。上述的通用记账凭证和收、付、转凭证都是一次性记账凭证。

全部汇总记账凭证，是将一定时期内全部记账凭证汇总，编制为一张记账凭证汇总表，如表 6-11 所示。

表6-11　汇总记账凭证

年　　月　　日至　　日

会计科目	总账页数	本期发生额		记账凭证起讫号数
		借方	贷方	
合计				

会计主管　　　　　　　　复核　　　　　　　　记账　　　　　　　　制单

分类汇总记账凭证，是定期将一定时期内的各种专用记账凭证分别按照科目汇总编制的汇总记账凭证，包括汇总收款凭证、汇总付款凭证和汇总转账凭证，如表6-12～表6-14所示。

表6-12　汇总收款凭证

借方科目：　　　　　　　　　　年　　月　　日　　　　　　汇收字第　　号

贷方科目	金额				总账账页	
	1～10日凭证第　号至第　号	11～20日凭证第　号至第　号	21～31日凭证第　号至第　号	合计	借方	贷方
合计						

会计主管　　　　　　　　记账　　　　　　　　复核　　　　　　　　制单

表6-13　汇总付款凭证

贷方科目：　　　　　　　　　　年　　月　　日　　　　　　汇付字第　　号

借方科目	金额				总账账页	
	1～10日凭证第　号至第　号	11～20日凭证第　号至第　号	21～31日凭证第　号至第　号	合计	借方	贷方
合计						

会计主管　　　　　　　　记账　　　　　　　　复核　　　　　　　　制单

表6-14　汇总转账凭证

年　　　月　　　日　　　　　　　汇转字第　　　号

项目	金额						合计	总账账页	
	1～10日凭证第　号至第　号		11～20日凭证第　号至第　号		21～31日凭证第号至第　号			借方	贷方
	借方	贷方	借方	贷方	借方	贷方			
合计									

会计主管　　　　　　　　记账　　　　　　　　复核　　　　　　制单

综上所述，现将会计凭证的分类归纳如图 6-2 所示。

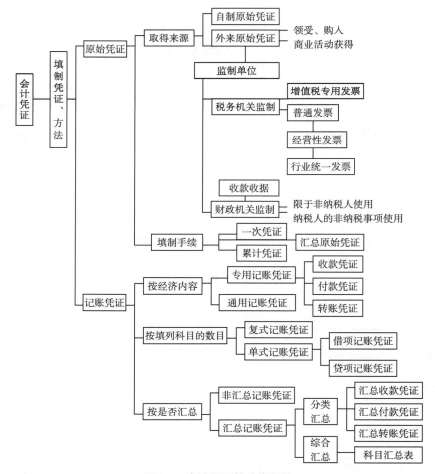

图6-2　会计凭证的分类归纳

第二节 会计凭证的填制和审核

一、会计凭证的基本内容

（一）原始凭证的基本内容

原始凭证所记录的经济业务是千差万别的，各种原始凭证的具体内容也不尽相同。但是，既然原始凭证是用来初步记录经济业务的实际发生或完成情况，明确经济责任，作为记账依据的一种会计凭证，其经济作用是相同的。因而撇开各个原始凭证的具体的形式和内容，就其共同点而言，各种原始凭证都应具备如下的基本内容，这些基本内容通常可以称为原始凭证的基本要素：凭证的名称；填制凭证的日期；填制凭证单位的名称或者填制人的姓名；经办人员的签名或盖章；接收凭证单位的名称；经济业务内容；经济业务的数量、单价和金额。另外，原始凭证一般还需载明凭证的附件和凭证的编号。

（1）原始凭证的名称。原始凭证的名称往往可以反映经济业务的性质，如产品"入库单""领料单"便可分别反映产成品（商品）验收入库、生产或对外销售领料的经济业务。

（2）填制及接受凭证单位的名称。从填制及接受凭证单位的名称上可直接看出此凭证的来源及去向，为审核经济业务的真实性提供一定的依据。

（3）填制原始凭证的日期和凭证编号。填制日期可以反映经济业务发生的时间，凭证编号主要是为了加强原始凭证的管理。

（4）经济业务的具体内容。其目的主要是为了对发生了什么样的经济业务作具体的、进一步的说明。可以通过原始凭证内专设"内容摘要"栏进行，如"收据""通用发票"，也可以通过原始凭证本身体现，如"飞机票"等。

（5）经济业务的数量、单价、金额。这是保证经济活动完整地进行所必须的，也是会计记录所要求的。没有具体金额的书面文件（如劳务合同等）一般是不能作为会计上的原始凭证的。

（6）经办业务的部门或人员签字、盖章。主要目的是分清经济责任，加强经办部门或人员的经济责任感。如是外来原始凭证，还需有填制单位的公章或业务专用章。

另外，在自制原始凭证中，有的企业单位根据管理和核算所提出的要求，为了满足计划、统计或其他业务方面相关工作的需要，还要列入一些补充内容，诸如在原始凭证上注明与该笔经济业务有关的生产计划任务、预算项目以及经济合同号码等，以便更好地发挥原始凭证的多重作用。

图 6-3 所示是一张外来原始凭证——"江西省增值税专用发票"的要素构成及填制

说明。

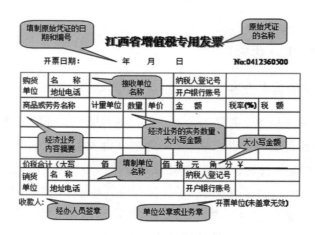

图6-3　原始凭证要素构成说明

（二）记账凭证的基本内容

记账凭证虽然有不同的种类，但所有的记账凭证都必须具备以下一些基本内容：记账凭证名称；填制凭证的日期；凭证编号；经济业务摘要；会计科目；金额；所附原始凭证张数；填制凭证人员、稽核人员、记账人员、会计机构负责人、会计主管人员签名或者盖章。收款和付款记账凭证还应当由出纳人员签名或者盖章。

以自制原始凭证或者原始凭证汇总表代替记账凭证的，也必须具备记账凭证应有的项目。

（1）记账凭证的名称，如"收款凭证""付款凭证""转账凭证"等。

（2）填制记账凭证的日期，一般用年、月、日表示，要注意的是记账凭证的填制日期不一定就是经济业务发生的日期。

（3）记账凭证的编号。

（4）经济业务的内容摘要，由于记账凭证是对原始凭证直接处理的结果，所以，只需将原始凭证上的内容摘要简明扼要地在记账凭证中予以说明即可。

（5）经济业务所涉及的会计科目及金额，这是记账凭证中所要反映的主要内容。

（6）所附原始凭证的张数，以便日后查证。

（7）有关人员的签字盖章，通过这一步骤，一方面能够明确各自的责任，另一方面又有利于防止在记账过程中出现的某些差错，从而在一定程度上保证了会计信息系统最终输出会计信息的真实、可靠。

图 6-4 是一种格式的记账凭证的要素构成说明。

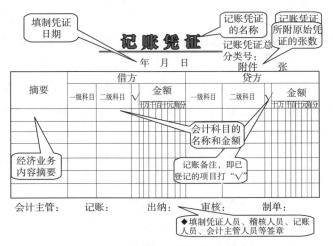

图6-4　记账凭证要素构成的说明

二、会计凭证的填制要求

（一）原始凭证的填制要求

原始凭证填制的正确与否是如实反映经济业务的关键。填制原始凭证就是根据经济业务的实际情况，依据一定的规则（要求），在规定的凭证中，按照要求的内容填写。

原始凭证是记账的原始依据，同时也是记账凭证填制的依据。为此，必须严肃认真地填制原始凭证，严格按照财务会计制度办理凭证手续。填制凭证的主要要求是：

（1）内容完整。即必须按规定的格式和手续填制。原始凭证的各项内容，必须详尽地填写齐全，不得有任何省略、遗漏，而且填写的手续必须完备，符合内部牵制原则。凡是填有大写和小写金额的原始凭证，大写与小写金额必须相符；购买实物的原始凭证，必须有验收证明；支付款项的原始凭证，必须有收款单位和收款人的收款证明，不能以支付款项的有关凭证如银行汇款凭证等代替。职工出差借款收据，应附在记账凭证上，收回借款时，应另开收据或退还借据副本，不得退回原借款收据。经有关部门批准办理的某些特殊业务，批准的文件应作为原始凭证的附件。从外单位取得的原始凭证，必须盖有填制单位的公章；相应的，对外开出的原始凭证，必须加盖本单位的公章。从个人取得的原始凭证，必须有填制人的签名或盖章。所谓"公章"应是具有法律效力和规定用途、能够证明单位身份和性质的印鉴，如业务公章、财务专用章、发票专用章、收款专用章或结算专用章等。自制的原始凭证，必须有经办单位的领导人或者由单位领导人指定的人员签名或盖章。发生销货退回的，除填制退货发票外，还必须有退货验收证明；退款时，必须取得对方的收款收据或者汇款银行的凭证，不得以退货发票代替收据。填写不全、手续不完备的原始凭证，不能作为合法和有效的会计凭证。

（2）符合实际。原始凭证所记录的经济业务，必须符合实际、数字真实、字迹清晰，如实填列经济业务内容，不弄虚作假，不涂改、挖补，以确保原始凭证的内容和数字真实可靠。如果原始凭证书写发生错误，不得随意涂改，应按规定予以更正。《会计法》第十四条规定："原始凭证记载的各项内容均不得涂改；原始凭证有错误的，应当由出具单位重开或者更正，更正处应当加盖出具单位印章。原始凭证金额有错误的，应当由出具单位重开，不得在原始凭证上更正。"

对于从外单位取得的原始凭证如有遗失，应取得原签发单位财务的证明，并注明原始凭证的号码、金额、内容等，对于确实无法取得证明的，如车票等，应由当事人写出详细情况，经由经办单位负责人批准后，可代做原始凭证。

一式几联的原始凭证，必须注明各联的用途，并且只能以一联用作报销凭证；一式几联的发票和收据，必须用双面复写纸套写，或本身具有套写功能，并连续编号，作废时应加盖"作废"戳记，连同存根一起保存。

（3）填制及时。即每当一项经济业务发生或完成，及时填制与经济业务一致的原始凭证，不得事先填制或积压事后补制。

（4）遵守政策。原始凭证反映的经济业务，必须符合党和国家的有关政策、法令和规章制度等规定。违反国家政策、法令和规章制度等规定的经济业务，不得填制原始凭证。

（5）书写清楚，即字迹端正、易于辨认。

（6）顺序使用并按规定的程序进行传递。

（二）记账凭证的填制要求

填制记账凭证是会计核算工作的重要环节之一。填制记账凭证时，应当根据经过审核无误的原始凭证及其有关资料编制。

1. 根据审核无误的原始凭证填制记账凭证并且记账凭证应附有原始凭证

记账凭证必须根据审核无误的原始凭证进行填制，可以根据每一张原始凭证填制，或者根据若干张同类原始凭证汇总填制，也可以根据原始凭证汇总表填制；但不得将不同内容和类别的原始凭证汇总填制在一张记账凭证上。除结账和更正错误的记账凭证可以不附原始凭证外，其他记账凭证必须附有原始凭证。如果一张原始凭证涉及几张记账凭证，可以把原始凭证附在一张主要的记账凭证后面，并在其他记账凭证上注明附有该原始凭证的记账凭证的编号或者附原始凭证复印件。

一张原始凭证所列支出需要几个单位共同负担的，应当将其他单位负担的部分，开给对方原始凭证分割单，进行结算。原始凭证分割单必须具备原始凭证的基本内容：凭证名称、填制凭证日期、填制凭证单位名称或者填制人姓名、经办人的签名或者盖章、接受凭证单位名称、经济业务内容、数量、单价、金额和费用分摊情况等。

如果原始凭证需另行保管，则应在附件栏中加以说明，以便查阅。

2. 填写的内容必须完整、正确

记账凭证必须按其基本内容如实填制，不得缺省。

（1）"摘要"栏的填写，一要真实，二要简明。

（2）正确地编制会计分录。必须按照会计制度统一规定的会计科目填写，不得任意篡改会计科目名称或以会计科目编号代替科目名称；根据经济业务的内容确定会计科目的对应关系和金额。

（3）记账凭证上应有有关人员的签名或盖章。

（4）应注明原始凭证的张数。

（5）出纳人员对于已经收讫的收款凭证和已经付讫的付款凭证及其所付的各种原始凭证，都要加盖"收讫"和"付讫"的戳记，以免重收重付。

3. 记账凭证应连续编号

填制记账凭证时应当对记账凭证进行连续编号。如果采用通用记账凭证，其编号可采取顺序编号法，即按月编顺序号，业务较少的单位也可按年编顺序号；如果是采用收、付、转专用记账凭证，则其编号可采取字号编号法，即把不同类型的记账凭证分别编顺序号，如"收字第 × 号""付字第 × 号""转字第 × 号"；当一项经济业务需要填制一张以上的记账凭证时，要采用分数编号法，如一笔转账业务为第 18 笔，涉及三张记账凭证，则这三张记账凭证的编号为"转字第 18-1/3 号"（第一张）、"转字第 18-2/3 号"（第二张）、"转字第 18-3/3 号"（第三张）。不论采用哪种编号，都应在每月末最后一张记账凭证的编号旁加注"全"字，以便复核和日后查阅。

4. 对填制错误的改正要求

如果在填制记账凭证时发生错误，应当重新填制。

已经登记入账的记账凭证，在当年内发现填写错误时，可以用红字填写一张与原内容相同的记账凭证，在摘要栏注明"注销 × 月 × 日 × 号凭证"字样，同时再用蓝字重新填制一张正确的记账凭证，注明"订正 × 月 × 日 × 号凭证"字样。如果会计科目没有错误，只是金额错误，也可以将正确数字与错误数字之间的差额，另编一张调整的记账凭证，调增金额用蓝字，调减金额用红字。发现以前年度记账凭证有错误的，应当用蓝字填制一张更正的记账凭证。

5. 记账凭证中的空行应当注销

记账凭证填制完经济业务事项后，如有空行，应当自金额栏最后一笔金额数下的空行处至合计数上的空行处划线注销。

6. 机制记账凭证的打印要求

实行会计电算化的单位，采用机制的记账凭证应符合手工记账凭证的一切要求，认真审核，做到会计科目使用正确，数字准确无误。打印出的机制记账凭证要加盖制单人员、审核人员、记账人员及会计机构负责人、会计主管人员印章或者签字。

（三）会计凭证的书写要求

《会计基础工作规范》第五十二条对书写要求做出了详细规定。填制原始凭证和记账凭证，都应当做到字迹必须清晰、工整，并符合下列要求：

（1）阿拉伯数字的书写要求。阿拉伯数字应当一个一个地写，不得连笔写。

阿拉伯数字在书写时应有一定的斜度，一般掌握在 60 度左右。

阿拉伯数字的书写要有一定的高度，每个数字要紧贴底线书写，但上端不可顶格，其高度占全格的二分之一至三分之二，为更正错误数字留有余地。

阿拉伯数字的书写必须采用规范的手写体书写，为防止涂改，对有竖划的数字的写法应有明显的区别。除"4"和"5"以外数字，必须一笔写成。

书写数字发生错误时，要严禁采用刮、擦、涂改或采用药水消除字迹方法改错，应采用正确的更正方法进行更正，即将错误的数字全部用单红线注销掉，采用划线更正法，在错误的数字上盖章，并在原数字上方对齐原位填写出正确的数字。

（2）货币符号的书写要求。按照《会计基础工作规范》第五十二条规定，阿拉伯金额数字前面应当书写货币币种符号或者货币名称简写和币种符号。币种符号与阿拉伯金额数字之间不得留有空白。凡阿拉伯数字前写有币种符号的，数字后面不再写货币单位。

所有以元为单位（其他货币种类为货币基本单位，下同）的阿拉伯数字，除表示单价等情况外，一律填写到角分；无角分的，角位和分位可写"00"，或者符号"—"；有角无分的，分位应当写"0"，不得用符号"—"代替。

（3）文字的书写要求。会计工作对文字的书写基本要求是：

其一，简明扼要、字体规范、字迹清晰、排列整齐、书写流利且美观。

其二，汉字大写数字金额如零、壹、贰、叁、肆、伍、陆、柒、捌、玖、拾、佰、仟、万、亿等，一律用正楷或者行书体书写，不得用0、一、二、三、四、五、六、七、八、九、十等简化字代替，不得任意自造简化字。大写金额数字到元或者角为止的，在"元"或者"角"字之后应当写"整"字或者"正"字；大写金额数字有分的，"分"字后面不写"整"或者"正"字。

其三，汉字大写金额前若没有印制货币名称时，应当加填货币名称，货币名称与金额数字之间不得留有空白。

其四，阿拉伯金额数字中间有"0"时，汉字大写金额要写"零"字；阿拉伯数字金额中间连续有几个"0"时，汉字大写金额中可以只写一个"零"字；阿拉伯金额数字元位是"0"，或者数字中间连续有几个"0"、元位也是"0"但角位不是"0"时，汉字大写金额可以只写一个"零"字，也可以不写"零"字。

其五，表示位的文字前必须有数字，如数字为拾几、拾几万时，大写数字时应有"壹"字，写作"壹拾×元"或"壹拾×万元"。

其六，中文大写数字如有漏写或写错时，必须重新填写凭证，不能采用"划线更正法"。

三、会计凭证的审核

会计凭证的审核，不仅是保证会计核算真实反映经济活动情况的重要措施，而且是发挥会计监督职能的重要手段。因此，在会计核算中，应特别注意把好会计凭证审核这一关。

（一）原始凭证的审核

《中华人民共和国会计法》第十四条规定：会计机构、会计人员必须按照国家统一的会计制度的规定对原始凭证进行审核，对不真实、不合法的原始凭证有权不予接受，并向单位负责人报告；对记载不准确、不完整的原始凭证予以退回，并要按照国家统一的会计制度更正、补充。《中华人民共和国会计法》的这条规定赋予了会计人员相应的监督权限，为企业会计人员严肃、认真地审核原始凭证提供了法律上的依据。

对原始凭证的审核一般从以下三方面进行：

1. 真实性审核

按照会计信息真实性的要求，原始凭证所记载的内容应该与实际发生的经济业务内容相一致，所以，审核原始凭证的真实性就是审核原始所记载的与经济业务有关的当事单位和当事人是否真实，原始凭证的填制日期、经济业务内容、数量以及金额是否与实际情况相符等。

2. 完整性审核

根据原始凭证的要素，逐项审核原始凭证的内容是否完整，原始凭证的各项目是否按规定填写齐全，有关经办人是否都已签名盖章，是否经过主管人员审批同意，手续是否完备，书写是否清晰。对于内容填列不齐、手续不完备、书写不清楚的原始凭证应退回补办手续或更正后，才能据以办理相关业务，并登记入账。

3. 合法、合理性审核

主要是审核原始凭证所记录的经济业务是否符合国家的相关方针、政策、法令、制度的规定；成本费用的列支的范围、标准是否按规定执行有无违反财经纪律、贪污盗窃、虚报冒领、伪造凭证等违法乱纪行为。

根据审核无误的原始凭证填制记账凭证。

（二）记账凭证的审核

1. 审核内容

为确保账簿记录的真实可靠，在登记账簿前必须由有关稽核人员对记账凭证进行严格审核。记账凭证审核的主要内容：

（1）复核记账凭证及所属原始凭证。该项内容主要是审核记账凭证是否附有原始凭证；原始凭证是否真实、正确、合法；记账凭证与原始凭证两者所反映的经济业务内容是否相同，数量、金额是否一致。

（2）审核会计分录的正确性。审核记账凭证所列的会计分录是否与经济内容相符；会计科目运用是否正确、规范；记录方向是否正确；科目的对应关系是否清楚；一级科目与明细科目的金额是否相符。

（3）审核记账凭证内容的完整性。审核记账凭证各项目是否按规定填制，有无遗漏；摘要是否清楚；日期、记账凭证编号、附件张数及相关人员签字盖章是否齐全。

2. 审核方法

（1）自审。自审即自我审核，是记账凭证填制人员对自己编制的记账凭证进行的审核。记账凭证一旦填制完毕随即进行审核，这是保证记账凭证质量的第一道关口。

（2）序审。序审是按照记账凭证的传递程序，由下一道岗位的会计人员对上道岗位传递来的记账凭证进行的审核。序审使得记账凭证得到了重复审核，每位记账人员都负有对记账凭证审核的责任。

（3）专审。专审是指由单位专设的稽核人员对记账凭证的审核。只有经审核符合要求的记账凭证才能作为登记账簿的依据。

第三节　会计凭证的传递与保管

一、会计凭证的传递

会计凭证的传递，是指会计凭证从填制或取得起，经过审核、记账、装订到归档为止，在有关部门和人员之间按规定的时间、路径办理业务手续和进行处理的过程。正确、合理地组织会计凭证的传递，有利于有关部门和人员及时了解经济业务的情况，加速对经济业务的处理；同时，有利于加强各有关部门的经济责任，也有利于实现会计监督，以充分发挥会计的监督作用。《会计基础工作规范》第五十四条对会计凭证的传递提出了要求，会计凭证的传递要及时，方法要科学合理。为充分发挥会计在经营管理中的作用，必须合理、及时地组织会计凭证的传递，不能积压。《会计基础工作规范》没有对传递会计凭证的方法做出具体规定，具体方法由各单位根据会计业务需要自行规定。各单位在规定传递会计凭证的方法时，要考虑遵循内部牵制原则，力求做到及时反映、记录经济业务，给有关部门和人员办理经济业务以必要的时间。

由于企业生产经营的组织不同，经济业务的内容不同，企业管理的要求也不一定相同。在会计凭证的传递中，也应根据具体情况，确定每一种凭证的传递程序和方法，作为业务部门和财会部门处理会计凭证的工作规范。

企业会计凭证的传递包括规定合理的传递程序、传递时间和传递过程中的衔接手续。不同的企业应根据经济业务的特点、机构设置和人员分工情况，明确会计凭证填制的联数和传递程序。既要保证会计凭证经过必要的环节进行处理和审核，又要避免会计凭证在不必要的环节停留，使有关部门和人员及时了解情况，掌握资料又按规定手续工作。

关于凭证的传递时间，应考虑各部门和有关人员的工作内容和工作量在正常情况下完成的时间。明确规定各种凭证在各个环节上停留的最长时间，不能拖延和积压会计凭证，以免影响会计工作的正常秩序。一切会计凭证的传递和处理，都应在报告期内完成，不允许跨期，否则，将影响会计核算的准确性和及时性。

会计凭证传递过程中的衔接手续，应该做到既完备严密，又方便易行。凭证的收发、交接都应按一定的手续制度办理，以保证会计凭证的安全和完整。会计凭证的传递程序、传递时间和衔接手续明确后，可制成凭证流转图，制定凭证传递程序，规定凭证传递的路线、环节，在各环节上的时间、处理内容及交接手续，使凭证传递工作能按规定顺利完成。

二、会计凭证的保管

各种会计凭证在办理好各项业务手续并据以记账后，应由财会部门加以整理、归类、编号、装订，并妥善保管。会计凭证是各项经济活动的历史记录，是重要的经济档案。为了保证会计凭证的安全和完整，必须认真负责地加以整理，妥善保管。会计凭证登记完毕后，应当按照分类和编号顺序保管，不得散乱丢失，《会计基础工作规范》第五十五条对会计凭证的保管提出了要求：

（1）记账凭证连同所附原始凭证和原始凭证汇总表，要分类按编号顺序，折叠整齐，定期（每天、每五天、每旬或每月）装订成册，并加具封面、封底，注明单位名称、凭证种类、所属年月和起讫日期、起讫号码、凭证张数等。为防止任意拆装，应在装订处贴上封签，并由经办人员在封签处加盖骑缝章。

装订就是将一札一札的会计凭证装订成册，从而方便保管和利用。装订之前，要设计一下，看一个月的记账凭证究竟订成几册为好。每册的厚薄应基本保持一致，不能把几张应属一份记账凭证附件的原始凭证拆开装订在两册之中，要做到既美观大方又便于翻阅。

一本凭证，厚度一般以 1.5 ～ 2.0 厘米为宜。过薄，不利于戳立放置；过厚，不便于翻阅核查。凭证装订的各册，一般以月份为单位，每月订成一册或若干册。凭证少的单位，可以将若干个月份的凭证合并订成一册，在封皮注明本册所含的凭证月份。

由于原始凭证往往大于记账凭证，从而折叠过多，这样一本凭证就显得中间厚，装订线的位置薄，订出的一本凭证像条鱼一样。这时可以用一些纸折成许多三角形，均匀地垫在装订线的位置。这样的装订出来的凭证就显得整齐了。

装订前，要以会计凭证的左上侧为准，放齐，准备好铁锥、装订机或小手电钻，还有线绳、铁夹、胶水、凭证封皮、包角纸。

（2）如果原始凭证数量过多，可以单独装订保管，在封面上注明记账凭证日期、编号、种类，同时在记账凭证上注明"附件另订"和原始凭证名称及编号。

各种重要的原始凭证，如经济合同、契约、存出保证金收据、提货单以及涉外文件等各种重要的原始凭证，以及各种需要随时查阅和退回的单据，应当另编目录，单独登记保管，并在有关的记账凭证和原始凭证上相互注明日期和编号。

（3）原始凭证不得外借，其他单位如因特殊需要使用本单位原始凭证，须经本单位会计机构负责人、会计主管人员批准后方可复制。向外单位提供的原始凭证复印件，应当在专设的登记簿上登记，并由提供人员和收取人员共同签名或者盖章。

（4）从外单位取得的原始凭证如有遗失，应当取得原开出单位盖有公章的证明，并注明原来凭证的号码、金额和内容等，由经办单位会计机构负责人、会计主管人员和单位领导人批准，才能代作原始凭证。如果确实无法取得证明的，如火车、轮船、飞机票等凭证，由当事人写出详细情况，由经办单位会计机构负责人、会计主管人员和单位领导人批准，代作原始凭证。

（5）装订成册的会计凭证应指定专人保管。当年的会计凭证在年度终了后，可暂由本单位会计机构保管一年，期满后应当移交本单位档案室归档统一保管。未设立档案机构的，应当在会计机构内指定专人保管，但出纳人员不得兼管会计档案。需要查阅已经归档的会计凭证，必须经会计主管人员同意并办理有关手续。

（6）会计凭证的保管期限，按照国家档案馆管理局和财政部颁布的《会计档案管理办法》和会计制度的规定执行。对于重要的会计凭证，则应长期保存。未到规定保管期限的会计凭证，任何人不得自行随意销毁。对于保存期满需要销毁的会计凭证，必须开列清单，按规定报经有关部门批准后才能销毁。在销毁会计凭证时，应按规定由有关部门派员监销。在销毁前监销人员应当认真核对清点，销毁后在销毁清单上签字，并将销毁情况向单位领导人报告。

 拓展阅读

增值税专用发票简介

增值税专用发票是由国家税务总局监制设计印制的，只限于增值税一般纳税人领购使用的，既作为纳税人反映经济活动中的重要会计凭证，又是兼记销货方纳税义务和购货方进项税额的合法证明；是增值税计算和管理中重要的决定性的合法的专用发票。

1. 增值税专用发票的领用

一般纳税人应通过增值税防伪税控系统，使用专用发票。使用，包括领购、开具、缴销、认证纸质专用发票及其相应的数据电文。防伪税控系统，是指经国务院同意推行的，使用专用设备和通用设备、运用数字密码和电子存储技术管理专用发票的计算机管理系统。专用设备，是指金税卡、IC 卡、读卡器和其他设备。通用设备，是指计算机、打印机、扫描器具和其他设备。一般纳税人凭发票领购簿、IC 卡和经办人身份证明领购专用发票。

2. 增值税专用发票的构成

增值税专用发票由基本联次附加其他联次构成，至少包括如下联次。

第一联：存根联，由销货方留存备查。

第二联：发票联，作为购买方核算采购成本和增值税进项税额的记账凭证。

第三联：税款抵扣联，作为购买方报送主管税务机关认证和留存备查的扣税凭证。

第四联：记账联，作为销售方核算销售收入和增值税销项税额的记账凭证。

增值税专用发票四联一次开具，在票面上的"税额"指的是"销项税额"，"金额"指的是销售货物的"不含税金额价格"。

3. 增值税专用发票的限额管理

增值税专用发票实行最高开票限额管理。最高开票限额，是指单份专用发票开具的销售额合计数不得达到的上限额度。最高开票限额由一般纳税人申请，税务机关依法审批。最高开票限额为十万元及以下的，由区县级税务机关审批；最高开票限额为一百万元的，由地市级税务机关审批；最高开票限额为一千万元及以上的，由省级税务机关审批。防伪税控系统的具体发行工作由区县级税务机关负责。

4. 增值税专用发票的防伪

识别增值税专用发票的真伪，应了解以下增值税专用发票特征。

（1）在发票联和抵扣联印有水印图案，即有两组4个标准的税徽图案组成的环形，中间有正反税字的拼音字母"SHUI"。将专用发票联和抵扣联背面对光检查，可以看见水印防伪图案。

（2）有红色荧光防伪标记。发票联和抵扣联中票头套印的是全国统一发票监制章，采用红色荧光油墨印刷，在紫外线灯发票鉴别仪照射下呈洋红色反应。

（3）有无色荧光防伪标记，即在发票联和抵扣联的中间采用无色荧光油墨套印国家税务总局监制字样和左右两边的花纹图案、用肉眼是看不见的，用紫外线灯发票鉴别仪器照射呈洋红或红色荧光反应。

 思政小课堂

增值税是以商品和劳务在生产、流通过程中产生的增值额作为征税对象而征收的一种流转税。受票方只有在进项环节向开票方支付了相应税款，才可以成为增值税的合格主体，方才享有在销项中抵扣的权利。换言之，只有在真实交易环节缴纳了增值税，同时符合抵扣税款的规定情形，此时受票方才有向国家税务机关申请抵扣税款的权利。

对公司而言，纳税缴税是公司财务管理制度中的关键问题。"虚开发票"逃税是因小利而失大局的选择，缴税是公司的法定义务，更是公司能够获得长久发展的"权利"。只有认真对待权利，诚信履行社会责任，公司才能在安全的轨道上健康运行。

课后练习

第七章　会计账簿

课件

引导案例 ▶

　　王峰同学在一家外贸公司实习。一天销售部林敏前来找财务部经理要求查询去年一笔销售业务的原始单据。财务部经理在询问事由后同意了他的要求。由于正值月末，财务部人员都很忙，经理安排王峰同学协助查找。王峰同学根据林敏回忆的业务发生的大致时间，将去年3至6月的凭证全部拿了出来准备查找。面对这一百多本凭证，王峰觉得无从下手……如果王峰同学向你求助，你将运用会计学的哪些知识帮助他呢？

学习目标 ▶

　　（1）掌握会计账簿的概念、分类方法及登记方法。
　　（2）熟练掌握错账更正、结账和对账的方法。

第一节　会计账簿的意义和种类

一、会计账簿的意义

　　会计账簿是由若干具有专门格式，又相互联结的账页组成的，以会计凭证为依据，序时、连续、系统、全面的记录和反映企业、机关和事业等单位经济活动全部过程的簿籍。账簿是编制会计报表的主要依据，设置和登记账簿是会计核算的一种专门方法。

　　在会计核算工作中，每项经济业务发生以后，首先要取得或填制会计凭证，并加以审核确认，然后根据会计凭证在有关账户中进行登记。而账户则是按照规定的会计科目在账簿中分别设立的，根据会计凭证把经济业务记入有关账户，就是指把经济业务记入设立在会计账簿中的账户。账页一旦标明会计科目，这个账页就成为用来记录该科目所核算内容的账户。即账页是账户的载体，账簿则是若干账页的集合。根据会计凭证在有关账户中进行登记，就是指把会计凭证所反映的经济业务内容记入设立在账簿中的账户，即通常所说的登记账簿，也叫记账。

设置账簿是会计工作的一个重要环节，登记账簿则是会计核算的一种专门方法。科学的设置账簿和正确的登记账簿对于全面完成会计核算工作具有重要意义。

（一）会计账簿是对凭证资料的系统总结

在会计核算中，通过会计凭证的填制和审核，可以反映和监督每项经济业务的完成情况。但一张会计凭证只能反映一项或几项经济业务，所提供的信息是零星的、片段的、不连续的，不能把某一时期的全部经济活动完整地反映出来。

账簿既能够提供总括的核算资料，又能够提供详细的明细分类资料；既能够提供分类核算资料，又能够提供序时核算资料，反映经济活动的轨迹，这对于企业、单位加强经济核算、提高管理水平、探索资金运动的规律、保护资产安全、保护债权人、投资人的权益等提供系统、完整的会计资料。

（二）会计账簿是考核企业经营情况的重要依据

通过登记账簿，可以发现整个经济活动的运行情况，完整地反映企业的经营成果和财务状况，评价企业的总体经营情况；可以监督和促进各企业、各单位遵纪守法、依法经营。

（三）会计账簿是会计报表资料的主要来源

企业定期编制的资产负债表、损益表、现金流量表等会计报表的各项数据均来源于账簿的记录。企业在编制财务情况说明书时，对于生产经营状况、利润实现和分配情况、税金缴纳情况、各种财产物资变动情况的说明，都必须以账簿记录的数据为依据。从这个意义上说，账簿的设置和登记是否准确、真实、齐全，直接影响到财务报告的质量。

（四）会计账簿可以为会计分析和会计检查提供系统、完整的会计资料

账簿反映了会计主体在一定时期的资金取得与运用情况，提供了收入、费用和利润等资料，使会计信息得到积累和贮存。

二、账簿的种类

账簿的种类多种多样，为了更好地了解和正确地运用账簿，通常按用途和外表形式

的不同对账簿进行分类。

（一）账簿按用途分类

账簿按其用途不同，分为日记账簿、分类账簿和其他辅助性账簿。

1. 日记账簿

日记账簿，又称序时账，是对各项经济业务按其发生时间的先后顺序，逐日逐笔进行登记的账簿。按其记录内容的不同，又分为普通日记账和特种日记账。

普通日记账是用来记录全部经济业务发生情况的日记账，它将每天所发生的全部经济业务，按其发生时间的先后顺序，编制成记账凭证，逐笔登记到账簿中，又称为分录簿。早期的日记账多属于普通日记账。由于社会经济的发展，企业的经济业务越来越复杂、多样，用一本日记账记录全部经济业务比较困难，而且查阅也不方便，因此实际工作中已很少使用普通日记账。

特种日记账是用来记录某一类经济业务发生情况的日记账，它将某一类经济业务，按其发生时间的先后顺序记入账簿中，反映某一特定项目的详细情况。最常用的特种日记账有现金日记账和银行存款日记账。根据需要，企业还可以设置购货日记账、销货日记账等特种日记账。

2. 分类账簿

分类账簿是对全部经济业务按照账户分类分户进行登记的账簿。分类账簿简称分类账，按其反映内容的详细程度不同，又分为总分类账和明细分类账。

总分类账是按总分类账户分类登记的账簿，它提供总括核算资料。明细分类账是按明细分类账户分类登记的账簿，它提供明细核算资料。明细分类账是对总分类账的补充和具体化，并受总分类账的控制和统驭。图 7-1 ～图 7-4 提供了几种类型的分类账样簿。

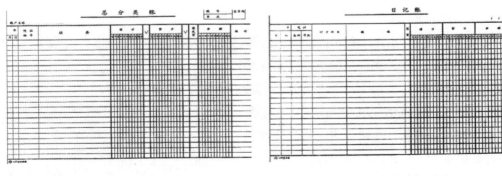

图7-1　总分类账　　　　　　　　图7-2　进销存明细账

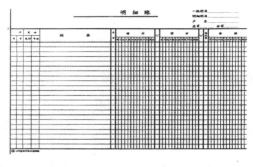

图7-3　固定资产明细账

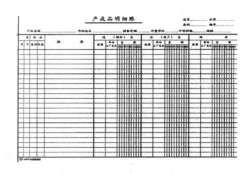

图7-4　进销存明细账

3. 其他辅助性账簿

其他辅助性账簿是对某些在日记账和分类账中未能记录或记录不全的经济业务进行补充登记的账簿。例如"租入固定资产登记簿""受托加工材料登记簿""代销商品登记簿"等。利用其他辅助性账簿，可以为某些经济业务的内容提供必要的参考资料。其他辅助性账簿只是对账簿记录的一种补充和备忘参考，它与其他账簿之间不存在严密的依存关系和勾稽关系。

（二）账簿按外表形式分类

账簿按其外表形式不同，分为订本式账簿、活页式账簿和卡片式账簿。

1. 订本式账簿

订本式账簿是在启用前把编有顺序号的若干账页固定装订成册的账簿。订本式账簿简称订本账。它的优点是能够避免账页的散失和防止非法抽换账页，比较安全；缺点是不能根据需要增减账页，不便于分工记账。它一般适应于比较重要的账簿，如根据《会计基础工作规范》规定，现金日记账和银行存款日记账必须采用订本式账簿，总分类账一般采用订本式账簿。

2. 活页式账簿

活页式账簿是在启用之前不固定装订成册，可根据需要随时增减账页的账簿。活页账簿简称活页账。它的优点是便于根据需要增减或重新排列账页，也便于记账人员分工记账和实现记账工作电算化；缺点是账页容易散失和被随意抽换。为此，在账页使用时应按顺序编号，并由经管人员在账页上盖章，账页应装置在账夹中或临时装订成册，到年终不再登记时，将其固定装订成册，以便保管。活页式账簿一般适应于有关明细分类账簿。图 7-5 是一

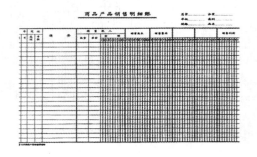

图7-5　活页账页

种形式的活页账页。

3. 卡片式账簿

卡片式账簿是由具有一定格式的硬纸卡片作为账页所组成的账簿，这些账页卡片放在卡片箱中，可以随时取放。卡片账簿简称卡片账。它的优缺点与活页账相同，另外它不需每年更换，可以跨年度使用。卡片式账簿一般适应于记录内容复杂、使用时间较长的明细分类账，如固定资产明细账。图 7-6、图 7-7 是卡片账的形式。

图7-6　卡片账　　　　　　　　　　图7-7　卡片账图

第二节　会计账簿的格式和登记方法

一、设置会计账簿的原则

会计账簿的设置是指确认会计账簿种类，设计会计账簿格式、内容和登记的方法。

任何单位在设置会计账簿时都要考虑本单位经济业务的特点和管理上的需要，力求科学严密。一般来说，会计账簿设置应遵循以下基本原则：

（1）合法性。各单位应当按照会计法和国家统一的会计制度的规定设置会计账簿，严格禁止私设会计账簿进行登记、核算。

（2）完整性。会计账簿设置要能够保证全面、系统地反映与控制各个单位的经济活动情况，为经营管理提供必要的、分类的核算资料。

（3）科学、合理性。各个单位设置的所有会计账簿要形成一个有机的会计账簿体系，该体系要科学严密，在满足需要的前提下，考虑本单位人力物力的节约，避免重复设账；会计账簿的格式要按照经济业务的内容和需要提供的核算指标进行设计，力求简便实用，保证会计核算工作的高效率。

二、会计账簿的结构

在实际工作中，各种会计账簿记录的经济业务不尽相同，其账簿格式也可以是多种多样的，但一般应具备以下基本结构：

（一）封面

封面主要用来注明会计账簿的名称和记账单位的名称。

（二）扉页

扉页主要反映会计账簿的应用与交接的使用情况。如使用单位名称、账簿名称及编号、账簿起用和截止日期、起止页数、经管人员一览表和签名、交接记录、会计主管人员签名、账户目录、单位负责人等。其格式见表7-1。

表7-1　账簿启用和经管人员一览表

账簿名称：_____　　　　单位名称：_____

账簿编号：_____　　　　账簿册数：_____

账簿页数：_____　　　　启用日期：_____

会计主管：_____　　　　记账人员：_____

移交日期			移交人		接管日期			接管人		会计主管	
年	月	日	姓名	签章	年	月	日	姓名	签章	姓名	签章

（三）账页

账页是账簿结构的主体，其格式因记录经济业务内容的不同而有所不同，但基本内容应包括：账户的编号和名称、日期栏、凭证种类与号数栏、摘要栏、金额栏、总页次与分户页次等。

不同的会计账簿由于反映的经济业务和详细程度不同，因而，其账页格式也有一定的区别。

三、账簿启用和登记的基本要求

（一）账簿启用的要求

在启用新账簿时，应在账簿的有关位置记录相关信息：

（1）设置账簿的封面和封底。除订本账不另设封面外，各种活页账都映设置封面和封底，并登记单位名称、账簿名称和所述会计年度。

（2）在启用新会计账簿时，应首先填写扉页上印制的"账簿启用和经管人员一览表"中的启用说明。其中包括单位名称、账簿名称、账簿编号、启用日期会计主管和记账人员等项目，并加盖名章和单位公章。在会计人员工作发生变更时，应办理交接手续并填写"账簿启用和经管人员一览表"中的有关交接栏目，并由交接双方人员签名或者盖章。

（3）填写账户目录。总账应按照会计科目顺序填写科目名称及启用页号。启用订本式账簿，应当从第一页到最后一页顺序编定页数，不得跳页、缺号。使用活页式账页，应当按账户顺序编号，并须定期装订成册。装订后再按实际使用的账页顺序编定页码，另加目录，记明每个账户的名称和页次。

（4）粘贴印花税票。印花税票应粘贴在账簿的右上角，并且划线注销；在使用缴款书缴纳印花税时，应在右上角注明"印花税已缴"及缴纳金额。

（二）登记账簿的基本要求

各种会计账簿的登记必须遵循基本规则的要求。《中华人民共和国会计法》第十五条规定：会计账簿登记，必须以经过审核的会计凭证为依据，并符合有关法律、行政法规和国家统一的会计制度的规定。登记账簿的基本要求是：

第一，登记会计账簿时，应当将会计凭证日期、编号、业务内容摘要、金额和其他有关资料逐项记入账内，做到数字准确、摘要清楚、登记及时、字迹工整。

第二，登记完毕，要在记账凭证上签名或者盖章，并注明已经登账的符号，表示已经记账，以避免重记或漏记。

第三，账簿记录的文字、数字应清晰、整洁。文字和数字应紧靠行格的底线书写，大小约占全格的 1/2 至 2/3，数字排列要整齐均匀。

第四，登记账簿要采用蓝黑墨水或者碳素墨水书写，不得使用圆珠笔或者铅笔书写。

第五，下列情况可以使用红色墨水记账：

（1）按照红字冲账的记账凭证，冲销错误记录。

（2）在不设借贷栏的多栏式账页中，登记减少数。

（3）在三栏式账户的余额栏前，如未印明余额方向的，在余额栏内登记负数余额。

（4）在结账中使用。

（5）根据国家统一会计制度的规定可以用红字登记的其他会计记录。

第六，在登记账簿时，必须按账页顺序逐页逐行填写，不得隔页或跳行。

如果发生隔页或跳行，应在空页或空行处用红色墨水划对角线注销，加盖"此页空白"或"此行空白"戳记，并由记账人员签章。

第七，凡需要结出余额的账户，结出余额后，应当在"借或贷"等栏内写明"借"或"贷"等字样。没有余额的账户，应在"借或贷"栏内写"平"字，并在余额栏用"θ"表示。现金日记账和银行存款日记账必须逐日结出余额。

第八，每一账页记录完毕，应在账页最末一行加计本页借贷方的发生额和结出余额，并在该行摘要栏注明"转次页"或"过次页"；然后把这个合计数及余额转移到次页的第一行的对应栏内，并在第一行的摘要栏中注明"承前页"字样。

第九，各种账簿原则上每年都应该更换新账簿。于年度开始前，将各种账户上年年终结计的金额转记到新账簿相应账户的第一页的第一行，并在摘要栏注明"上年结转"。但有些财产物质明细账和债权债务明细账，由于材料品种、规格和往来单位较多，更换新账，重抄一遍工作量较大，因此，可以跨年度使用，不必每年度更换一次。各种备查簿也可以连续使用。

第十，新年度会计科目或明细科目如果发生变动，则在新年度更换新的账簿之前，要先行编制"新老会计科目对照开账明细表"。

第十一，使用电子计算机进行会计核算的，其会计账簿的登记、更正，应当符合国家统一的会计制度的规定。

四、日记账的格式和登记方法

（一）现金日记账的格式和登记方法

现金日记账是指用来核算和监督库存现金每天的收入、支出和结存情况的账簿。由出纳人员根据同现金收付有关的记账凭证，按时间顺序逐日逐笔进行登记。即：根据现金收款凭证和与现金有关的银行存款付款凭证（从银行提现的业务）登记现金收入，根据现金付款凭证登记现金支出，并根据"上日余额＋本日收入－本日支出＝本日余额"结出现金账存数，与库存现金实存数核对，以核实账实是否相符。

现金日记账的格式有三栏式和多栏式两种。三栏式现金日记账的格式如表7-2所示。多栏式现金日记账是三栏式现金日记账的变化形式。具体做法是在收入和支出栏中按其对应的科目分设若干栏，在月末结账时可按照各个专栏的合计数过入总账。其优点是账簿记录明细，对应关系清晰，便于对现金收支的合理性、合法性进行审核，便于检查财务收支计划的执行情况。多栏式现金日记账的格式如表7-3所示。

表7-2　现金日记账（三栏式）　　　　　　第　　页

年		凭证编号		摘要	对方科目	收入	支出	结余
月	日	收款	付款					

表7-3　现金日记账（多栏式）　　　　　　第　　页

年		凭证号	摘要	收入		支出		结余
月	日			应贷科目	合计	应借科目	合计	

在实际工作中，为避免因多栏式现金日记账收入栏和支出栏对应的科目过多而造成账页过长，一般把现金收入业务和现金支出业务分设为现金收入日记账和现金支出日记账。其格式如表 7-4 和表 7-5 所示。

表7-4　现金（银行存款）收入日记账　　　　　　第　　页

年		收款凭证号数	摘要	贷方科目			支出合计	结余
月	日					收入合计		

表7-5　库存现金（银行存款）支出日记账　　　　　　第　　页

年		付款凭证号数	摘要	结算凭证		借方科目		
月	日			种类	号数			支出合计

为了保证现金日记账的安全和完整，无论采用三栏式还是多栏式现金日记账，都必须使用订本式。

（二）银行存款日记账的格式和登记方法

银行存款是指用来核算和监督银行存款每天的收入、支出和结存情况的账簿，由出纳人员根据同银行存款收付有关的记账凭证，按时间顺序逐日逐笔进行登记，即：根据银行存款收款凭证和有关的现金付款凭证（现金存入银行的业务）登记银行存款收入，根据银行存款付款凭证登记银行存款支出，并根据"上日余额＋本日收入－本日支出＝本日余额"，每日结出银行存款账存数，定期与银行送来的对账单核对，以保证账实相符。总体来说，银行存款日记账和现金日记账的登记方法基本相同，但有几点需要注意：

首先，出纳员在办理银行存款收、付款业务时，应对收款凭证和付款凭证进行全面的复核，保证记账凭证与所附的原始凭证的内容一致，方可依据正确的记账凭证在银行存款日记账中记明：日期（收、付款凭证编制日期）、凭证种类（银收、银付或现付）、凭证号数（记账凭证的编号）、采用的结算方式（支票、本票或汇票等）、对方单位（对方收款或付款单位名称）、摘要（概括说明经济业务内容）、对应账户名称、金额（收入、付出或余额）等项内容。

其次，银行存款日记账应按照经济业务发生时间的顺序逐笔分行记录，当日的业务当日记录，不得将记账凭证汇总登记，每日业务完毕应结出余额，做到日清月结月末应分别结出本月借方、贷方发生额及期末余额和累计发生额，年末应结出全年累计发生额和余额，并办理结转下年手续。

银行存款日记账的格式与现金日记账的格式基本相同，所不同的仅是结算凭证栏要根据银行的结算凭证来登记。三栏式银行存款日记账的格式如表7-6所示。多栏式银行存款日记账的格式与多栏式现金日记账完全相同（表7-3～表7-5）。

表7-6　银行存款日记账（三栏式）　　　　　第　　页

年		凭证编号		摘要	结算凭证		对方科目	收入	支出	结余
月	日	收款	付款		种类	号数				

（三）转账日记账的格式和登记方法

转账日记账是依据转账凭证逐日逐笔进行登记的账簿。我国使用这种日记账的不多，其格式如表 7-7 所示。

表7-7　转账日记账　　　　　　　　第　　页

年		凭证编号	摘要	账户名称	借方金额	贷方金额
月	日					

（四）普通日记账的格式和登记方法

普通日记账是用来序时登记全部经济业务的账簿，又称为分录簿，一般只设借方和贷方两个金额栏，以满足编制会计分录的需要。普通日记账可采用转账日记账的格式，也可采用表 7-8 的格式。

表7-8　普通日记账　　　　　　　　第　　页

年		摘要	账户名称	记账	借方	贷方
月	日					

普通日记账的记账程序是：根据原始凭证登记普通日记账，再直接根据普通日记账过入分类账。因此，设置了普通日记账的单位，就不再编制记账凭证。该种日记账适用于规模较小、业务量不多的单位。

五、分类账簿的格式和登记方法

（一）总分类账簿的格式和登记方法

总分类账簿简称总账，是全面、系统、综合地反映和记录单位经济活动的概况，并为编制会计报表提供依据的账簿。每一个单位都必须设置总分类账。

总分类账必须采用三栏式订本式账簿，格式如表 7-9 所示。

表7-9　总分类账

账户名称：　　　　　　　　　　　　　　　　　　　　　　　　　　第　　页

年		凭证编号	摘要	借方	贷方	借或贷	余额
月	日						

（二）明细分类账簿的格式和登记方法

明细分类账简称明细账，它与总分类账的核算内容一致，但按照更加详细的分类，反映单位某一具体类别经济活动的财务收支情况。它对总分类账起补充说明的作用，所提供的资料也是编制会计报表的重要依据。任何单位在设置总分类账的同时，还应设置若干必要的明细分类账，既掌握经济活动的总括资料，又掌握它的明细资料。

根据核算的需要，明细分类账可依据记账凭证、原始凭证或汇总原始凭证逐日逐笔登记，也可定期汇总登记。一般来讲，固定资产、债权、债务等明细账应逐日逐笔登记；库存商品、原材料收发明细账以及收入、费用明细账可以逐笔登记，也可定期汇总登记。现金、银行存款账户已设置了日记账，可不必再设明细账。

明细分类账簿一般采用活页式账簿或卡片式账簿，其格式主要有三栏式、数量金额式和多栏式三种。

（1）三栏式明细分类账设置有借、贷、余三个金额栏，不设数量栏。三栏式明细分类账的格式与三栏式总分类账的格式基本相同，只是总分类账是订本式账簿，而明细分类账多为活页式账簿。它适用于只进行金额核算的账户，如应收账款、应付账款、应交税费等往来结算账户，以及短期借款、待摊费用、预提费用等账户。

（2）数量金额式明细分类账设置有收入、发出和结存三个大栏，在三栏内再分别设置数量、单价和金额栏。它一般适用于既要反映金额又要反映数量的经济业务的核算，如原材料、库存商品、包装物、低值易耗品等存货账户的明细分类核算。数量金额式明细分类账能加强财产物资的实物管理和使用监督，可以保证这些财产物资的安全完整。数量金额式明细分类账的格式如表 7-10 所示。

表7-10 明细分类账（一）

类别：计划单价：

名称和规格：　　　　　　　　储备定额：

计量单位：

存放地点：　　　　　　　　　　　　　　　　第　　页

年		凭证号		摘要	收入			发出			结存		
月	日	种类	号数		数量	单价	金额	数量	单价	金额	数量	单价	金额

（3）多栏式明细分类账是根据经济业务的特点及经营管理的需要，在同一账页内分设若干专栏，用于登记明细项目多、借贷方向单一的经济业务的明细账。它一般适用于只需要进行金额核算、不需要进行数量核算，并且管理上要求进一步反映项目构成情况的费用成本、收入成果类账户。在实际工作中为避免这种明细账栏次过多、账页过长，通常采用只在借方或贷方一方设多项栏次，另一方记录采用红字登记的方法。如材料采购、制造费用、管理费用、财务费用、营业外支出等明细账，一般采用借方多栏式明细分类账格式，贷方发生额用红字在借方有关专栏内登记，以示从借方发生额中冲转，其一般格式如表7-11所示。产品销售收入、营业外收入等明细账，一般采用贷方多栏式明细分类账格式。本年利润、利润分配、应交税费等明细账，一般采用借贷方都是多栏式的明细分类账格式，其格式如表7-12所示。

表7-11 明细分类账（二）

明细科目：　　　　　　　　　　　　　　　第　　页

年		凭证编号	摘要	借方				余额
月	日							
							合计	

表7-12　应交税费——应交增值税明细分类账

第　　页

年		凭证号数	摘要合计	借方			贷方				借或贷	余额
月	日			进项税额	已交税金	合计	销项税额	出口退税	进项税额转出			

（三）总账与明细账的平行登记

总账与明细账既有联系，又有区别。首先，两者的联系主要体现在两者所反映的经济业务内容相同以及登记总账与明细账的原始依据相同。其次，两者的区别体现在反映经济业务内容的详细程度和作用不同。总账反映的是总括的会计资料，而明细账反映的是经济业务某一方面的明细会计资料，如数量金额式明细账可提供数量指标与劳动量指标；总账对明细账起着统驭的作用，而明细账是对总账的补充，起着对总账解释说明的作用。

正是由于总账与明细账的存在上述的联系与区别，在日常的会计核算中，对总账与明细账的登记采取平行登记的方法。所谓平行登记，是指发生的每一项经济业务都应依据相同的会计凭证，在总账与明细账中进行同时期、同方向、同金额的总括与明细登记。

1.总分类账户与明细分类账户的关系

总分类账户与其所属的明细分类账户有着密切的联系。它们所记录的经济内容是相同的，登记的依据（即会计凭证）也是相同的，所提供的核算资料是相互补充的。总分类账户提供的总括核算资料是对其所属明细分类账户资料的综合，明细分类账户提供的明细核算资料是对其总分类账户资料的具体化。所以，总分类账户对其所属的明细分类账户起着统驭作用，而明细分类账户对其总分类账户起着辅助和补充的作用。总分类账户是明细分类账户的统驭账户，而明细分类账户则是总分类账户的从属账户，总分类账户与所属明细分类账户在总金额上应当相等。

2.总分类账户和明细分类账户的平行登记

虽然总分类账提供的总括指标统驭着明细分类账，但在账务处理上，它们是平等的关系，应当平行地进行登记。所谓平行登记，就是指对所发生的每项经济业务事项都要以会计凭证为依据，一方面记入有关总分类账户，另一方面记入有关总分类账户所属明细分类账户的方法。其要点主要包括以下四个方面：

（1）依据相同。对发生的经济业务，都要以相关的会计凭证为依据，既要登记总分类账户，又要登记其所属的明细分类账户。

（2）会计期间相同。对于每项经济业务，都要在同一会计期间（如一个月内），一方面要在有关总分类账户中进行总括的登记，另一方面要在有关明细分类账进行明细登记。

（3）借贷方向相同。无论本期发生额或余额，总分类账与其所属明细分类账户的方向一致。如果在总分类账中登记借方，明细分类账中也应登记借方；如果在总分类账户中登记贷方，在所属明细分类账中也应登记贷方。

（4）金额相等。记入某一总分类账的金额，要同记入所属的几个明细分类账户中的金额之和相等。

现分别以"原材料"和"应付账款"两个账户为例说明总分类账和明细账户的平等登记。

【例7-1】晨星公司2019年5月初的"原材料"和"应付账款"账户的余额分别为：

原材料11 000元，其中：甲材料300公斤，单价20元，计6 000元；

乙材料100公斤，单价50元，计5 000元。

应付账款5 000元，其中：通达厂3 000元，友谊公司2 000元。

该公司5月发生部分经济业务如下：

（1）5月2日，向通达厂购入材料一批，计4 000元，材料已验收入库，但货款暂欠。这批材料包括：甲材料100公斤，每公斤20元，计2 000元；乙材料40公斤，每公斤50元，计2 000元，为了简化，本部分的例题中不考虑有关的税收因素。这笔业务编制会计分录为：

```
借：原材料——甲材料        2 000
        ——乙材料        2 000
    贷：应付账款—通达厂        4 000
```

（2）5月8日，仓库发出生产用材料，其中：甲材料250公斤，每公斤20元，计5 000元；乙材料90公斤，每公斤50元，计4 500元，合计9 500元，编制会计分录为：

```
借：生产成本            9 500
    贷：原材料——甲材料        5 000
        ——乙材料        4 500
```

（3）5月10日，向友谊公司购进材料一批，材料已验收入库，货款尚未支付，这批材料包括：甲材料 120 公斤，每公斤 20 元，计 2 400 元；乙材料 80 公斤，每公斤 50 元，计 4 000 元，合计 6 400 元，编制会计分录为：

借：原材料——甲材料　　　　 2 400

　　　　 ——乙材料　　　　 4 000

　　贷：应付账款—友谊公司　　　　　 6 400

（4）5 月 20 日，以银行存款偿还前购进材料欠款 14 000 元，其中偿还友谊公司 8 000 元，通达厂 6 000 元，编制会计分录为：

借：应付账款——友谊公司　　　　 8 000

　　　　 ——通达厂　　　　 6 000

　　贷：银行存款　　　　　　　 14 000

根据上述资料，运用平行登记，登记"原材料"及"应付账款"总分类账户及其明细分账户如下：

（1）登记"原材料"总分类账及所属明细分类账。

①在"原材料"总分类账中登记期初余额，同时在"甲材料""乙材料"明细账中也分别登记期初余额，包括数量、单价、金额等。

②根据会计分录，按经济业务的先后顺序，把本月购进的材料记入"原材料"总分类账的借方，同时把每批收到各种材料的数量、单价、金额等也记入有关明细账户的"收入"栏中。

③把本月发出的材料，根据会计分录，记入"原材料"总分类账的贷方以及有关明细账户的"发出"栏。

④根据"原材料"总分类账和所属材料明细分类账的记录，分别计算它们的本期发生额和本期余额。如表 7-13 ～表 7-15 所示。

表7-13　总分类账

会计科目：原材料

2019年		凭证编号	摘要	借方	贷方	借或贷	余额
月	日						
5	1		月初余额			借	11 000
	2	①	购入	4 000		借	15 000
	8	②	生产领用		9 500	借	5 500
	10	③	购入	6 400		借	11 900
	31		本期发生额及余额	10 400	9 500	借	11 900

表7-14　原材料明细账（一）

会计科目：甲材料

2019年		凭证号	摘要	收入			发出			结存		
月	日			数量	单价	金额	数量	单价	金额	数量	单价	金额
5	1		月初余额							300	20	6 000
	2	①	购入	100	20	2 000				400	20	8 000
	8	②	生产领用				250	20	5 000	150	20	3 000
	10	③	购入	120	20	2 400				270	20	5 400
	31		本期发生额及余额	220		4 400	250		5 000	270	20	5 400

表7-15　原材料明细账（二）

会计科目：乙材料

2019年		凭证号	摘要	收入			发出			结存		
月	日			数量	单价	金额	数量	单价	金额	数量	单价	金额
5	1		月初余额							100	50	5 000
	2	①	购入	40	50	2 000				140	50	7 000
	8	②	生产领用				90	50	4 500	50	50	2 500
	10	③	购入	80	50	4 000				130	50	6 500
	31		本期发生额及余额	120		4 400	90		4 500	130	50	6 500

（2）登记"应付账款"总分类账及所属明细分类账。

①在"应付账款"总分类账户中登记期初余额，同时在"通达厂""友谊公司"两个明细账中登记期初余额。

②根据会计分录，把本期发生的应付购买材料款登记在"应付账款"总分类账户的贷方和有关明细分类账户的贷方。

③根据会计分录，把本期偿还的应付购买材料款记入"应付账款"总分类账户的借方和有关明细分类账户的借方。

④根据"应付账款"总分类账户及其所属明细分类账的记录，分别计算其本期发生额和期末余额。如表 7-16～表 7-18 所示。

表7-16　总分类账

会计科目：应付账款

2019年		凭证编号	摘要	借方	贷方	借或贷	余额
月	日						
5	1		月初余额			贷	5 000
	2	①	欠购料款		4 000	贷	9 000
	10	③	欠购料款		6 400	贷	15 400
	20	④	还购料款	14 000		贷	1 400
	31		本期发生额及期末余额	14 000	10 400	贷	1 400

表7-17　应付账款明细分类账（一）

供应单位名称：通达厂

2019年		凭证编号	摘要	借方	贷方	借或贷	余额
月	日						
5	1		月初余额			贷	3 000
	2	①	欠购料款		4 000	贷	7 000
	20	④	还购料款	6 000		贷	1 000
	31		本期发生额及期末余额	6 000	4 000	贷	1 000

表7-18　应付账款明细分类账（二）

供应单位名称：友谊公司

2019年		凭证编号	摘要	借方	贷方	借或贷	余额
月	日						
5	1		月初余额			贷	2 000
	10	③	欠购料款		6 400	贷	8 400
	20	④	还购料款	8 000		贷	400
	31		本期发生额及期末余额	8 000	6 400	贷	400

以上举例所采用的账户是实际工作中常用的总账和数量金额明细账及三栏式明细账格式。为了便于说明，使用"T"字形账户表示，如图 7-8 ～图 7-13 所示。

借方	原材料（总分类账）	贷方	
期初余额	11 000		
①	4 000	② 9 500	
③	6 400		
本期发生额	10 400	本期发生额	9 500
期末余额	11 900		

图7-8　原材料（总分类账）

借方	原材料——甲材料	贷方	
期初余额	6 000		
	① 2 000	② 5 000	
	③ 2 400		
本期发生额	4 400	本期发生额	5 000
期末余额	5 400		

图7-9　原材料——甲材料

借方	原材料——乙材料	贷方	
期初余额	5 000		
	① 2 000	② 4 500	
	③ 4 000		
本期发生额	6 000	本期发生额	4 500
期末余额	6 500		

图7-10　原材料——乙材料

借方	应付账款（总分类账）	贷方	
	④ 14 000	期初余额	5 000
		① 4 000	
		③ 6 400	
本期发生额	14 000	本期发生额	10 400
		期末余额	1 400

图7-11　应付账款（总分类账）

借方		应付账款——通达厂		贷方
④	6 000	期初余额	3 000
		①	4 000
本期发生额	6 000	本期发生额	4 000
		期末余额	1 000

图7-12　应付账款——通达厂

借方		应付账款——友谊公司		贷方
		期初余额	2 000
④	8 000	③	6 400
本期发生额	8 000	本期发生额	6 400
		期末余额	4 00

图7-13　应付账款——友谊公司

从上述总分类账户和明细分类账户的记录可以看出，由于平行登记的结果，"原材料"和"应付账款"总分类账户的期初余额、借方本期发生额、贷方本期发生额和期末余额，都分别与其所属明细分类账户的期初余额之和、借方本期发生额之和、贷方本期发生额之和以及期末余额之和相等。这样，总分类账户的期初、期末余额借方、贷方本期发生额，就起到统驭所属明细账的相应数额的作用。同时，各明细分类账记有的期初、期末余额和借方、贷方本期发生额，又对有关总分类账户的相应数额起了辅助补充作用。

六、备查账簿的设置和登记

备查账簿又称辅助账簿（备查簿），它一般不需要复式记账，仅需要反映某项经济活动的增减情况。它的格式和种类随单位的实际需要而定。

第三节　对账和结账

一、对账

《中华人民共和国会计法》第十七条规定：各单位应当定期将会计账簿记录与实物、款项及有关资料相互核对，保证会计账簿记录与实物及款项的实有数额相符、会计账簿记录与会计凭证的有关内容相符、会计账簿之间相对应的记录相符、会计账簿记录与会计报表的有关内容相符。这是对账目核对的规定，进行对账也是保证会计账簿记录质量的重要程序。

会计核算工作，从经济业务发生取得原始凭证并经审核后编制记账凭证，到根据记账凭证及所附原始凭证登记账簿（包括日记账、明细分类账和总分类账），是环环紧扣的，按理不会出现差错。但在实际工作中，由于种种原因，难免发生诸如记账、过账、计算等各种差错以及账款、账物不符的情况。因此，企业在结账之前，有必要核对各种账簿的记录有无差错。这种结账前对各种账簿记录的核对工作就称为对账。对账工作，一般地讲可分为内部对账和外部对账两个方面。内部对账是对本单位内部的账证、账账、账实之间的核对，内部对账通常在规定的时间进行，如月末、季末、年终等时间进行。外部对账则指凡与本单位有结算关系的单位，彼此进行核对，一般每月核对一次，如银行存款对账。企业对账工作主要包括三方面的内容，即账证核对、账账核对和账实核对。

（一）账证核对，做到账证相符

账证核对是指各种账簿（总分类账、明细分类账以及日记账）的记录与有关会计凭证（记账凭证及其所附的原始凭证）的核对。这种核对，主要在日常记账过程中进行。月终，如果发现账账不符时，应回过头来进行账簿记录与会计凭证的检查、核对，以保证账证相符。

（二）账账核对，做到账账相符

账账核对是指各种账簿之间的有关记录的核对。主要包括：

（1）总分类账各账户本期借方发生额合计数与各账户本期贷方发生额合计数是否相等。

（2）总分类账各账户期末借方余额合计数与各账户期末贷方余额合计数是否相等。

（3）总分类账各账户的期末余额与其所属的各明细分类账户的期末余额之和是否相等。

（4）总分类账中现金、银行存款账户的期末余额与现金日记账、银行存款日记账的期末余额是否相等。

（5）会计部门各种财产物资明细分类账期末余额与财产物资保管、使用部门的有关财产物资明细分类账期末余额是否相符。

在账账核对中，如果发现错账，应立即查明错账原因，并进行必要的账证核对，查明之后再按规定的错账更正方法进行更正。

（三）账实核对，做到账实相符

账实核对是指将各项财产物资的账面余额与实际结存数额核对相符。主要包括：

（1）现金日记账的余额应与实际库存数额逐日核对相符。

（2）银行存款日记账的收付账项及余额，应与银行送来的对账单核对，对于月终未达账项应编制调节表，将双方实际结存数调节相符。

（3）各种应收、应付的债权、债务明细账应经常检查，定期或不定期和有关单位（或个人）核对相符。

（4）年终决算前，应采用财产清查办法，对各种财产物资，如原材料、产成品、在产品、库存商品、加工商品、固定资产及其他材料物资等进行盘点，并与各该明细分类账、保管账（卡）和使用登记簿等所登记的实物数量核对相符。会计部门一般可采取先内部核对相符，再与外部核对。

另外，还要进行账面核对，账表核对是指将会计账簿记录与会计报表有关内容核对相符。

由于会计报表是根据会计账簿记录及有关资料编制的，两者之间存有相对应的关系，因此，通过检查会计报表各项目的数据与会计账簿相关数据是否相符，可以检查、验证会计账簿记录和会计报表数据是否正确无误，确保会计资料质量和账簿记录的正确性，发现财产物资和货币资金管理中存在的问题。

二、结账

分期结算账目是会计核算的一项基本原则。结账，就是按照规定在一定时期（月度、季度、年度）内所发生的经济业务全部登记入账的基础上，将各种账簿记录结算清楚，计算出本期发生额和期末余额，以便根据账簿记录编制会计报表。

结账过程的内容和程序主要包括：

（1）查明本会计期间内发生的经济业务是否已全部记入有关账簿在结账前，必须做好对账工作，以保证在这个会计期间内发生的经济业务已经全部记入有关账簿。对于所有债权、债务，以及通过财产清查所发现的财产物资盘盈、盘亏等，都应当全部登记入账。不能为赶编会计报表而提前结账，也不能先编会计报表而后结账。

（2）将本会计期间所有转账业务编制成记账凭证记入有关账簿，以调整账簿记录根据权责发生制原则、谨慎性等会计信息的质量，正确确认本期收入和成本，合理核算可能发生的损失和费用，并登记入账。

结算本期收入和费用账户，将属于共同性的"制造费用"，按合理标准分配转入"生产成本"账户；计算确定完工产品生产成本，从"生产成本"账户转入"库存商品"账户；计算确定本期产品销售成本，从"库存商品"账户转入"主营业务成本"账户；将本期"主营业务收入""主营业务成本"等损益类项目结转"本年利润"账户以及盈利分配等等均属结账前的账项调整。

这里需要注意：通过编制结账分录并过入各账户，以结平各损益类账户的方法称为"账结法"。账结法可以在平时每个月末进行，也可以其中于年末进行。如果是集中在年末采用账结法，平时可以保持各个损益类账户有余额，使得各损益类账户累计地反映截至某期末止收入和费用情况。平时（1～11月）的月末，为了编制利润表，可以在报表中对有关的收入和费用账户进行结转，即所谓的"表结法"。但无论何种方法，年末时必须按照账结法结平各损益类账户。

结账工作涉及面较广，为避免重复和遗漏，实际工作中，有的企业还编制了结账工作底稿。

（3）计算总分类账和明细账中各有关账户的本期发生额和期末余额，并将期末余额结转下期，作为下期的期初余额。

结账工作通常按月进行，年度终了，还要进行年终结账。在实际工作中，一般采用划线结账的方法进行。结账时，应当结出每个账户的期末余额。需要结出当月发生额的，应当在摘要栏内注明"本月合计"字样，并在下面通栏划单红线；需要结出本年累计发生额的，应当在摘要栏内注明"本年累计"字样，并在下面通栏划单红线。12月末的"本年累计"就是全年累计发生额，全年累计发生额下应当通栏划双红线。年度终了结账时，所有总账账户都应当结出全年发生额和年末余额。年末各实账户的年末余额转入下年，应在摘要栏注明"结转下年"以及"上年结转"字样。

对上述规定，在实际工作中要注意以下四点：

（1）结账时应当根据不同的账户记录，分别采用不同的方法：

第一，对不需要按月结计本期发生额的账户，如各项应收款明细账和各项财产物资明细账等，每次记账以后，都要随时结出余额，每月最后一笔余额即为月末余额。也就是说，月末余额就是本月最后一笔经济业务记录的同一行内的余额。月末结账时，只需要在最后一笔经济业务记录之下划一单红线，不需要再结计一次余额。

第二，现金、银行存款日记账和需要按月结计发生额的收入、费用等明细账，每月结账时，要在最后一笔经济业务记录下面划一单红线，结出本月发生额和余额，在摘要栏内注明"本月合计"字样，在下面再划一条单红线。

第三，需要结计本年累计发生额的某些明细账户，如产品销售收入、成本明细账等，每月结账时，应在"本月合计"行下结算自年初起至本月末止的累计发生额，登记在月份发生额下面，在摘要栏内注明"本年累计"字样，并在下面划一单红线。12月末的"本年累计"就是全年累计发生额，全年累计发生额下划双红线。

第四，总账账户平时只需结计月末余额。年终结账时，为了反映全年各项资产、负债及所有者权益增减变动的全貌，便于核对账目，要将所有总账账户结计全年发生额和年末余额，在摘要栏内注明"本年合计"字样，并在合计数下划一双红线。采用棋盘式总账和科目汇总表代替总账的单位，年终结账，应当汇编一张全年合计的科目汇总表和棋盘式总账。

第五，需要结计本月发生额的某些账户，如果本月只发生一笔经济业务，由于这笔记录的金额就是本月发生额，结账时，只要在此行记录下划一单红线，表示与下月的发生额分开就可以了，不需另结出"本月合计"数。

（2）结账如何划线。结账划线的目的是突出本月合计数及月末余额，表示本会计期的会计记录已经截止或结束，并将本期与下期的记录明显分开。根据《会计基础工作规范》规定，月结划单线，年结划双线。划线时，应划红线；划线应划通栏线，不应只在本账页中的金额部分划线。

（3）账户余额的填写方法。每月结账时，应将月末余额写在本月最后一笔经济业务记录的同一行内。但在现金日记账、银行存款日记账和其他需要按月结计发生额的账户，如各种成本、费用、收入的明细账等，每月结账时，还应将月末余额与本月发生额写在同一行内，在摘要栏注明"本月合计"字样。

这样做，账户记录中的月初余额加减本期发生额等于月末余额，便于账户记录的稽核。需要结计本年累计发生额的某些明细账户，每月结账时，"本月合计"行已有余额的，"本年累计"行就不必再写余额了。

（4）能否用红字结账。账簿记录中使用的红字具有特定的含义，它表示蓝字金额的减少或负数余额。因此，结账时，如果出现负数余额，可以用红字在余额栏登记，但如果余额栏前印有余额的方向（如借或贷），则应用蓝黑墨水书写，而不得使用红色墨水。

现以需要加计发生额的账户为例说明结账方法，如表7-19所示。

表7-19 总账

账户名称： 第 页

年		凭证		摘要	借方	贷方	借或贷	余额
月	日	种类	号数					
1	1			上月结转			借	50 000.00
	6				40 000.00		借	90 000.00
	20					60 000.00	借	30 000.00
	31				30 000.00		借	60 000.00
	31			本月合计	70 000.00	60 000.00	借	60 000.00
				本年累计	70 000.00	60 000.00		
2	4					40 000.00	借	20 000.00
	15				80 000.00		借	100 000.00
	27					30 000.00	借	70 000.00
	28			本月合计	80 000.00	70 000.00	借	70 000.00
				本年累计	150 000.00	130 000.00		
3	5				100 000.00		借	170 000.00
	17					80 000.00	借	90 000.00
	21				50 000.00		借	140 000.00
	30					60 000.00	借	8 000.00
	30			本月合计	150 000.00	140 000.00	借	8 000.00
				本年累计	300 000.00	270 000.00		
12	1			月初余额			借	120 000.00
	3				60 000.00		借	180 000.00
	18					90 000.00	借	90 000.00
	30						借	170 000.00
	31				80 000.00	80 000.00	借	90 000.00
	31			本月合计	140 000.00	170 000.00	借	90 000.00
				本年累计	1 520 000.00	1 480 000.00		

注：— 表示单红线　　　　　　　　　━━ 表示双红线

年度终了，要把各账户的余额结转到下一会计年度，并在摘要栏注明"结转下年"字样；在下一会计年度新建有关会计账簿的第一余额栏内填写上年结转的余额，并在摘要栏注明"上年结转"字样。

对于怎样把有余额的账户余额结转下年，正确的方法应该是：年度终了结账时，有余额的账户的余额，直接记入新账余额栏内即可，不需要编制记账凭证，也不必将余额再记入本年账户的借方或贷方（收方或付方），使本年有余额的账户的余额变为零。因为，既然年末是有余额的账户，余额就应当如实地在账户中加以反映，这样更显得清晰、明了。否则，就混淆了有余额的账户和无余额的账户的区别。

对于新的会计年度建账问题，一般说来，总账、日记账和多数明细账应每年更换一次。但有些财产物资明细账和债权债务明细账，由于材料品种、规格和往来单位较多，更换新账，重抄一遍工作量较大，因此，可以跨年度使用，不必每年更换一次。各种备查簿也可以连续使用。

会计账簿同会计凭证以及会计报表一样，都是重要的经济档案和历史资料，应按会计档案管理办法的规定整理归档。

第四节　错账的查找和更正

一、错账的查找

会计工作中日常的账簿登记，是一项细致而艰巨的劳动，稍有不慎，就会发生错误。为了及时地更正记账中的错误，首先必须对账簿记录进行检查，并分析错误的性质和原因。错账的类型多种多样，在正常情况下发生的错误，最为常见的主要有凭证错误而发生的账错和登记误差而发生的账错两类。

因凭证错误而发生的账错，简称"证错"，是指由于记账凭证填制错误据以登记入账后，在账簿上表现的错账。记账凭证填制错误，又分为账户名称错误和金额错误两种情况，过账前没有发现，必然造成账错。这种错误更正时，既要更正凭证，又要更正账簿。

因登记误差而发生的账错，简称"账错"，是指过账过程中的一些差错。如过错了账户或账栏，发生重记、漏记和错记等情况。其中错记又可细分为方向记反、数码位移和邻数倒置等。由于这类错误不涉及凭证，更正时只在账簿中进行。

账簿中发生错误的原因是多方面的：有的是由于会计人员对会计的规章制度还不够熟悉，对于登账的方法和程序还不能熟练掌握；有的是由于记账时的疏忽大意或其他原因等。

账簿中的错误，一般是通过试算平衡发现出来的。有了错误就必须检查。查错的方法通常有以下4种。

（一）顺查法

即按会计核算程序，从经济业务→原始凭证→记账凭证→会计账簿→试算表，按顺序查找。在哪个环节发现错误，分析错误的原因和性质，然后采取正确的方法进行更正。

（1）检查记账凭证与所附原始凭证内容是否相符。

（2）记账凭证与有关总账、明细账、日记账核对。

（3）检查试算表的发生额和余额有无错误。

（二）逆查法

与记账的程序相反，逐步缩小错误的范围。也就是从试算表→账簿→记账凭证→原始凭证→经济业务。一般的步骤是：

（1）把各种科目期初余额与上月本期发生额对照表期末余额核对，看是否抄错了数字。

（2）检查转抄到本期发生额对照表上的发生额有没有抄错。

（3）检查期末余额的计算是否正确。

（4）总账本期发生额总计与记账凭证总计数核对，判定是借方记错，还是贷方记错。

（5）把有关总账科目与所属明细账本期发生额明细表核对，看有关数字是否分别相符。

（6）最后把账簿记录逐笔与记账凭证核对，记账凭证逐笔与原始凭证核对。

（三）抽查法

指出纳人员从账簿中随机抽取出某些部分对其进行检查。

（四）技术方法

错账的形式是多种多样的，除了记账凭证发生差错外，大多是记账时发生的差错，如漏记、重记或记反方向，以及数字错位或颠倒等。其中数字错位和数字颠倒更是最常见的错误，例如将 10 元记为 100 元或 0.10 元，把 4 567 元记为 5 467 元等。虽然是记账过程中一时疏忽大意所致，但它却是造成错账的主要原因。技术方法就是根据错账的数字，结合数字之间的某些规律运用数学知识来查找错误的方法。技术方法又具体分为差数法、尾数法、除 2 法和除 9 法。

1. 差数法

就是记账人员首先确定错账的差数（借方和贷方的合计金额的差额），在根据差额去查找错误的方法。这种方法对于发现漏记账目比较有效，也很简捷。

2. 尾数法

尾数法是指对于发生的差错只查找末位数，以提高查错效率的方法。这种方法适合于借贷方金额其他位数都一致，而只有末位数出现差错的情况。

3. 除 2 法

除 2 法是根据借方和贷方差额除以 2，按所得的商数，在有关账户和会计凭证中查找有无这个数的一种查账方法。错账差额能被 2 除尽，则错账很可能是一笔分录记错了借贷方向（如本应记入借方而误记入贷方）所致。如差额 4 260 元，用 2 除以后，其商数为 2 130 元，可先查有无 2 130 元这个数字的经济业务，然后再查这个数字的业务记入账户的借贷方向有无错误。

除 2 法适用于查找记错借贷方向的错误，因为应记入借方的数额误记入贷方（反之亦然），就必然使一方的合计数恰比错记数多出一倍，所以"除 2 法"是一种寻找错记借贷方向差错的最简便快捷的方法。

4. 除 9 法

除 9 法是根据借方和贷方差额除以 9，按所得的商数去查找错账的一种方法。如果差数能被 9 除尽，则其错误原因就是数字错位或数字颠倒。

（1）数字错位也称"大小数"错误，就是记账时把数字记错位数，不论是大错小（如千位数记为百位数）还是小错大（如百位数记为千位数），其发生差错的数额均可被 9 除尽，并可用其商数去寻找是否由于这个数的记错位所造成。

例如：把"100"误记为"1 000"，其差数为 900，以其差数除以 9，所得的商数为"100"，则"100"就是所要查找的记错位数的数字。

又如，把"1 500"误记为"150"，其差数为"1 350"，以其差数除以 9，所得的商数为"150"，则"150"就是所要查找的记错位数的数字。

（2）邻位数字颠倒也称"前后数"错误，就是记账时把前后数字记颠倒。其差数能被 9 除尽，并可用其商数去寻找是否由于数字中邻近的两位数字颠倒造成的错账。

例如，把正确数 1 720 误记为 1 270，差数为 450，用 9 除得 50，商数中的非零数字 5 即为被颠倒的相邻数字 2 和 7 的差额。而且，凡商数为百位数的，则是百位数与千位数的颠倒，凡商数为千位数的，则是千位数与万位数的颠倒，以此类推。

同理，如果差数不但可以被 9 除尽，而且可以被 99 除尽，有可能是三位数的头尾颠倒，如果可以被 999 除尽，就可能是四位数的头尾颠倒，余类推。

上面介绍的简捷查找错账的方法并不是在任何情况下都适用。当只发生个别错误时，方能尽快查出错账所在。如果发生错账较多，不同性质的错误交织在一起而互相抵消，运用上述方法就难以奏效。在这种情况下，就只能采取账账、账证逐笔全面核对的办法。

查找错误虽然有一些方法，但要把错误找出来，常常要花很大力气，费很多时间。因此，最积极的办法还是加强工作责任感，认真、细致地做好记账工作，要力求减少和消除错误。作为一个会计人员，要掌握企业经济活动的规律，对企业经济业务的基本情况做到胸中有数，注意把数字与情况联系起来想问题，这些都是做好查错工作的基础。

二、错账的更正方法

由于记账差错的具体情况不同，错账的更正方法也不相同。常用的错账更正方法有划线更正法、红字更正法和补充登记法。

（一）划线更正法

划线更正法适用于更正单纯的账簿记录错误。具体来说，在结账之前，如果发现账簿记录有文字或数字上的错误，而记账凭证正确无误，应当采用划线更正法。

划线更正法的具体做法是：先将错误的文字或数字划一条红线注销，但必须使原有字迹仍可辨认；然后在划线上方填写正确的文字或数字，并由记账人员在更正处盖章，以示负责。

对于错误的数字，应当全部划红线更正，不得只更正其中的错误数字。

例如，将 96 800 元错写成 69 800 元时，应将错误数字即 69 800 全部用红线注销，写上正确的数字即 96 800；而不能只将其中的"69"用红线注销，更正为"96"。

对于文字错误，可只划去错误的部分。

例：

将 8 700 误记为 7 800

更正：　　　8 700

（二）红字更正法

红字更正法适用于更正因记账凭证填制错误而导致的账簿记录错误。具体来说，又分两种情况。

第一种情况：记账以后，发现记账凭证中应借应贷的会计科目错误，导致账簿记录错误，应当采用红字更正法。

这时，红字更正法的具体做法是：先用红字金额填写一张与原错误凭证内容相同的记账凭证，在摘要栏注明"注销某月某日某字号凭证"字样，据以用红字金额登记入账，冲销原有的错误记录；同时再用蓝字重新填制一张正确的记账凭证，在摘要栏注明"订正某月某日某号凭证"字样，据以登记入账，这样就把原来的差错更正过来。应用红字更正法是为了正确反映账簿中的发生额和科目对应关系。

【例7-2】某公司行政管理部门领用A材料3 800元，误作会计分录如（1），并已登记入账。

（1）　　　　借：制造费用　　　　　　　　　3 800
　　　　　　　　贷：原材料——A材料　　　　　　　3 800

上述会计分录（1）中的借方科目错误，正确的科目应为"管理费用"。当发现错误进行更正时，先用红字金额填制一张与原错误凭证内容相同的记账凭证，其会计分录如（2），并据以用红字金额登记入账。

（2）　　　　借：制造费用　　　　　　　　　3 800
　　　　　　　　贷：原材料——A材料　　　　　　　3 800

注：方框内的数字表示红字。

同时，再用蓝字重新填制一张正确的记账凭证，其会计分录如（3），据以登记入账。

（3）　　　　借：管理费用　　　　　　　　　3 800
　　　　　　　　贷：原材料——A材料　　　　　　　3 800

上述有关账户更正记录如图7-14所示。这样就把原来的差错更正过来了。

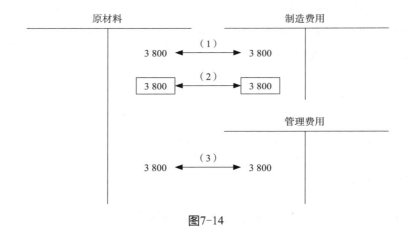

图7-14

第二种情况：记账以后，发现记账凭证中应借应贷的会计科目正确，但所填金额大于应填金额，导致账簿记录错误，应当采用红字更正法。

这时，红字更正法的具体做法是：按照正确数字与错误数字的差额（即多填金额），用红字金额填写一张调整的记账凭证，在摘要栏注明"注销某月某日某号凭证多记金额"字样，据以用红字金额登记入账，用以冲销多记金额。

【例7-3】某公司以银行存款4 500元偿还购料欠款，误作会计分录如（1），并已登记入账。

（1）　　　　借：应付账款　　　　　　　　　　5 400

　　　　　　　　贷：银行存款　　　　　　　　　　5 400

　　上述会计分录（1）中的借贷方会计科目正确，但金额错误，将 4 500 误填成 5 400，多填 900 元。当发现错误进行更正时，将多填的 900 元用红字金额填制一张调整的记账凭证，其会计分录如（2），并据以用红字金额登记入账，以冲销多记金额。

（2）　　　　借：应付账款　　　　　　　　　　900

　　　　　　　　贷：银行存款　　　　　　　　　　900

　　上述有关账户更正记录如图 7-15 所示。这样就把原来的差错更正过来。

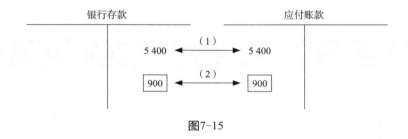

图7-15

（三）补充登记法

　　补充登记法适用于更正因记账凭证错误而导致的账簿记录错误。具体来说，记账以后，发现记账凭证中应借应贷的会计科目正确，但所填金额小于应填金额，导致账簿记录错误，应当采用补充登记法。

　　补充登记法的具体做法是：按照正确数字与错误数字的差额（即少记金额），用蓝字填写一张调整的记账凭证，在摘要栏注明"补充某月某日某号凭证少记金额"字样，据以登记入账，用以补充少记金额。

　　【例 7-4】某公司职工刘华因公出差借支差旅费 2 000 元以现金付给，误作会计分录如（1），并已登记入账。

（1）　　　　借：其他应收款　　　　　　　　　　200

　　　　　　　　贷：库存现金　　　　　　　　　　200

　　上述会计分录（1）中的借贷方会计科目正确，但金额错误，将 2 000 误填成 200，少填 1 800 元。当发现错误进行更正时，将少填的 1 800 元用蓝字金额填制一张调整的记账凭证，其会计分录如（2），并据以登记入账，以补充少记金额。

（2）　　　　借：其他应收款　　　　　　　　　　1 800

　　　　　　　　贷：库存现金　　　　　　　　　　1 800

　　上述有关账户更正记录如图 7-16 所示。这样就把原来的差错更正过来了。

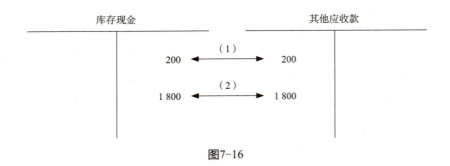

图7-16

第五节　账簿的更换与保管

为了反映每个会计年度的财务状况和经营成果情况，保持会计账簿资料的连续性，企业通常在每个会计年度结束、新的会计年度开始时，按会计制度规定要启用新账，即进行账簿的更换，并把上个会计年度的会计账簿归档保管。

一、账簿更换

通常日记账、总分类账及明细分类账都要每年更换新账。但固定资产明细账和固定资产卡片，可以连续使用，不必每年更换新账。

需要进行更换的账簿，在年终进行结账时，要将各账户的年末余额直接抄入新账的有关账户中。

因会计制度改变而需要变更账户名称、核算内容的，应在上年度结账时，编制余额调整分录。按本会计年度的账户名称、核算内容，将上年度有关账户的余额进行合并或分解出新账中应列出的余额，然后过渡到新账中的各个有关账户；或者在上年度结账后，通过编制余额调整工作底稿的方式，将上年度有关账户余额分解，归并为本年度有关账户的余额，然后开设本年度新账。

开设新账时，应将各账户的余额抄入新账各账户的第一页第一行并标明余额方向，同时在摘要栏内注明"上年结转"或"年初余额"字样。在旧账页最后一行摘要栏注明"结转下年"字样。

上年未编制的余额调整分录，应与上年度会计凭证一并归档保管；编制的余额调整工作底稿应与上年度的账簿一并归档保管。余额调整工作底稿格式如表7-20所示。

表7-20 余额调整工作底稿

年   月   日

序号	会计科目		金额		说明	序号	会计科目		金额		说明
	总账科目	明细科目	借方	贷方			总账科目	明细科目	借方	贷方	
合计						合计					
借贷差额						借贷差额					

二、账簿保管

会计账簿也是重要的会计档案，各单位应严格按照会计制度的规定保管各种账簿。

会计人员应在年度终了时，将已更换的各种会计账簿装订成册，加上封面，统一编号，并由有关人员签章后归档保管。

各种账簿应按年度分类归档，编制目录，妥善保管。既保证在需要时能迅速查阅，又保证账簿的安全完整。

通常会计账簿的保管期限为 15 年，但现金日记账和银行存款日记账为 25 年，而对一些涉及外事和其他重要的会计账簿应永久保存。

各单位必须严格按照会计档案保管的有关规定履行账簿的保管、借阅和销毁手续。

 拓展阅读

小数点的故事

1967 年 8 月 23 日，苏联著名宇航员费拉迪米尔·科马洛夫，独自一人驾驶联盟一号宇宙飞船，经过一昼夜的飞行，完成了任务，胜利返航。此刻，全国的电视观众都在收看宇宙飞船的返航实况。但当飞船回到大气层，准备打开降落伞以减慢飞船速度时，科马洛夫发现无论用什么方法也打不开降落伞了。地面指挥中心采取了一切可能救助措施帮忙排除故障，都无济于事，经研究决定将实况向全国公民公布。当时播音员以沉重的语调宣布，联盟一号宇宙飞船由于无法排除障碍，不能减速，两小时后将在着陆基地附近坠毁，我们将目睹民族英雄科马洛夫殉难。在人生的最后两小时，科马洛夫没有沉浸在悲伤和绝望中，而是十分从容地用了大部分时间向上级汇报工作，然后再向他的母亲、妻子和女儿做最后的诀别。

他对泣不成声的 12 岁的女儿说："爸爸就要走了，告诉爸爸你长大了要干什么？"

"像爸爸一样，当宇航员！"

"你真好！可我要告诉你，也告诉全国的小朋友，请你们学习时，认真对待每个小数点，每一个标点符号。联盟一号今天发生的一切，就因为地面检查时，忽略了一个'小数点'，这场悲剧，也能够叫作'对一个小数点的疏忽'。同学们，记住它吧！"

7 分钟后，轰隆一声爆炸，整个苏联一片寂静，人们纷纷走向街头，向着飞船坠毁的方向默默哀悼……

古罗马的恺撒大帝有句名言："在战争中，重大事件常常就是小事所造成的后果。"换成我们中国的警句大概就是"失之毫厘，谬以千里"吧。

思政小课堂

敬业是从业者基于对职业的敬畏和热爱而产生的一种全身心投入的认认真真、尽职尽责的职业精神状态。中华民族历来有"敬业乐群""忠于职守"的传统，敬业是中国人的传统美德，也是当今社会主义核心价值观的基本要求之一。早在春秋时期，孔子就主张人在一生中始终要"执事敬""事思敬""修己以敬"。"执事敬"，是指行事要严肃认真不急慢；"事思敬"，是指临事要专心致志不懈怠；"修己以敬"，是指加强自身修养保持恭敬谦逊的态度。

会计职业道德包括会计人员在工作中必须具备高度的责任感，严谨的工作态度和敬业精神，会计每天和数据打交道，最考验一个人的认真和细心程度。有一点错误都会给企业带来巨大的损失，这是为工作负责，也是为自己负责。会计人员在工作中应秉持客观、严谨、认真负责的工作态度，这些是会计职业道德中所包含的内容。会计人员职业道德水平的高低决定了一个国家会计行业的工作质量。

课后练习

第八章　财产清查

课件

引导案例 ▶

　　兰州市中级人民法院审理宣判了一起财务人员挪用百万元公款买彩票的案件,被告被一审判处有期徒刑 14 年。

　　法院审理查明,20×8 年 1 月到 12 月,被告人温××利用担任甘肃省行政学院财务处出纳科副科长、分管零余额账户现金支票和转账支票的职务便利,采取自提现金、截留培训费、资料费、函授费的手段,共计将本单位公款 146.4 万余元用于个人在网上购买足球彩票,进行营利活动。

　　20×8 年 12 月,温××给学院院长写信,自称挪用学院公款与人做生意受骗,损失较大,对方在河北一带,自己将离职去追款,随后逃匿,2 个月后被警方抓获。一审法院判决温××挪用公款罪成立,依法判处有期徒刑 14 年。如果你是企业的老板,你会如何避免此类现象的发生?

学习目标 ▶

　　(1)理解财产清查的意义,知道财产清查的种类和范围。
　　(2)掌握存货的两种盘存制度及会计处理方法,以及财产清查的方法。

第一节　财产清查的意义和种类

一、财产清查的概念及意义

(一)财产清查

　　确保会计资料的真实性,是会计核算的基本原则,也是经济管理对会计核算的客观要求。因此,在整个会计核算过程中,一定要按规范的程序和方法进行。对于财产、物资，都必须通过账簿记录来反映其增减变动和结存情况。为了保证账簿记录的正确和完整，应当定期或不定期地进行账证核对和账账核对。但是，账簿记录的正确性，还不能说明账簿记录的客观真实性。这是因为各种原因都有可能使各项财产的账面结存数额与实际结存数额发生差异。因此为保证会计资料的准确性，必须在账簿记录的基础上运用财产清查这一方法，对本单位各项财产物资进行定期或不定期的清查，使账簿记录与实物、款项实存数额相符，保证会计资料的真实性。

财产清查也称财产检查，是通过实地盘点、核对账目来确定各项实物财产、货币资金和债权债务的实存数，将实存数与账面结存数核对，借以查明账实是否相等及账实不符的原因的一种会计核算专门方法。

（二）财产清查的意义

财产清查具有十分重要的作用，主要表现在以下几个方面：

（1）确保财务信息的真实性，可靠性。这是进行财产清查的最基本目标。通过财产清查，逐项账实核对后，查明是否相符，以及产生差异的原因，并及时地进行账存调整，最终使账实相符，消除差异，为编制较客观真实的财务报表做准备。

（2）利于挖掘财产物资的潜力，提高经济效益。通过财产清查，可以查明各项财产物资的储备和利用情况，以做到及时补充，及时处理，避免损失浪费，确保生产的需要，提高经济效益。

（3）健全财产物资的管理制度，促使财产物资的安全完整和有效使用。

尽管造成账实不符的因素很多，但最主要的是企业或单位自身的原因。一个企业或单位常常出现账实不符，这很可能是管理不善的一个重要信号。财产清查可以及时发现管理上存在的问题，从而促使企业或单位不断发现问题，解决问题，循环往复，日积月累，一套比较完善的财产管理制度形成了。通过对债权债务的清查，可以及时发现不良资产并及时处理，促进企业合理使用资金加速资金周转。资金只有运动才能产生效益，一个建立在资金良性循环基础上的企业，其抵制风险，适应环境，发展壮大的能力一般会较强。

（4）促进企业遵守财经纪律和结算制度。通过财产清查，可以查明各单位往来款项的结算是否符合财经纪律和结算制度，有无违法的债权债务，以做到及时纠正，促进企业自觉遵守财经纪律和各项制度。

（5）促使企业改善经营管理。通过财产清查，可以发现如财产物资的积压浪费、毁损短缺、发出商品的拒收拒付等问题，经过分析原因，可促使企业改进管理方法，提高管理水平，增强企业竞争力。

二、财产清查的种类

（一）按照清查对象的范围分为全面清查和局部清查

1. 全面清查

全面清查就是对所有权属于本单位的所有财产物资、债权债务进行全面盘点和核对。由于全面清查的内容多、范围广、费用高，一般在以下几种情况下，才需要进行全面清查：

（1）年终决算之前要进行一次全面清查，以确保年度会计报表的真实性、可靠性。

（2）单位撤销、合并或改变隶属关系时要进行全面清查，以明确经济责任。

（3）开展资产评估，清理核算资产等活动，需要进行全面清查，以便按需要组织资金的供应，保证生产的正常资金需要。

2. 局部清查

局部清查就是根据管理的需要或依据有关规定，对部分资产、债权债务进行盘点和核对。一般在以下情况下进行：

（1）对于流动性资产如存货等，要进行轮流盘点或重点抽查。

（2）对于一些贵重物资，应每月清查一次。

（3）对于现金，要日清日结。

（4）对于银行存款，每月至少核对一次。

（5）对于债权、债务，每年至少核对一次。

（二）按照清查的时间分为定期清查和不定期清查（临时清查）

1. 定期清查

定期清查，顾名思义就是指在预先制定的时间对财产物资及债权债务进行清查。一般在一定的会计期间如年度、季度、月份等。例如，现金要进行每日账实核对；每月结账时，要对银行存款日记账进行对账等。其清查对象和范围，根据实际需要，可以全面清查，也可以局部清查。

2. 不定期清查

不定期清查就是事先并无规定清查的时间，而是根据实际需要所进行的清查，属于临时性的清查，它的范围也是根据需要而决定的。发生如下情况要进行不定期清查：

（1）为了分清经济责任，在更换财产物资和现金的保管人员时，要对有关人员所保管的财产物资和现金进行清查。

（2）发生非常灾害和意外损失时，要对相关财产进行清查，以查明损失情况及责任。

（3）企业破产、倒闭、合并、兼并或改变隶属关系时，应对企业各项财产物资、债权债务进行清查。

（4）上级主管部门和相关部门需要进行检查时，应按要求进行清查，以确保会计资料的准确性。

根据以上情况，不定期清查的对象和范围，可以是全面清查，也可以是局部清查。

（三）按财产清查的执行单位分为内部清查和外部清查

1. 内部清查

内部清查是由单位内部职工组织清查工作组来担任财产清查工作。大多数的财产清查，都是内部清查。内部清查，既可以是全面清查，也可以是局部清查；既可以是定期清查，也可以是不定期清查，应按照实际情况和具体要求加以确定。

2. 外部清查

外部清查是由本单位以外的上级主管部门、财税机关、审计机关、银行及有执业资格的中介机构（如会计师事务所）等根据国家的有关规定或情况的需要对本单位所进行的财产清查。外部清查必须有内部清查人员参加。如企业的清产核资、企业重组过程中的资产评估，有些就属于外部清查。外部清查一般是全面清查，可以是定期清查，也可以是不定期清查。

（四）按清查对象分为实物财产清查、货币资金清查和往来账项清查

这种分类可以与以上三种分类方法分别结合使用。

1. 实物财产清查

实物财产清查就是对各项实物财产，如对固定资产、原材料、产成品等进行清查，不仅盘点其实存数与账存数是否相等，而且对其质量也要进行清查，核对是否有损坏、变质等情况。

2. 货币资金清查

货币资金清查就是对现金与银行存款所进行的清查，即实地盘点现金的余额是否与现金日记账的余额相同，银行存款日记账的余额是否与银行对账单上的余额相符。

3. 往来账项清查

往来账项清查就是对应收账款、应付账款等往来款项进行的清查，即通过信函、电询或面询等方式，查询核对各种应收、应付款项是否与账上所列金额相一致。

三、财产清查的程序

财产清查的程序是指清查工作的阶段划分及其先后顺序。财产清查是一项复杂而细致的工作，涉及面比较广、工作量比较大，必须有计划、有组织地按一定程序进行。不同目的的财产清查，应按不同的程序进行，但就其一般程序来说，可以分为 3 个阶段，

即准备阶段、实施阶段、分析及处理阶段。

（一）准备阶段

财产清查的准备阶段工作包括组织准备和业务准备两个方面。组织准备方面的主要工作是落实清查工作的负责人，并从会计、业务、保管等部门抽调专职人员组织清查小组，经过短期培训，掌握清查的方法、技术，明确本次清查的目的，制订清查工作方案等。

业务准备方面的主要工作包括：会计部门在财产清查前，将有关账簿登记齐全并结出余额，提供经过核实的正确资料；实物财产的保管和使用等业务部门在财产清查前将各类财产物资分类整理，并加挂标签，标明品种、规格和结存数量，以便清查时与账簿记录核对；检查校正度量衡器；准备有关清查登记表。

（二）实施阶段

各项准备工作结束以后，清查人员应根据清查对象的特点分别采取与之相对应的方法。如对实物财产的数量、品种、类别、金额等予以盘点，同时由盘点人员做好盘点记录，并据以填制"盘存单"。然后，根据盘存单资料和有关账簿资料填制"实存账存对比表"，检查账实是否相符，并将对比结果填入该表。记录盘点资料及其结果的表格，应由盘点人员、保管人员及相关人员签名盖章，以便明确责任。

（三）分析及处理阶段

财产清查结束，应根据"实存账存对比表"上列示的对比结果分析盘盈、盘亏的原因和性质，将结果上报上级领导。同时，针对清查中发现的问题，提出改进的意见和措施等。最后，对盘盈、盘亏的财产，按规定报请有关部门批准后，分别做出相应的账务处理，同时调整相应的账簿记录。

第二节　财产清查的方法

一、实物财产清查

实物财产的清查首先应确定实物财产的账面结存数量，再确定实际结存数量，最后根据账存数和实存数确定差异，寻找产生差异的原因，进行账务处理。

（一）确定实物财产账面结存数量的方法

实物财产的清查的重要环节是盘点实物财产的实存数量，为使盘点工作顺利进行，应建立一定的盘存制度。按照确定实物财产账面结存数量的依据不同，实物财产的盘存制度可分为"永续盘存制"和"实地盘存制"两种。不同的盘存制度，在账簿中记录实物财产的方法和反映的内容是有差别的。

1. 永续盘存制

永续盘存制又称"账面盘存制"。它是指平时对各项实物财产的增减变动都必须根据会计凭证逐日逐笔地在有关账簿中登记，并随时结算出其账面结存数量的一种盘存方法。采用这种方法，需按实物财产的项目设置数量金额式明细账并详细记录，以便及时反映各项实物财产的收入、发出和结存的情况。

这种方法的优点是有利于加强对实物财产的管理，不足之处是日常工作量较大。而且由于自然和人为的原因，也可能发生账实不符。因此，采用永续盘存制的单位仍需对实物财产进行实地盘点，以确定其实存数，并与账面结存数核对。在实际工作中，大多数单位采用永续盘存制。

2. 实地盘存制

实地盘存制又称"定期盘存制"，也叫"以存计销制"或"以存计耗制"。它是指平时只在账簿记录中登记各项实物财产的增加数，不登记减少数，期末通过实物盘点来确定其实有数，并据以倒算出本期实物财产减少数的一种盘存方法。其计算公式如下：

$$本期减少数 = 期初结存数 + 本期增加数 - 期末实有数$$

实地盘存制的优点是：平时工作手续简便，省去了物资减少数及每日结存数的详细记录。其缺点是：账簿中无法随时反映实物财产的减少数和结存数，并有可能将损耗、浪费、被盗等的实物财产全部算入本期的发出（减少）额，不利于对实物财产的控制。而且采用该方法对实物财产进行实地盘点的结果，只能作为计算其本期减少数的依据，而不能用来核对账实是否相符。但对有些实物资产，比如餐饮业中的鲜活物品，则只能使用实地盘存制来确定结存数量。

（二）实物财产清查方法

1. 实地盘点法

实地盘点法，是通过实地逐一点数或用计量器具确定实物财产实存数量的一种清查方法，适用于一般实物资产。

2. 技术推算法

技术推算法，是通过技术推算确定实物财产实存数量的一种方法。对有些价值低、数量大或难以逐一清查的实物财产，可以在抽样盘点的基础上，进行技术推算，从而确定其实存数量。

（三）实物财产清查报告

在财产清查中，对不同实物形态、体积、重量和堆放方式的实物财产，可采用不同的清查方法。对固定资产、原材料、在产品、库存商品等各种体积大或包装完整的实物财产，运用实地盘点的方法，如点数、过磅、度量等确定实物的实存数量。对大量散装、成堆的物资如煤、黄沙、石子等，采用技术推算的方法测定。为明确经济责任，盘点时，有关实物财产的实物保管人员必须在场，并参与盘点工作。盘点工作不但清点实物数量，还包括实物质量的检查，以便及时发现和处理短缺、毁损、霉变、过时的物资。盘点之后要及时地对盘点结果形成记录并报告。

1. 如实记录"盘存单"

"盘存单"是记录盘点日期实物财产实存数量的书面证明，是财产清查的重要原始凭证之一。它必须由参加盘点的人员和实物保管员共同签章才能生效。盘存单的格式如表 8-1 所示。

表8-1　盘存单

单位名称：　　　　　　　　　　　　　　　　　　　　　　编号：

盘点时间：　　　　　　　　　财产类别：　　　　　　　存放地点：

序号	名称	规格	计量单位	盘点数量	单价	金额	备注

盘点人签章　　　　　　　　　　保管人签章

盘存单内实物的编号、名称、计量单位和单价应与实物明细账保持一致，以便核对。

2. 填制实存账存对比表

根据"盘存单"所记录的实存数额与账面结存余额核对，发现某些实物财产账实不符时，填制"实存账存对比表"，据以确定盘盈或盘亏的数额。"实存账存对比表"既是调整账面记录的原始依据，也是分析差异的原因、查明经济责任的依据。其格式如表 8-2 所示。

表8-2　实存账存对比表

编号	类别及名称	计量单位	单价	实存		账存盘盈		差异				备注
								盘亏		盘盈		
				数量	金额	数量	金额	数量	金额	数量	金额	

主管人员　　　　　　　　会计　　　　　　　　　制表

二、货币资金清查

（一）库存现金清查

库存现金的清查，除了现金出纳每天业务终了进行清点外，有关部门还要定期或不定期地进行抽查。库存现金的清查主要采用实地盘点的方法。清查前，出纳人员将截至清查时止的全部现金收付凭证登记入账，结出现金日记账余额。为明确责任，现金清查时出纳人员必须在场。

库存现金的清查包括以下内容：

（1）库存现金实有数是否与现金日记账余额一致。

（2）有无以不具备法律效力的私人借条或收据抵充现金。

（3）库存现金数是否超过规定的库存限额。

（4）是否有挪用公款的现象。

库存现金盘点后，应根据盘点结果填制"库存现金盘点表"。库存现金盘点表是一张重要的财产清查原始凭证，它起到了"盘存单"与"实存账存对比表"的双重作用，应该认真填写。其格式如表8-3所示。

表8-3　库存现金盘点表

单位名称：　　　　　　　　　年　　月　　日

实存金额	账存金额	对比结果		备注
		盘盈（长款）	盘亏（短款）	

盘点人签章　　　　　　　　出纳员签章

对于库存现金溢缺必须查明原因，短缺部分由责任者赔偿，不能以溢余数抵消短缺数。对于库存国库券、企业债券等有价证券的清查方法与现金相同。

（二）银行存款清查

银行存款的清查通过企业单位的银行存款日记账与收到的银行对账单逐笔核对进行。每月末，企业单位的出纳员首先应将本单位的银行存款账目登记齐全，结出余额，然后与银行对账单的余额进行核对。如核对不符，原因主要有记账错误和未达账项两种。

1.记账错误

记账错误主要有企业在编制记账凭证中会计分录做错，多记、少记金额造成银行存款日记账登记错误；银行记账发生串户等。因企业单位原因造成的日记账登记错误，须运用规定的错账更正方法进行更正；因银行方面的原因造成对账单金额的错误，应立即通知银行加以更正。

2. 未达账项

未达账项是指企业单位与银行之间，对同一项经济业务，由于凭证传递上的时间差所形成的一方已经登记入账，而另一方因未收到相关凭证，尚未登记入账的事项。企业与银行之间的未达账项有：

（1）企业已收，银行未收。例如，企业将收到的转账支票存入银行。企业根据经银行盖章退回的进账单回单联可直接登记银行存款日记账。银行则要在款项收妥后才能记账。若银行在编制对账单时尚未办妥收款手续，则对账时会出现企业已记收，银行未记收的未达账项。

（2）企业已付，银行未付。例如，企业开出支票或其他付款凭证，已登记银行存款的减少；银行因尚未办妥支付或转账手续，尚未登记企业存款的减少，形成企业已记付，银行未记付的未达账项。

（3）银行已收，企业未收。例如，银行定期支付给企业的存款利息，银行已经登记企业存款的增加，企业因尚未接到银行的转账通知还未登记银行存款增加，形成银行已记收，企业未记收的未达账项。类似的未达账项还有企业委托银行代收的款项、外地企业汇给本单位的款项等。

（4）银行已付，企业未付。例如，银行代企业支付水电费、通信费等公用事业费，银行根据付款凭证已登记企业存款的减少，而企业因尚未接到有关凭证，尚未登记银行存款减少，形成银行已记付，企业未记付的未达账项。

上述（1）（4）两种未达账项造成企业的银行存款日记账余额大于银行对账单余额，（2）（3）两种未达账项造成企业的银行存款日记账余额小于银行对账单余额。

为说明银行存款日记账的余额与银行对账单余额的差异是由未达账项所造成，并反映经调节后企业和银行双方存款账面余额，企业要编制"银行存款余额调节表"。银行存款余额调节表简称"调节表"，是为核对企业单位与银行之间实际存款余额而编制的列示有双方未达账项的报表。其编制方法主要有两种。

第一种方法是补记式，将银行对账单的余额与银行存款日记账余额都调整为正确数额，即双方在原有余额的基础上，各自补记对方已入账而本单位尚未入账的账项（包括增加和减少款项），然后检查经过调节后的账面余额是否相等。用等式表示，即：

本单位银行存款日记账余额＋银行已收本单位未收账项－银行已付本单位未付账项＝
银行对账单余额＋本单位已收银行未收账项－本单位已付银行未付账项

第二种方法是还原式，又称冲销式，即双方在原有余额基础上，各自将本单位已入账而对方尚未入账的账项（包括增加和减少款项），从本单位原有账面余额中冲销，然后检查经过调节后的账面余额是否相等。用等式表示，即：

本单位银行存款日记账余额 + 本单位已付银行未付账项 − 本单位已收银行未收账项 =
银行对账单余额 + 银行已付本单位未付账项 − 银行已收本单位未收账项

银行存款余额调节表的编制步骤如下：①按银行存款日记账登记的先后顺序逐笔与银行对账单核对，对双方都已登记的事项打"√"。②分析日记账和对账单中未打"√"是属于记账错误，还是属于未达账项。③对查出的企业记账错误按照一定的错账更正方法进行更正，登记入账，调整银行存款日记账账面余额；对银行记账错误通知银行更正，并调整银行对账单余额。④编制银行存款余额调节表，将属于未达账项的事项计入调节表，计算调节后的余额。

现举例说明银行存款余额调节表的编制方法。

【例8-1】2019 年 6 月 30 日，晨星公司的银行对账单的余额为 127 000 元，而银行存款日记账的余额是 130 350 元，经查对发现存在以下未达账项：

（1）委托银行收款 12 500 元，银行已入企业账户，企业尚未收到收款通知。

（2）企业开出现金支票一张，计 400 元，企业已入账，银行未入账。

（3）银行已代付电费 250 元，企业尚未收到付款通知。

（4）企业收到外单位转账支票一张，计 16 000 元，企业已收款入账，银行尚未记账。

根据上述资料采用补记式法编制银行存款余额调节表，如表 8-4 所示。

表8-4　银行存款余额调节表

2019 年 6 月 30 日　　　　　　　　　　　　　　　　单位：元

项目	金额	项目	金额
企业银行存款日记账余额 加：银行已收企业未收 减：银行已付企业未付	130 350 12 500 250	银行对账单余额 加：企业已收银行未收 减：企业已付银行未付	127 000 16 000 400
调节后的存款余额	142 600	调节后的存款余额	142 600

采用这种方法进行调整，双方调节后的余额相等，说明企业、银行双方账面已有记录正确，且双方未达账项已全部找出，否则说明记账有错误应予更正。

编制银行存款余额调节表的目的只是检查账簿记录的正确性，并不是要更改账簿记录，对于调节表中的未达账项均不做账务处理。因为调节表不是证明银行存款收付业务发生的原始凭证。待以后结算凭证到达并以其为依据填制记账凭证后，再做账务处理。

三、往来账项清查

往来款项 / 往来账包括应收账款、其他应收款、应付账款、其他应付款及预收账款、预付账款等。往来账项的清查重点是应收、应付款项，采用查询核实法，即是通过信函、电询或面询等方式，同对方单位核对账目的方法。在核对前，清查单位应先检查各往来账项的正确性及完整性，查明账上记录无误后，一式两联，一份由对方留存，另一份作为回单。对方单位如核对相符，应在回单上注明"核对相符"字样，并盖章返回；如发现数额不符，应在回单上注明不符情况或另抄对账单一并退回，作为进一步核对的依据。往来账项清查结束，应编制"往来账项清查表"，其格式如表8-5所示。

表8-5　往来账项清查表

总分类账户名称　　　　　　　　　年　　　月　　　日

明细分类账户		清查结果		核对不符原因分析			备注
名称	账面金额	核对相符金额	核对不符金额	未达长相金额	有争议款项金额	其他	

清查员签章　　　　　　　　记账员签章

在核对过程中如发现未达账项，双方都应采用调节账面余额的方法，核对往来账项是否相符。

出租、出借的实物财产以及外埠存款、银行借款等也可采用查询核实法进行清查。

第三节　财产清查结果的处理

一、财产清查结果的处理程序

财产清查的结果，必须以国家有关的政策、法令和制度为依据，严肃认真地予以处理。对于不同性质的问题，要采取不同的处理办法，其处理程序为：

（一）查明发生差异的性质和原因

在清查工作结束后，应根据实存账存对比表和清查记录，研究分析发生差异的性质和原因。对于财产清查中发现的各种物资的盘盈、盘亏，在核实盘盈、盘亏的数额以后，应通过调查研究，查明原因，明确经济责任，按规定应该核销的要核销，应由有关人员负责的要赔偿，情节严重的要追究法律责任。处理意见经上级审批后，必须严肃认真地执行。对于财产清查中发现的长期不清或有争执的债权、债务，应查明原因及时组织清理。对于财产清查中发现的积压、多余物资，应调出、出售或做其他处理，报经审批后应及时加以解决。

（二）调整账簿记录，做到账实相符

保证会计资料的真实和准确，做到账实相符，这是财产清查的一项重要作用。由于清查结果的处理要报经有关领导部门审批，因此，在账务处理上要分两步进行。首先，在审批之前，应根据已经查明属实的财产盘盈、盘亏和损失的数额，编制记账凭证，据以登记有关账簿，主要是调整账簿记录，使财产物资的账面余额与实际结存余额相符，以保证会计报表能够真实地反映各项财产情况；其次，在审批之后，应根据批准的处理意见，再编制记账凭证，记入有关账簿，完成财产清查的账务处理工作。

（三）总结经验教训，建立健全有关管理制度

财产清查的目的，不仅是要查明财产物资的实有数额，处理好财产物资的盘盈、盘亏，而且要有利于堵塞工作漏洞，改善财产物资的管理。因此，应针对财产清查中发现的各种问题，认真地总结财产物资管理的经验教训，提出改进财产管理的措施，建立健全有关管理制度。只有这样，才能促使企业、事业单位管好财产物资，使财产清查工作发挥更大的作用。

二、财产清查结果的账务处理方法

为了保证账实相符，提供真实、正确的会计资料，对财产清查结果中各种财产物资的差异，凡需要调账的，会计上必须按规定进行账务处理。

（一）账户设置

为了反映和监督企业在财产清查中查明的各种财产盘盈、盘亏和毁损的价值及其处理情况，应设置"待处理财产损溢"账户，并且按盘盈、盘亏的资产种类和项目进行明细核算。

该账户用于专门核算已经发生需经批准转销的财产物资的损溢。其借方登记各种财产物资的盘亏、毁损或经批准各种财产物资盘盈的转销，贷方登记各种财产物资的盘盈或经批准转销的各种财产物资的盘亏毁损；企业的财产损益，应查明原因，在期末结账

前处理完毕，处理后该账户应无余额。

（二）账务处理方法

（1）盘盈的各种材料、库存商品、固定资产等，借记"原材料""库存商品""固定资产"等科目，贷记"待处理财产损溢"科目。

盘盈财产，按管理权限报经批准后处理时，借记"待处理财产损溢"科目，贷记"管理费用""营业外收入"科目。

【例8-2】晨星公司在财产清查过程中发现一台账外设备，同类设备的市场价格未20 000元，估计六成新。

发现设备盘盈时：

借：固定资产	12 000	
贷：待处理财产损溢		12 000

报经批准后，转作营业外收入：

借：待处理财产损溢	12 000	
贷：营业外收入		12 000

【例8-3】晨星公司在财产清查中发现一批账外原材料680千克，结合同类原材料确定其总成本为7 200元，其批准前、后的会计处理为：

批准前：

借：原材料	7 200	
贷：待处理财产损溢		7 200

批准后：

借：待处理财产损溢	7 200	
贷：管理费用		7 200

（2）盘亏、毁损的各种材料、库存商品等，借记"待处理财产损溢"科目，贷记"原材料""库存商品""应交税费——应交增值税（进项税额转出）"、固定资产等科目。材料、库存商品采用计划成本（或售价）核算的，还应同时结转成本差异（或商品进销差价）。

盘亏、毁损的财产，按管理权限报经批准后处理时，按残料价值，借记"原材料"等科目，按可收回的保险赔偿或过失人赔偿，借记"其他应收款"科目，属于管理原因造成的，借记"管理费用"科目，属于非正常损失的，借记"营业外支出——非常损失"，贷记"待处理财产损溢"科目。

【例8-4】晨星公司盘亏一批材料乙40公斤，单价10元。其中20公斤属于保管过程中非正常损失，剩余20公斤是由于保管人员过失发生的丢失。据查，该材料价外增值税税率为13%。批准处理前：

借：待处理财产损溢　　　　　　　　　　　　　　　　468

　　贷：原材料——材料乙　　　　　　　　　　　　　　400

　　　　应交税费——应交增值税（进项税额转出）　　　68

经批准，非正常损失部分列作营业外支出，丢失的部分责成过失人赔偿。

借：营业外支出　　　　　　234

　　其他应收款　　　　　　234

　　贷：待处理财产损溢　　　　　　468

（3）坏账的账务处理。在往来款项的清查中，经常会发现有些应收账款确实无法收回，这时，可将其列作坏账损失。有些应付账款因对方已不存在确实无法支付，可列作营业外收入。以上内容不通过"待处理财产损溢"账户处理。

【例8-5】在清查过程中发现华能公司欠款2 000元，该公司现已破产。因为确属无法收回款项，经批准可列作坏账损失处理：

借：坏账准备　　　　　　2 000

　　贷：应收账款——华能公司　　　　　　2 000

【例8-6】清查发现欠光明金属材料厂货款3 500元。该厂已被其他企业兼并。经批准可将上列款项列作营业外收入处理。

借：应付账款——光明材料厂　　　3 500

　　贷：营业外收入　　　　　　　　　3 500

拓展阅读

出纳事故案例分析

某公司因业务发展需要，从人才市场招聘了张某任出纳。开始，他还勤恳敬业，公司领导和同事对他的工作都很满意。但受到同事在股市赚钱的影响，张某也开始涉足股市。然而事非所愿，进入股市很快被套牢，想急于翻本又苦于没有资金，他开始对自己每天经手的现金动了邪念，凭着财务主管对他的信任，拿了财务主管的财务专用章在自己保管的空白现金支票上任意盖章取款。月底，银行对账单也是其到银行提取且自行核对，因此在很长一段时间内未被发现。至案发，公司蒙受了巨大的经济损失。

张某犯罪，企业蒙受损失，教训是非常深刻的。这个案例给我们的启示是：

一是要注重职业道德教育。

会计人员站在经济战线前沿，必须具备高度的法制观念，高尚的会计职业道德，因此企业在选人用人时，必须注重思想素质要求，并时时进行职业道德教育和监督检查，避免道德失范以致沦为罪犯。本案例中的张某天天与现金打交道，思想防线一垮，道德缺失的一面就暴露出来，结果不顾一切地心怀侥幸以身试法，既毁了自己，也给企业带来巨大的经济损失，不能不说是企业用人的失误。

二是要加强对货币资金的管理。

根据规定现金要日清月结，要定期盘点，银行存款要有独立于出纳的人员进行核对，而这些基本的管理要求企业都没有做到。张某利用职务之便，反复利用银行支票"吞食"公款而不被发现，说明公司的货币资金管理严重失控。退一步讲，一个企业即使再疏于管理，但每年年终总要对各项资金尤其对库存现金、银行存款进行核对清理。而张某长期作案还未被发现，充分说明了该企业财务管理的严重混乱。

三是要建立有效的内部牵制制度。

如在对印鉴的管理上，该公司印鉴虽然是分开管理的，但管理人没有真正负起责任，而是把银行印鉴交由出纳任意使用，给思想素质极差的张某钻了空子，这种管理形同虚设。按照规定印鉴与支票应由不同的人分开管理并存放保险柜内，保管人要自己亲手使用并审核支票用途，对已加盖印鉴的支票作废时要在支票正面写作废字样或打叉以示作废而且必须与有效支票存放在一起，不得撕毁，并做好记录。要由出纳以外的人员对支票等票据的使用号码进行登记，随时按号检查其连续性、完整性及使用情况，并与银行对账单的记录核对，如有舞弊，很快就可发现。

思政小课堂

诚信是会计人员对社会的一种基本承诺，是会计人员的立身之本。诚信要求会计人员要忠诚于自己所承担的会计事业，热诚勤勉地做好会计工作，客观公正、不偏不倚地反映经济事实，并忠实地为会计信息使用者服务。

在自然经济和传统文化层面上，诚信是道德文化的核心，强调的是内在品德修养，追求的是人格高尚，境界崇高，更侧重于精神方面的追求。在中国传统文化中，"诚信"二字具有极其重要的分量。"忠义礼智信"是人们提倡并力求遵守的行为准则。

诚信在多大范围和什么程度上为人们所接受，取决于诚信的宣传和教育。要让人们认识到，诚信是重要的并且有益的，诚信是必然趋势，不诚信的人终究要倒霉。"君子爱财，取之有道"，"不义之财，取之有害"。非诚信行为是占小便宜吃大亏，是饮鸩止渴，是为眼前利益牺牲长远利益。

课后练习

课件

第九章　会计核算组织程序

引导案例 ▶

　　丁丁是一名大学生，他决定利用暑假期间勤工俭学，开办了一家服务公司。7月1日，开心服务公司成立，丁丁利用自己的积蓄租了一套租赁期为两个月的房间，每月租金300元，先预付500元，借来现金2 000元。该服务公司7月发生以下业务：①支付广告费100元；②租用办公桌一张，月租金50元，预付30元，余款到8月31日租赁期满与8月租金一并付清；③现款购入各种少儿读物130套，共计460元；④现款购入数把儿童椅子，总成本1 000元；⑤在丁丁外出联系业务时，请了一名临时工来帮忙，月薪为300元；⑥支付各种杂费50元；⑦推销商品佣金收入1 640元；⑧入托少儿的学杂费收入1 500元；⑨7月，丁丁个人支用公司现金300元。8月该服务公司取得3 100元的现金收入，均为现金，其中托费收入1 700元，其余均为佣金收入，费用开支保持不变，丁丁个人支用服务公司现金300元。8月31日暑假结束，丁丁将少儿读物全部送给孩子们，并将数把椅子出售得款600元，同时归还借款。

　　同学们，请根据本章所学知识，帮丁丁设计一套合理的账务处理程序，完整地记录开心服务公司的全部经济业务，并计算确定丁丁的经营是否成功。

学习目标 ▶

　　（1）知道会计核算程序的概念，能够理解合理建立会计核算形式的意义和基本要求。

　　（2）熟悉记账凭证核算程序的内容、特点、使用范围。

　　（3）掌握记账凭证核算程序的应用。

　　（4）熟悉科目汇总表核算程序的内容、特点、使用范围。

　　（5）掌握科目汇总表核算程序的应用。

第一节　会计核算组织程序概述

一、会计核算组织程序的意义

从会计理论和会计实践上可以看到，会计的最终目的是为企业经营管理提供各种会计信息。而会计信息的产生，又包括信息输入、信息加工和整理、信息输出这样一种完整的技术处理过程。会计信息的技术处理，是全面地相互联系地运用会计方法来实现的。会计最基本的方法，就是会计凭证、会计账簿和会计报表。如何使这三者相互联系，使它们形成一个有机的组织整体，这就是我们现在要研究的账务处理程序。

会计核算组织程序也称账务处理程序，或会计核算形式，它是以账簿体系为核心，将会计凭证组织、账簿组织、报表组织以及记账程序和方法有机结合的技术方式。

会计凭证组织指会计凭证的种类、格式、填制方法及相互间的关系；账簿组织指账簿的种类、格式、登记方法及相互间的关系；报表组织指会计报表的种类、格式、编制依据及报表间的关系；记账程序和方法指从会计凭证的填制、汇总、审核、传递，以及账簿的登记、总结、核对直到会计报表编制的整个核算工作程序和方法。在账务处理程序中，账簿组织是一个核心。因为，不仅记账程序和方法要适应账簿组织的实际情况，就是会计凭证的种类、格式和填制方法也应与账簿组织相适应。

二、合理的会计核算组织程序的要求

账务处理程序的适用合理，是提高会计核算质量，充分发挥会计工作效能的一个重要前提。任何企业都应当根据统一会计制度的要求，结合本单位的实际情况和具体条件，采用适当的账务处理程序。

适用的、合理的账务处理程序，一般应符合以下三项要求：

第一，要与本单位生产、经营管理的特点、规模大小和业务繁简等实际情况相适应。

第二，要能够及时、正确、系统和全面地提供有关经济活动的核算资料，以满足本单位和相关部门经济管理的需要。

第三，要在保证核算资料正确、完整的前提下，力求简化核算手续，节约人力和物力，提高核算工作效率。不同的凭证、账簿组织、记账程序和方法相互结合在一起，就构成了不同的账务处理程序。根据我国会计工作的实践经验和国外的先进经验，一般采用的账务处理程序主要有：

记账凭证核算组织程序；

科目汇总表核算组织程序；

汇总记账凭证核算组织程序；

日记账核算组织程序。

这四种核算组织程序既有许多共同点，又有各自的特点。

各种核算组织程序的主要区别在于登记总分类账的依据和方法的不同。

第二节　记账凭证核算组织程序

一、记账凭证核算组织程序的特点

记账凭证核算组织程序是最基本的会计核算形式，其他各种会计核算形式都是在这种会计核算形式基础上发展形成的。记账凭证核算形式的主要特点是：直接根据各种记账凭证逐笔登记总分类账。

二、记账凭证核算组织程序的凭证、账簿设置

在记账凭证核算组织程序下，记账凭证可采用收款凭证、付款凭证和转账凭证三种格式，也可采用通用记账凭证。账簿一般设置现金日记账、银行存款日记账、总分类账和各种明细分类账。日记账和总分类账一般采用三栏式，明细分类账可根据需要采用三栏式、数量金额式和多栏式。

三、记账凭证核算组织程序的步骤

记账凭证核算组织程序下账务处理基本步骤：

（1）根据原始凭证或原始凭证汇总表填制记账凭证（收款凭证、付款凭证和转账凭证）。

（2）根据收款凭证和付款凭证序时逐笔地登记现金日记账和银行存款日记账。

（3）根据记账凭证及其所附的原始凭证或原始凭证汇总表登记各种明细分类账。

（4）根据记账凭证逐笔登记总分类账。

（5）定期将日记账余额、各明细分类账余额与相应的总分类账余额相核对。

（6）期末，根据总分类账和明细分类账的资料编制会计报表。

记账凭证核算形式的账务处理程序如图 9-1 所示。

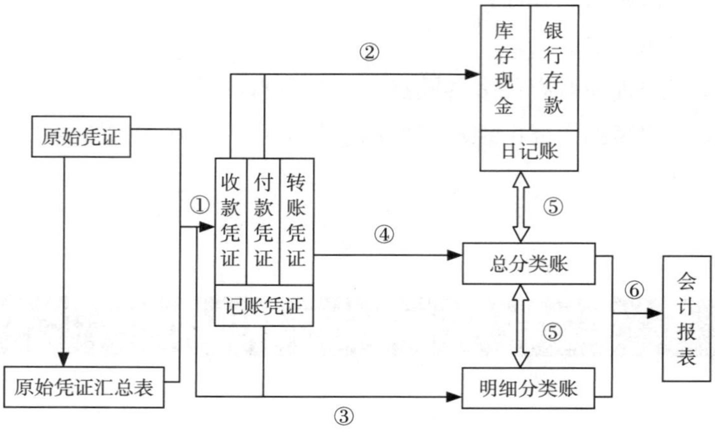

图9-1　记账凭证核算组织程序图

程序说明如下：①根据原始凭证或原始凭证汇总表登记记账凭证。记账凭证通常采用收款凭证、付款凭证和转账凭证的格式。②根据收款凭证和付款凭证逐笔登记现金日记账和银行存款日记账。现金日记账和银行存款日记账一般采用收、付、余三栏式的日记账簿。③根据原始凭证和记账凭证登记各种明细分类账。明细账的格式可采用三栏式、多栏式和数量金额式的账簿格式。④根据各种记账凭证逐笔登记总分类账。总分类账一般采用借、贷、余三栏式。⑤月末，将现金日记账、银行存款日记账和明细分类账的余额与总分类账的余额核对。⑥月末，根据总分类账和明细账编制财务报表。

四、记账凭证账务处理程序的优缺点和适用范围

记账凭证账务处理程序的优点是核算程序简单明了，易于理解；总分类账根据记账凭证逐步登记，详细地反映了经济业务的发生情况、账户的对应关系和经济业务的来龙去脉，便于查账。缺点是登记总分类账的工作量大，且有一部分内容与明细分类账重复。为了减少登记总分类账的工作量，简化核算手续，应尽量将业务内容相同的原始凭证先汇总编制原始凭证汇总表，再据以填制记账凭证，这样可以大大减少记账凭证的数量，简化登账工作。这种会计核算形式适用于规模较小、业务量较少、记账凭证不多的单位。

第三节 科目汇总表核算组织程序

一、科目汇总表核算组织程序的特点

科目汇总表核算组织程序是指定期将所有记账凭证编制成科目汇总表，然后根据科目汇总表直接登记总分类账的一种核算形式。它是在记账凭证核算形式的基础上，通过增设科目汇总表，并以该表作为登记总账的直接依据而形成的，这也是科目汇总表核算形式区别于其他核算形式的最大特点。

二、科目汇总表核算组织程序的凭证、账簿设置

在科目汇总表核算形式下，会计凭证的组织与记账凭证核算形式的凭证组织基本上是一致的，但是，科目汇总表形式下，为了便于汇总，可以编制简单会计分录和单式凭证。除此之外，还需要独立设置一种科目汇总表作为登记总账的直接依据。

科目汇总表是根据记账凭证定期编制，以表格的形式列示有关总账账户的本期发生额合计数，据以登记总账的一种记账凭证汇总表。

科目汇总表的格式根据汇总的次数不同可分别选择不同的格式，可以每月汇总一次，也可以每旬汇总一次。科目汇总表常用的格式如表9-1和表9-2所示。

表9-1 科目汇总表（格式一）

会计科目	账页	自1日至10日		自11日至21日		自21日至31日		本月合计	
		借方	贷方	借方	贷方	借方	贷方	借方	贷方
合计									

会计主管　　　　　　　记账　　　　　　　复核　　　　　　　制表

表9-2 科目汇总表（格式二）

会计科目	账页	本期发生额		记账凭证起讫日期
		借方	贷方	
合计				

会计主管　　　　　　　记账　　　　　　　　　　复核　　　　　　制表

在科目汇总表核算形式下，其账簿组织与记账凭证核算形式基本相同，只是科目汇总表不反映各账户的对应关系，总账可采用三栏式，明细账根据需要采用三栏式、多栏式和数量金额式。

现金日记账和银行存款日记账一般也采用三栏式。总分类账可以根据每次汇总编制的科目汇总表随时进行登记，也可以在月末时，根据科目汇总表各会计科目借方发生额和贷方发生额的全月数一次登记。

三、科目汇总表核算组织程序的步骤

科目汇总表核算组织程序与记账凭证形式下的账务处理程序基本相同，只是在第④步中增加编制科目汇总表的步骤，即将原来登记总账的一步变为两步，先根据记账凭证编制科目汇总表，再依据科目汇总表登记总账，其余步骤完全相同。

科目汇总表核算组织程序下账务处理基本步骤：

（1）根据原始凭证或原始凭证汇总表填制记账凭证（收款凭证、付款凭证和转账凭证）。

（2）根据收款凭证和付款凭证序时逐笔地登记现金日记账和银行存款日记账。

（3）根据记账凭证及其所附的原始凭证或原始凭证汇总表登记各种明细分类账。

（4）根据各种记账凭证编制科目汇总表。

（5）根据科目汇总表登记总分类账。

（6）定期将日记账余额、各明细分类账余额与相应的总分类账余额相核对。

（7）期末，根据总分类账和明细分类账的资料编制会计报表。

科目汇总表核算形式的账务处理程序如图9-2所示。

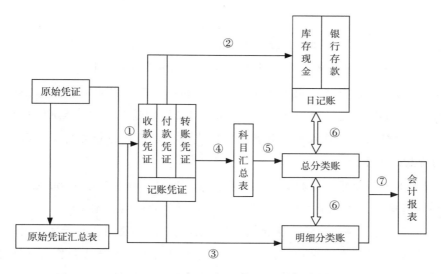

图9-2 科目汇总表核算组织程序图

程序说明如下：①根据原始凭证或原始凭证汇总表填制记账凭证。记账凭证一般采用收款凭证、付款凭证和转账凭证的格式。②根据收款凭证、付款凭证登记现金日记账和银行存款日记账。③根据原始凭证和各种记账凭证登记各种明细分类账。明细账的格式可以有各单位根据其各自的特点设置，一般有多栏式、三栏式和数量金额式等。④根据各种记账凭证定期汇总编制科目汇总表。将一定期间的全部记账凭证按相同科目的借方和贷方归类，定期汇总每一会计科目的借方和贷方本期发生额，填制在科目汇总表的相关栏内。科目汇总表的编制时间根据企业经济业务量的多少来确定，可以按每1天、5天、7天、10天、15天等编制汇总一次。⑤根据科目汇总表登记总分类账。总分类账一般采用三栏式。其登记日期以科目汇总表的编制时间而定，汇总编制科目汇总表后，即可根据科目汇总表登记一次总分类账。如果按月分旬汇总科目表示，可汇总一次，登记一次总分类账，或者按整月合计数于月末一次登记总分类账。⑥月末，将现金日记账、银行存款日记账和各明细分类账的余额与总分类账的有关账户余额进行核对。⑦月末，根据总分类账和明细分类账编制财务报表。

【例9-1】根据科目汇总表核算组织程序的核算方法，对晨星公司20×9年7月发生的下列业务进行相应处理。

（1）7月1日，接受双强有限公司的追加投资600万元，款项已存入银行。

（2）7月3日，从银行取得短期借款24万元。

（3）7月3日，购入新设备10台，共计456万元，已经安装完毕，价款已付。

（4）7月6日，用银行存款74 400元交纳税金50 400元，并分配利润24 000元。

（5）7月6日，应付账款到期，向银行借入短期借款49 200元直接偿还应付款给弘扬公司。

（6）7月6日，销售产品取得收入114 000元，款项已全部存入银行。

（7）7月6日，接到通知，已用企业存款支付水电费3 360元。

（8）7月6日，向华光公司购进甲种材料4 800千克（20元/千克）；向华明公司购进乙种材料3 600千克（15元/千克）；向华新公司购进丙种材料6 000千克（30元/千克）。上述材料已经验收入库，并开出转账支票，以银行存款支付甲、乙材料价款，丙材料的价款尚未支付。

（9）7月8日，用银行存款支付甲，乙，丙三种材料的运输费5 760元。

（10）7月8日，以现金支付甲，乙，丙三种材料的搬运费888元。

（11）7月9日，企业用银行存款12 000元预付给红阳公司，用于购买材料。

（12）7月10日，仓库发出甲，乙，丙三种材料用于生产产品和其他一般耗费。其中用于制造产品的耗费为210 000元，用于企业管理部门的耗费为9 000元。

（13）7月10日，开出现金支票从银行提取现金18 000元，已备发放工资。

（14）7月10日，用现金18 000元支付企业职工的工资。

（15）7月16日，按合同向红阳公司发出A产品4台，单位售价22 800元，计91 200元。收回21 600元货款存入银行，其余货款未收回。

（16）7月16日，按合同规定预收华兴公司货款12 000元存入银行。

（17）7月20日，用银行存款支付企业管理部门的办公费3 600元。

（18）7月25日，用银行存款1 800元预付下季度的书报杂志费。

（19）7月26日，按合同规定向华兴公司销售A产品6台，单位售价22 800元，计136 800元。其中12 000元为预收货款，其余124 800元货款收到存入银行。

（20）7月28日，用银行存款6 000元支付销售A产品的销售费用。

（21）7月30日，企业收到预付货款的材料，并验收入库。该材料的实际买价为33 600元，除冲销原货款的12 000元外，用银行存款支付其余的21 600元。同时用现金支付采购费用240元。

（22）7月31日，结算本月应付职工工资，其中制造A产品的职工工资8 400元，而制造B产品的职工工资4 560元，企业行政管理人员工资5 040元。

（23）7月31日，按规定计提固定资产折旧额，其中车间使用固定资产折旧24 000元，行政管理部门使用固定资产应提折旧12 000元。

（24）7月31日，按规定预提企业行政管理部门使用的固定资产修理费5 160元。

（25）7月31日，摊销企业行政管理部门租用办公室的租金1 680元。

（26）7月31日，结转已全部制造完工并验收入库A产品133 200元。

（27）7月31日，结转上述已售A产品15台的制造成本180 000元。

（28）7月31日，按销售收入的10%计算A产品应交纳的税金。

（29）7月31日，经批准，没收出租包装物的押金1 680元转作营业外收入。

（30）7月31日，企业违反合同，按规定用现金1 560元支付罚款。

（31）7月31日，将各收入、费用类账户的余额转入"本年利润"。

（32）7月31日，计算结转本月应交所得税。所得税金额25 200元。

（33）7月31日，结转应分配的利润19 200元。

（34）7月31日，从企业实现的利润中提取盈余公积19 200元。

第一步：根据原始凭证编制各种记账凭证，见表9-3～表9-46。

表9-3　收款凭证

借方科目：银行存款　　　　　　　　20×9年7月1日　　　　　　　　银收第1号

摘要	贷方科目	账页	金额	
			一级科目	明细科目
追加投资	实收资本		6 000 000	
合计			6 000 000	

表9-4　收款凭证

借方科目：银行存款　　　　　　　　20×9年7月3日　　　　　　　　银收第2号

摘要	贷方科目	账页	金额	
			一级科目	明细科目
取得借款存入银行	短期借款		240 000	
合计			240 000	

表9-5　付款凭证

贷方科目：银行存款　　　　　　　　20×9年7月3日　　　　　　　　银付第1号

摘要	借方科目	账页	金额	
			一级科目	明细科目
购进设备	固定资产		4 560 000	
合计			4 560 000	

表9-6　付款凭证

贷方科目：银行存款　　　　　　　　20×9年7月6日　　　　　　　　银付第2号

摘要	借方科目	账页	金额	
			一级科目	明细科目
上交税金及 支付利润	应交税费 应付股利		50 400 24 000	
合计			74 400	

表9-7　转账凭证

20×9年7月6日　　　　　　　　转字第1号

摘要	会计科目	账页	借方金额		贷方金额	
			一级科目	明细科目	一级科目	明细科目
以借款偿还欠债	应付账款 短期借款		49 200		 49 200	
合计			49 200		49 200	

表9-8　收款凭证

借方科目：银行存款　　　　　　　　20×9年7月6日　　　　　　　　银收第3号

摘要	贷方科目	账页	金额	
			一级科目	明细科目
销售产品货款 存入银行	主营业务收入		114 000	
合计			114 000	

表9-9　付款凭证

贷方科目：银行存款　　　　　　　　20×9年7月6日　　　　　　　　银付第3号

摘要	借方科目	账页	金额	
			一级科目	明细科目
支付水电费	管理费用		3 360	
合计			3 360	

表9-10 付款凭证

贷方科目：银行存款　　　　　　　20×9年7月6日　　　　　　　银付第4号

摘要	借方科目	账页	金额	
			一级科目	明细科目
购进材料 甲4 000千克 乙3 000千克	材料采购 材料采购——甲 材料采购——乙		150 000	96 000 54 000
合计			150 000	150 000

表9-11 转账凭证

20×9年7月6日　　　　　　　　　转字第2号

摘要	会计科目	账页	借方金额		贷方金额	
			一级科目	明细科目	一级科目	明细科目
购进丙材料 5000千克	材料采购——丙 应付账款—— 华新公司		180 000	180 000	180 000	180 000
合计			180 000	180 000	180 000	180 000

表9-12 付款凭证

贷方科目：银行存款　　　　　　　20×9年7月8日　　　　　　　银付第5号

摘要	借方科目	账页	金额	
			一级科目	明细科目
支付运输费	材料采购		5 760	
合计			5 760	

表9-13 付款凭证

贷方科目：库存现金　　　　　　　20×9年7月8日　　　　　　　现付第1号

摘要	借方科目	账页	金额	
			一级科目	明细科目
支付搬运费	材料采购		888	
合计			888	

表9-14 转账凭证

20×9年7月8日 转字第3号

摘要	会计科目	账页	借方金额		贷方金额	
			一级科目	明细科目	一级科目	明细科目
结转材料采购成本	原材料材料采购		336 648		336 648	
合计			336 648		336 648	

表9-15 付款凭证

贷方科目：银行存款 20×9年7月9日 银付第6号

摘要	借方科目	账页	金额	
			一级科目	明细科目
预付红阳公司材料款	预付账款——红阳公司		12 000	12 000
合计			12 000	12 000

表9-16 转账凭证

20×9年7月10日 转字第4号

摘要	会计科目	账页	借方金额		贷方金额	
			一级科目	明细科目	一级科目	明细科目
仓库发出甲、乙、丙三种材料	生产成本管理费用原材料		210 000 9 000		219 000	
合计			219 000		219 000	

表9-17 付款凭证

贷方科目：银行存款 20×9年7月10日 银付第7号

摘要	借方科目	账页	金额	
			一级科目	明细科目
提取现金以备发放工资	库存现金		18 000	
合计			18 000	

表9-18 付款凭证

贷方科目：库存现金　　　　　　20×9年7月10日　　　　　　现付第2号

摘要	借方科目	账页	金额	
			一级科目	明细科目
发放工资	应付职工薪酬		18 000	
合计			18 000	

表9-19 收款凭证

借方科目：银行存款　　　　　　20×9年7月16日　　　　　　银收第4号

摘要	贷方科目	账页	金额	
			一级科目	明细科目
销售产品货款存入银行	主营业务收入		21 600	
合计			21 600	

表9-20 转账凭证

20×9年7月16日　　　　　　转字第5号

摘要	会计科目	账页	借方金额		贷方金额	
			一级科目	明细科目	一级科目	明细科目
销售产品货款未收回	应收账款主营业务收入		69 600		69 600	
合计			69 600		69 600	

表9-21 收款凭证

借方科目：银行存款　　　　　　20×9年7月16日　　　　　　银收第5号

摘要	贷方科目	账页	金额	
			一级科目	明细科目
预收华兴公司货款	预收账款——华兴公司		12 000	12 000
合计			12 000	12 000

表9-22　付款凭证

贷方科目：银行存款　　　　　　　　20×9年7月20日　　　　　　　　银付第8号

摘要	借方科目	账页	金额	
			一级科目	明细科目
支付办公费	管理费用		3 600	
合计			3 600	

表9-23　付款凭证

贷方科目：银行存款　　　　　　　　20×9年7月25日　　　　　　　　银付第9号

摘要	借方科目	账页	金额	
			一级科目	明细科目
预付报刊费	预付账款		1 800	
合计			1 800	

表9-24　收款凭证

借方科目：银行存款　　　　　　　　20×9年7月26日　　　　　　　　银收第6号

摘要	贷方科目	账页	金额	
			一级科目	明细科目
销售产品货款存入银行	主营业务收入		124 800	
合计			124 800	

表9-25　转账凭证

20×9年7月26日　　　　　　　　转字第6号

摘要	会计科目	账页	借方金额		贷方金额	
			一级科目	明细科目	一级科目	明细科目
销售产品货款已预付	预收账款 ——华兴公司 主营业务收入		12 000	12 000	12 000	
合计			12 000	12 000	12 000	

表9-26 付款凭证

贷方科目：银行存款　　　　　　　20×9年7月28日　　　　　　　银付第 10 号

摘要	借方科目	账页	金额	
			一级科目	明细科目
支付销售费用	销售费用		6 000	
合计			6 000	

表9-27 付款凭证

贷方科目：银行存款　　　　　　　20×9年7月30日　　　　　　　银付第 11 号

摘要	借方科目	账页	金额	
			一级科目	明细科目
购进材料，补足货款	材料采购		21 600	
合计			21 600	

表9-28 转账凭证

　　　　　　　　　　　　　　20×9年7月30日　　　　　　　转字第 7 号

摘要	会计科目	账页	借方金额		贷方金额	
			一级科目	明细科目	一级科目	明细科目
收到预付货款的材料	材料采购 预付账款		12 000		12 000	
合计			12 000		12 000	

表9-29 付款凭证

贷方科目：库存现金　　　　　　　20×9年7月30日　　　　　　　现付 11 号

摘要	借方科目	账页	金额	
			一级科目	明细科目
支付采购费用	材料采购		240	
合计			240	

表9-30 转账凭证

20×9年7月30日 转字第 8 号

摘要	会计科目	账页	借方金额		贷方金额	
			一级科目	明细科目	一级科目	明细科目
结转材料采购成本	原材料材料采购		33 840		33 840	
合计			33 840		33 840	

表9-31 转账凭证

20×9年7月31日 转字第 9 号

摘要	会计科目	账页	借方金额		贷方金额	
			一级科目	明细科目	一级科目	明细科目
结算本月应付工资	生产成本管理费用应付职工薪酬		12 960 5 040		18 000	
合计			18 000		18 000	

表9-32 转账凭证

20×9年7月31日 转字第 10 号

摘要	会计科目	账页	借方金额		贷方金额	
			一级科目	明细科目	一级科目	明细科目
计提折旧	制造费用管理费用累计折旧		24 000 12 000		36 000	
合计			36 000		36 000	

表9-33 转账凭证

20×9年7月31日 转字第 11 号

摘要	会计科目	账页	借方金额		贷方金额	
			一级科目	明细科目	一级科目	明细科目
预提修理费用	管理费用预提费用		5 160		5 160	
合计			5 160		5 160	

表9-34　转账凭证

20×9年7月31日　　　　　　　　　　　　转字第 12 号

摘要	会计科目	账页	借方金额		贷方金额	
			一级科目	明细科目	一级科目	明细科目
待摊费用——房租	管理费用 待摊费用		1 680			1 680
合计			1 680		1 680	

表9-35　转账凭证

20×9年7月31日　　　　　　　　　　　　转字第 13 号

摘要	会计科目	账页	借方金额		贷方金额	
			一级科目	明细科目	一级科目	明细科目
结转制造费用	生产成本 制造费用		24 000			24 000
合计			24 000		24 000	

表9-36　转账凭证

20×9年7月31日　　　　　　　　　　　　转字第 14 号

摘要	会计科目	账页	借方金额		贷方金额	
			一级科目	明细科目	一级科目	明细科目
结转完工产品成本	库存商品 生产成本		133 200			133 200
合计			133 200		133 200	

表9-37　转账凭证

20×9年7月31日　　　　　　　　　　　　转字第 15 号

摘要	会计科目	账页	借方金额		贷方金额	
			一级科目	明细科目	一级科目	明细科目
结转销售产品成本	主营业务成本 库存商品		180 000			180 000
合计			180 000		180 000	

表9-38 转账凭证

20×9 年 7 月 31 日　　　　　　　　转字第 16 号

摘要	会计科目	账页	借方金额		贷方金额	
			一级科目	明细科目	一级科目	明细科目
计算销售税金	税金及附加 应交税费		34 200		34 200	
合计			34 200		34 200	

表9-39 转账凭证

20×9 年 7 月 31 日　　　　　　　　转字第 17 号

摘要	会计科目	账页	借方金额		贷方金额	
			一级科目	明细科目	一级科目	明细科目
没收押金	其他应收款 营业外收入		1 680		1 680	
合计			1 680		1 680	

表9-40 付款凭证

贷方科目：库存现金　　　　20×9 年 7 月 31 日　　　　　　现付 4 号

摘要	借方科目	账页	金额	
			一级科目	明细科目
支付罚款	营业外支出		1 560	
合计			1 560	

表9-41 转账凭证

20×9 年 7 月 31 日　　　　　　　　转字第 18 号

摘要	会计科目	账页	借方金额		贷方金额	
			一级科目	明细科目	一级科目	明细科目
结转损益	主营业务收入 营业外收入 本年利润		342 000 1 680		343 680	
合计			343 680		343 680	

表9-42　转账凭证

20×9 年 7 月 31 日　　　　　　　　　　转字第 19 号

摘要	会计科目	账页	借方金额		贷方金额	
			一级科目	明细科目	一级科目	明细科目
结转损益	本年利润 主营业务成本 税金及附加 销售费用 管理费用 营业外支出		261 600		180 000 34 200 6 000 39 840 1 560	
合计			261 600		261 600	

表9-43　转账凭证

20×9 年 7 月 31 日　　　　　　　　　　转字第 20 号

摘要	会计科目	账页	借方金额		贷方金额	
			一级科目	明细科目	一级科目	明细科目
计算应交所得税	所得税费用 应交税费		25 200		25 200	
合计			25 200		25 200	

表9-44　转账凭证

20×9 年 7 月 31 日　　　　　　　　　　转字第 21 号

摘要	会计科目	账页	借方金额		贷方金额	
			一级科目	明细科目	一级科目	明细科目
计算应分配的利润	利润分配 应付股利		19 200		19 200	
合计			19 200		19 200	

表9-45　转账凭证

20×9年7月31日　　　　　　　　　　　　　　转字第 22 号

摘要	会计科目	账页	借方金额		贷方金额	
			一级科目	明细科目	一级科目	明细科目
计提盈余公积	利润分配 盈余公积		19 200			
					19 200	
合计			19 200		19 200	

表9-46　转账凭证

20×9年7月31日　　　　　　　　　　　　　　转字第 23 号

摘要	会计科目	账页	借方金额		贷方金额	
			一级科目	明细科目	一级科目	明细科目
结转所得税	本年利润 所得税费用		25 200			
					25 200	
合计			25 200		25 200	

第二步：根据收、付款凭证登记现金日记账和银行存款日记账，见表9-47、表9-48。

表9-47　库存现金日记账

20×9年		凭证		摘要	对方科目	借方	贷方	余额
月	日	字	号					
7	1			期初余额				3 000
	8	现付	1	支付搬运费	原材料		888	
				本日合计			888	2 112
	10	银付	7	提现金	银行存款	18 000		
		现付	2	发放工资	应付工资		18 000	
				本日合计		18 000	18 000	2 112
	30	现付	3	付采购费用	材料采购		240	
				本日合计			240	1 872
	31	现付	4	支付罚款	营业外支出		1 560	
				本日合计			1 560	312
7	31			本月合计		18 000	20 688	312

表9-48 银行存款日记账

20×9年		凭证		摘要	对方科目	借方	贷方	余额
月	日	字	号					
7	1			期初余额				36 000
	1	银收	1	追加投资	实收资本	6 000 000		
				本日合计		6 000 000		6 036 000
	3	银收	2	借款	短期借款	240 000		
	3	银付	1	购进设备	固定资产		4 560 000	
				本日合计		240 000	4 560 000	1 716 000
	6	银付	2	交纳税金	应交税费		50 400	
				支付利润	应付利润		24 000	
	6	银收	3	销售产品	主营业务收入	114 000		
	6	银付	3	付水电费	管理费用		3 360	
	6	银付	4	付材料费	材料采购		150 000	
				本日合计		114 000	227 760	1 602 240
	8	银付	5	付运输费	材料采购		5 760	
				本日合计			5 760	1 596 480
	9	银付	6	预付货款	预付账款		12 000	
				本日合计			12 000	1 584 480
	10	银付	7	提现金	现金		18 000	
				本日合计			18 000	1 566 480
	16	银收	4	销售	主营业务收入	21 600		
	16	银收	5	预收货款	预收账款	12 000		
				本日合计		33 600		1 600 080
	20	银付	8	付办公费	管理费用		3 600	
				本日合计			3 600	1 596 480
	25	银付	9	付报刊费	待摊费用		1 800	
				本日合计			1 800	1 594 680
	26	银收	6	销售	主营业务收入	124 800		
				本日合计		124 800		1 719 480
	28	银付	10	付销售费	管理费用		6 000	
				本日合计			6 000	1 713 480
	30	银付	11	付材料款	材料采购		21 600	
				本日合计			21 600	1 691 880
				本月合计		6 512 400	4 856 520	1 691 880

第三步：根据原始凭证，汇总原始凭证或记账凭证登记部分明细分类账，见表9-49、表9-50。

表9-49　应付账款明细分类账

明细科目：华新公司

20×9年		凭证		摘要	借方	贷方	借或贷	余额
月	日	字	号					
7	1			期初余额			贷	14 400
	6	转	2	购进材料未付款		180 000	贷	194 400
				本期发生额及余额		180 000	贷	194 400

表9-50　应付账款明细分类账

明细科目：弘扬公司

20×9年		凭证		摘要	借方	贷方	借或贷	余额
月	日	字	号					
7	1			期初余额			贷	49 200
	6	转	1	以借款偿还欠债	49 200		平	0
				本期发生额及余额	49 200		平	0

第四步：根据记账凭证按月分旬编制科目汇总表，见表9-51。

表9-51　科目汇总表　　　　　　　　　　　单位：元

会计科目	1日到10日		11日到20日		21日到31日		本月合计	
	借方	贷方	借方	贷方	借方	贷方	借方	贷方
库存现金	18 000	18 888				1 800	18 000	20 688
银行存款	6 354 000	4 823 520	33 600	3 600	124 800	29 400	6 512 400	4 856 520
应收账款			69 600				69 600	0
其他应收款								
材料采购	336 648	336 648			33 840	33 840	370 488	370 488
原材料	336 648	219 000			33 840		370 488	219 000
待摊费用					1 800	1 680	1 800	1 680
预付账款	12 000					12 000	12 000	12 000
库存商品					133 200	180 000	133 200	180 000
固定资产	4 560 000						4 560 000	0
累计折旧						36 000	0	36 000
应付账款	49 200	180 000					49 200	180 000
短期借款		289 200					0	289 200
应付职工薪酬	18 000					18 000	18 000	18 000
应交税费	50 400					59 400	50 400	59 400
应付股利	24 000					19 200	24 000	19 200
预收账款				12 000	12 000		12 000	12 000
预提费用						5 160		5 160
其他应付款					1 680		1 680	0
实收资本		6 000 000					0	6 000 000
盈余公积						19 200	0	19 200
本年利润					286 800	343 680	286 800	343 680
利润分配					38 400		38 400	0
制造费用					24 000	24 000	24 000	24 000
生产成本	210 000				36 960	133 200	246 960	133 200
主营业务收入		114 000		91 200	342 000	136 800	342 000	342 000
主营业务成本					180 000	180 000	180 000	180 000
税金及附加					34 200	34 200	34 200	34 200
销售费用					6 000	6 000	6 000	6 000
管理费用	12 360		3 600		23 880	39 840	39 840	39 840
营业外收入					1 680	1 680	1 680	1 680
营业外支出					1 560	1 560	1 560	1 560
所得税费用					25 200	25 200	25 200	25 200
合计	11 981 256	11 981 256	106 800	106 800	1 341 840	1 341 840	13 429 896	13 429 896

第五步：根据科目汇总表登记总分类账，见表9-52～表9-84。

表9-52 会计科目：库存现金

20×9年		凭证		摘要	借方	贷方	借或贷	余额
月	日	字	号					
7	1			期初余额			借	3 000
	10	科汇	1	1日到10日发生额	18 000	18 888	借	2 112
	31	科汇	1	21日到31日发生额		1 800	借	312
				本期发生额及余额	18 000	20 688	借	312

表9-53 会计科目：银行存款

20×9年		凭证		摘要	借方	贷方	借或贷	余额
月	日	字	号					
7	1			期初余额			借	36 000
	10	科汇	1	1日到10日发生额	6 354 000	4 823 520	借	1 566 480
	20	科汇	1	11日到20日发生额	33 600	3 600	借	1 596 480
	31	科汇	1	21日到31日发生额	124 800	29 400	借	1 691 880
				本期发生额及余额	6 512 400	4 856 520	借	1 691 880

表9-54 会计科目：应收账款

20×9年		凭证		摘要	借方	贷方	借或贷	余额
月	日	字	号					
7	1			期初余额			借	50 400
	20	科汇	1	11日到20日发生额		69 600	借	120 000
				本期发生额及余额		69 600	借	120 000

表9-55 会计科目：其他应收款

20×9年		凭证		摘要	借方	贷方	借或贷	余额
月	日	字	号					
7	1			期初余额			借	1 560
				本期发生额及余额			借	1 560

表9-56 会计科目：材料采购

20×9年		凭证		摘要	借方	贷方	借或贷	余额
月	日	字	号					
7	10	科汇	1	1日到10日发生额	336 648	336 648	平	0
	31	科汇	1	21日到31日发生额	33 840	33 840	平	0
				本期发生额及余额	370 488	370 488	平	0

表9-57　会计科目：原材料

20×9年		凭证		摘要	借方	贷方	借或贷	余额
月	日	字	号					
7	1			期初余额			借	180 000
	10	科汇	1	1 日到 10 日发生额	336 648	219 000	借	297 648
	31	科汇	1	21 日到 31 日发生额	33 840		借	331 488
				本期发生额及余额	370 488	219 000	借	331 488

表9-58　会计科目：待摊费用

20×9年		凭证		摘要	借方	贷方	借或贷	余额
月	日	字	号					
7	1			期初余额			借	5 520
	31	科汇	1	21 日到 31 日发生额	1 800	1 680	借	5 640
				本期发生额及余额	1 800	1 680	借	5 640

表9-59　会计科目：预付账款

20×9年		凭证		摘要	借方	贷方	借或贷	余额
月	日	字	号					
7	1			期初余额				0
	10	科汇	1	1 日到 10 日发生额	12 000		借	12 000
	31	科汇	1	21 日到 31 日发生额		12 000	平	0
				本期发生额及余额	12 000	12 000	平	0

表9-60　会计科目：库存商品

20×9年		凭证		摘要	借方	贷方	借或贷	余额
月	日	字	号					
7	1			期初余额			借	164 400
	31	科汇	1	21 日到 31 日发生额	133 200	180 000	借	117 600
				本期发生额及余额	133 200	180 000	借	117 600

表9-61　会计科目：固定资产

20×9年		凭证		摘要	借方	贷方	借或贷	余额
月	日	字	号					
7	1			期初余额			借	1 320 000
	10	科汇	1	1 日到 10 日发生额	4 560 000		借	5 880 000
				本期发生额及余额	4 560 000	0	借	5 880 000

表9-62 会计科目：累计折旧

20×9年		凭证		摘要	借方	贷方	借或贷	余额
月	日	字	号					
7	1			期初余额			贷	360 000
	31	科汇	1	21日到31日发生额		36 000	贷	396 000
				本期发生额及余额	0	36 000	贷	396 000

表9-63 会计科目：应付账款

20×9年		凭证		摘要	借方	贷方	借或贷	余额
月	日	字	号					
7	1			期初余额			贷	63 600
	10	科汇	1	1日到10日发生额	49 200	180 000	贷	194 400
				本期发生额及余额	49 200	180 000	贷	194 400

表9-64 会计科目：短期借款

20×9年		凭证		摘要	借方	贷方	借或贷	余额
月	日	字	号					
7	1			期初余额			贷	110 520
	10	科汇	1	1日到10日发生额		289 200	贷	399 720
				本期发生额及余额	0	289 200	贷	399 720

表9-65 会计科目：应付职工薪酬

20×9年		凭证		摘要	借方	贷方	借或贷	余额
月	日	字	号					
7	1			期初余额				0
	10	科汇	1	1日到10日发生额	18 000		借	18 000
	31	科汇	1	21日到31日发生额		18 000	平	0
				本期发生额及余额	18 000	18 000	平	0

表9-66 会计科目：应交税费

20×9年		凭证		摘要	借方	贷方	借或贷	余额
月	日	字	号					
7	1			期初余额			贷	50 400
	10	科汇	1	1日到10日发生额	50 400		平	0
	31	科汇	1	21日到31日发生额		59 400	贷	59 400
				本期发生额及余额	50 400	59 400	贷	59 400

表9-67　会计科目：应付股利

20×9年		凭证		摘要	借方	贷方	借或贷	余额
月	日	字	号					
7	1			期初余额			贷	24 000
	10	科汇	1	1日到10日发生额	24 000		平	0
	31	科汇	1	21日到31日发生额		19 200	贷	19 200
				本期发生额及余额	24 000	19 200	贷	19 200

表9-68　会计科目：预付账款

20×9年		凭证		摘要	借方	贷方	借或贷	余额
月	日	字	号					
7	1			期初余额				0
	20	科汇	1	11日到20日发生额		12 000	贷	12 000
	31	科汇	1	21日到31日发生额	12 000		平	0
				本期发生额及余额	12 000	12 000	平	0

表9-69　会计科目：预提费用

20×9年		凭证		摘要	借方	贷方	借或贷	余额
月	日	字	号					
7	1			期初余额			贷	3 360
	31	科汇	1	21日到31日发生额		5 160	贷	8 520
				本期发生额及余额	0	5 160	贷	8 520

表9-70　会计科目：其他应付款

20×9年		凭证		摘要	借方	贷方	借或贷	余额
月	日	字	号					
7	1			期初余额			贷	1 800
	31	科汇	1	21日到31日发生额	1 680		贷	120
				本期发生额及余额	1 680	0	贷	120

表9-71　会计科目：实收资本

20×9年		凭证		摘要	借方	贷方	借或贷	余额
月	日	字	号					
7	1			期初余额			贷	1 200 000
	10	科汇	1	1日到10日发生额		6 000 000	贷	7 200 000
				本期发生额及余额	0	6 000 000	贷	7 200 000

表9-72 会计科目：盈余公积

20×9年		凭证		摘要	借方	贷方	借或贷	余额
月	日	字	号					
7	1			期初余额			贷	64 800
	31			21 日到 31 日发生额		19 200	贷	84 000
				本期发生额及余额	0	19 200	贷	84 000

表9-73 会计科目：本年利润

20×9年		凭证		摘要	借方	贷方	借或贷	余额
月	日	字	号					
7	1			期初余额			贷	132 000
	31	科汇	1	21 日到 31 日发生额	286 800	343 680	贷	188 880
				本期发生额及余额	286 800	343 680	贷	188 880

表9-74 会计科目：利润分配

20×9年		凭证		摘要	借方	贷方	借或贷	余额
月	日	字	号					
7	1			期初余额			借	108 000
	31	科汇	1	21 日到 31 日发生额本	38 400		借	146 400
				期发生额及余额	38 400	0	借	146 400

表9-75 会计科目：制造费用

20×9年		凭证		摘要	借方	贷方	借或贷	余额
月	日	字	号					
7	31	科汇	1	21 日到 31 日发生额	24 000	24 000	平	0
				本期发生额及余额	24 000	24 000	平	0

表9-76 会计科目：生产成本

20×9年		凭证		摘要	借方	贷方	借或贷	余额
月	日	字	号					
7	1			期初余额			借	144 000
	10	科汇	1	1 日到 10 日发生额	210 000		借	354 000
	31	科汇	1	21 日到 31 日发生额	36 960	133 200	借	257 760
				本期发生额及余额	246 960	133 200	借	257 760

表9-77　会计科目：主营业务收入

20×9年		凭证		摘要	借方	贷方	借或贷	余额
月	日	字	号					
7	10	科汇	1	1 日到 10 日发生额		114 000	贷	114 000
	20	科汇	1	11 日到 20 日发生额		91 200	贷	205 200
	31	科汇	1	21 日到 31 日发生额	342 000	136 800	平	0
				本期发生额及余额	342 000	342 000	平	0

表9-78　会计科目：主营业务成本

20×9年		凭证		摘要	借方	贷方	借或贷	余额
月	日	字	号					
7	31	科汇	1	21 日到 31 日发生额	180 000	180 000	平	0
				本期发生额及余额	180 000	180 000	平	0

表9-79　会计科目：税金及附加

20×9年		凭证		摘要	借方	贷方	借或贷	余额
月	日	字	号					
7	31	科汇	1	21 日到 31 日发生额	34 200	34 200	平	0
				本期发生额及余额	34 200	34 200	平	0

表9-80　会计科目：销售费用

20×9年		凭证		摘要	借方	贷方	借或贷	余额
月	日	字	号					
7	31	科汇	1	21 日到 31 日发生额	6 000	6 000	平	0
				本期发生额及余额	6 000	6 000	平	0

表9-81　会计科目：管理费用

20×9年		凭证		摘要	借方	贷方	借或贷	余额
月	日	字	号					
7	10	科汇	1	1 日到 10 日发生额	12 360		借	12 360
	20	科汇	1	11 日到 20 日发生额	3 600	39 840	借	15 960
	31	科汇	1	21 日到 31 日发生额	23 880	39 840	平	0
				本期发生额及余额	39 840	39 840	平	0

表9-82　会计科目：所得税费用

20×9年		凭证		摘要	借方	贷方	借或贷	余额
月	日	字	号					
7	31	科汇	1	21日到31日发生额 本期发生额及余额	25 200 25 200	25 200 25 200	平 平	0 0

表9-83　会计科目：营业外收入

20×9年		凭证		摘要	借方	贷方	借或贷	余额
月	日	字	号					
7	31	科汇	1	21日到31日发生额 本期发生额及余额	1 680 1 680	1 680 1 680	平 平	0 0

表9-84　会计科目：营业外支出

20×9年		凭证		摘要	借方	贷方	借或贷	余额
月	日	字	号					
7	31	科汇	1	21日到31日发生额 本期发生额及余额	1 560 1 560	1 560 1 560	平 平	0 0

四、科目汇总表核算组织程序的优缺点及适用范围

科目汇总表核算组织程序最明显的优点是：由于根据科目汇总表来登记总分类账，所以大大减少了登记总账的工作量；记账的层次比较清楚，手续比较简单；编制科目汇总表还可以进行试算平衡，有利于保证总账资料的准确性。科目汇总表核算组织程序的主要缺点是：在科目汇总表中只反映各账户的借方发生额和贷方发生额，不能反映各个账户的对应关系及经济业务的来龙去脉，不便于根据账簿记录检查分析经济业务情况，不便于查对账目；如果企业规模较大、业务量较多，记账凭证的汇总工作量也较大。科目汇总表核算组织程序适用于经济业务比较频繁，但又不是很复杂的中型企业和其他经济单位。

一、汇总记账凭证核算组织程序的特点

汇总记账凭证核算组织程序，是定期将收款凭证、付款凭证和转账凭证按照会计账户的对应关系进行汇总，分别编制"汇总收款凭证""汇总付款凭证"和"汇总转账凭证"，然后根据各种汇总凭证登记总分类账的一种会计核算组织程序。

二、汇总记账凭证核算组织程序的凭证、账簿设置

采用汇总记账凭证账务处理程序，除应设置收款凭证、付款凭证和转账凭证外，还要设置汇总收款凭证、汇总付款凭证和汇总转账凭证，另外还要设置日记账、总账和明细账。

汇总记账凭证，是根据收款凭证、付款凭证和转账凭证分别进行汇总填制的。一般每隔 5 天或 10 天汇总一次，月终一次登入总分类账。

（1）汇总收款凭证，应当按照现金或银行存款科目的借方分别设置，并根据一定时期内的全部现金或银行存款收款凭证，分别按相对应的贷方科目归类，定期汇总，每月填制一张，以便月终据以登记总分类账。其格式如表 9-85 所示。

表9-85　汇总收款凭证

借方科目：　　　　　　　　　　年　　月　　　　　　汇收字第　　　号

贷方科目	金额				总账页数	
	1～10日凭证第号至号	11～20日凭证第号至号	21～31日凭证第号至号	合计	借方	贷方
合计						

会计主管　　　　　　　　记账　　　　　　　　　复核　　　　　　　　制表

（2）汇总付款凭证，同样应按照现金或银行存款科目的贷方分别设置，根据一定时期内的全部现金或银行存款付款凭证，分别按相对应的借方科目加以归类，定期汇总，每月填制一张，以便据以登记总分类账。其格式如表 9-86 所示。

表9-86 汇总付款凭证

贷方科目：　　　　　　　　　年　　月　　　　　　汇付字第　　号

借方科目	金额				总账页数	
	1～10日凭证第号至 号	11～20日凭证第 号至 号	21～31日凭证第 号至 号	合计	借方	贷方
合计						

会计主管　　　　　　　记账　　　　　　　　复核　　　　　　　制表

（3）汇总转账凭证，是针对转账业务，按每一借（贷）方科目分别设置，根据一定期间内的全部转账凭证，按贷（借）方科目归类，定期汇总，每月填制一张，月终据以登记总账。其格式如表9-87所示。

表9-87 汇总转账凭证

借方科目：　　　　　　　　　年　　月　　　　　　汇转字第　　号

贷方科目	金额				总账页数	
	1～10日凭证第号至 号	11～20日凭证第 号至 号	21～31日凭证第 号至 号	合计	借方	贷方
合计						

会计主管　　　　　　　记账　　　　　　　　复核　　　　　　　制表

三、汇总记账凭证核算组织程序的步骤

汇总记账凭证核算组织程序下账务处理基本步骤：

（1）根据原始凭证或原始凭证汇总表填制记账凭证（收款凭证、付款凭证和转账凭证）。

（2）根据收款凭证和付款凭证序时逐笔地登记现金日记账和银行存款日记账。

（3）根据记账凭证及其所附的原始凭证或原始凭证汇总表登记各种明细分类账。

（4）根据各种记账凭证编制各种汇总记账凭证（汇总收款凭证、汇总付款凭证和汇总转账凭证）。

（5）根据各种汇总记账凭证登记总分类账。

（6）定期将日记账余额、各明细分类账余额与相应的总分类账余额相核对。

（7）期末，根据总分类账和明细分类账的资料编制会计报表。

汇总记账凭证核算形式的账务处理如图9-3所示。

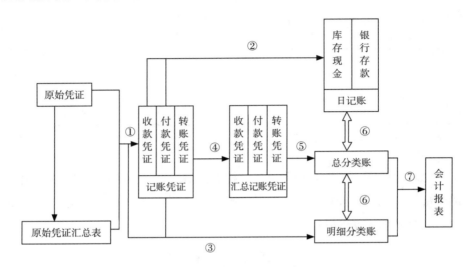

图9-3　汇总记账凭证核算组织程序图

程序说明如下：①根据原始凭证或原始凭证汇总表填制各种记账凭证。为便于编制汇总记账凭证，要求收款凭证按一个借方科目与一个或几个贷方科目相对应填制，付款凭证按一个贷方科目与一个或几个借方科目相对应填制，转账凭证按一借多贷或一贷多借的科目相对应填制。②根据收、付款凭证登记现金日记账和银行存款日记账。现金和银行存款日记账一般采用收、付、余三栏式的日记账簿。③根据原始凭证和各种记账凭证登记各种明细账。明细分类账的格式根据各单位的实际情况及管理的要求，分别采用三栏式、数量金额式和多栏式等账簿格式。④根据各种记账凭证汇总编制各种汇总记账凭证。汇总记账凭证分为汇总收款凭证、汇总付款凭证和付款凭证。⑤根据各种汇总记账凭证登记总分类账户。为了使总分类账的内容与各种汇总记账凭证一致，总分类账所采用的借、贷、余三栏式中的借、贷两栏应设有"对方科目"专栏。月末时，根据汇总收款凭证的合计数，登记在"库存现金""银行存款"等总分类账户的借方，以及有关账户的贷方；根据汇总付款凭证的合计数，登记在"库存现金""银行存款"等总分类账户的贷方，以及有关总账的借方；根据汇总转账凭证的合计数，记入有关总分类账的借方和相对应账户的贷方。⑥月末，将现金日记账、银行存款日记账、各明细分类账的余额与有关总分类账户的余额进行核对。⑦月末，根据总分类账和明细分类账的资料编制财务报表。

【例9-2】以【例9-1】资料，说明汇总记账凭证核算组织程序。

由于记账凭证的编制、现金日记账和银行存款日记账以及各明细分类账的登记与其他核算组织程序基本相同，故不再赘述。这里仅说明汇总记账凭证的编制以及部分总分类账的登记方法。为了简化核算，不编制汇总转账凭证，直接根据转账凭证登记总分类账。

（1）根据收付款凭证编制汇总记账凭证，见表9-88～表9-90。

表9-88　汇总收款凭证

借方科目：银行存款　　　　　　　　20×9年7月　　　　　　　　汇收字第 1 号

贷方科目	金额				总账页数	
	1～10日凭证 第　号至　号	11～20日凭证 第　号至　号	21～31日凭证 第　号至　号	合计	借方	贷方
实收资本	6 000 000			6 000 000		
短期借款	240 000			240 000		
主营业务收入	114 000	21 600	124 800	260 400		
预收账款		12 000		12 000		
合计	6 354 000	33 600	124 800	6 512 400		

会计主管　　　　　　　记账　　　　　　　　　复核　　　　　　　制表

表9-89　汇总付款凭证（一）

贷方科目：库存现金　　　　　　　　20×9年7月　　　　　　　　汇付字第 1 号

借方科目	金额				总账页数	
	1～10日凭证 第　号至　号	11～20日凭证 第　号至　号	21～31日凭证 第　号至　号	合计	借方	贷方
材料采购	888		240	1 128		
应付职工薪酬	18 000			18 000		
营业外支出			1 560	1 560		
合计	18 888		1 800	20 688		

会计主管　　　　　　　记账　　　　　　　　　复核　　　　　　　制表

表9-90 汇总付款凭证（二）

贷方科目：银行存款　　　　　　　　20×9年7月　　　　　　汇付字第 2 号

借方科目	金额				总账页数	
	1～10日凭证第　号至　号	11～20日凭证第　号至　号	21～31日凭证第　号至　号	合计	借方	贷方
固定资产	4 560 000			4 560 000		
应交税费	50 400			50 400		
应付股利	24 000			24 000		
管理费用	3 360	3 600		6 960		
销售费用			6 000	6 000		
材料采购	155 760		21 600	177 360		
预付账款	12 000			12 000		
库存现金	18 000			18 000		
待摊费用			1 800	1 800		
合计	4 823 520	3 600	29 400	4 856 520		

会计主管　　　　　　　记账　　　　　　　　复核　　　　　　　制表

（2）根据汇总收、付款凭证及转账凭证登记部分总分类账，见表9-91～表9-94。

表9-91 会计科目：库存现金

20×9年		凭证		摘要	借方		贷方		借或贷	余额
月	日	字	号		金额	对方科目	金额	对方科目		
7	1			期初余额					借	3 000
	31	汇付	2		18 000	银行存款	1 128	材料采购		
	31	汇付	1				18 000	应付职工薪酬		
							1 560	营业外支出		
				发生额及余额	18 000		20 688		借	312

表9-92 会计科目：银行存款

20×9年		凭证		摘要	借方		贷方		借或贷	余额
月	日	字	号		金额	对方科目	金额	对方科目		
7	1			期初余额					借	36 000
	31	汇收	2		6 000 000	实收资本				
	31				240 000	短期借款				
					260 400	主营业务收入				
		汇付	2		12 000	预收账款	4 560 000	固定资产		
							50 400	应交税费		
							24 000	应付股利		
							6 960	管理费用		
							6 000	销售费用		
							177 360	材料采购		
							12 000	预付账款		
							18 000	库存现金		
							1 800	待摊费用		
				发生额及余额	6 512 400		4 856 520		借	1 691 880

表9-93 会计科目：原材料

20×9年		凭证		摘要	借方		贷方		借或贷	余额
月	日	字	号		金额	对方科目	金额	对方科目		
7	1			期初余额					借	180 000
	31	转	2		336 648	材料采购				
		转	6		33 840	材料采购				
		转	3				210 000	生产成本		
							9 000	管理费用		
	31			发生额及余额	370 488		219 000		借	331 488

表9-94 会计科目：应交税费

20×9年		凭证		摘要	借方		贷方		借或贷	余额
月	日	字	号		金额	对方科目	金额	对方科目		
7	1			期初余额					贷	50 400
	31	汇付	2		50 400	银行存款				
		转	13				34 200	税金及附加		
		转	16				25 200	所得税费用		
	31			发生额及余额	50 400		59 400		贷	59 400

四、汇总记账凭证核算组织程序的优缺点及适用范围

汇总记账凭证核算组织程序根据汇总记账凭证定期汇总登记总账。可以反映账户之间的对应关系，便于对经济活动的情况进行分析和检查；可以减少登记总账的工作量，但汇总凭证工作量较大。汇总记账凭证核算组织程序适用于规模较大、业务量较多的企业采用。

第五节　日记账核算组织程序

日记账核算组织程序的特点是设置日记账来登记总分类账或者用日记账代替总分类账，具体又分为多栏式日记账核算形式、日记总账核算形式和普通日记账核算形式。

一、多栏式日记账核算组织程序

（一）多栏式日记账核算组织程序的特点

多栏式日记账账务处理程序是指设置多栏式日记账，并根据它来登记总分类账的一种会计核算形式。此种账务处理程序的主要特点是设置多栏式现金日记账和多栏式银行存款日记账，并在月末根据这些日记账各专栏的合计数直接登记总分类账，以反映现金和银行存款的收、付业务。至于转账业务，则可根据转账凭证逐笔登记总分类账，也可根据转账凭证编制汇总记账凭证或科目汇总表，再据此登记总账。

（二）多栏式日记账核算组织程序的凭证、账簿设置

多栏式日记账核算组织程序下的凭证组织与前述几种核算形式的凭证组织是相同的。在多栏式日记账核算组织程序下，现金日记账和银行存款日记账均采用多栏式，总分类账采用汇总式总账，其格式见表9-95。

表9-95　总分类账（汇总式）

账户	期初余额		本期发生额								期末余额	
	借方	贷方	现金业务	银行存款业务	转账业务	合计	现金业务	银行存款业务	转账业务	合计	借方	贷方

在多栏式日记账核算组织程序下，由于现金日记账和银行存款日记账都按其对应账户设置专栏，具备了现金和银行存款科目汇总表的功能，月终时，可以直接根据这些日记账的本月收、支方发生额和对应账户的发生额登记总账。登记时，根据多栏式日记账收入合计栏的本月发生数记入总分类账现金和银行存款账户的借方，并根据收入栏下各专栏对应账户的本月发生额记入各有关总账账户的借方；根据多栏式日记账支出合计栏的本月发生额记入总分类账现金和银行存款账户的贷方，并根据支出栏下各专栏对应账户的本月发生额记入有关总分类账账户的贷方。对于现金和银行存款的划转数额，因已经分别包括在有关日记账的收入和支出合计栏的本月发生额之内，所以无须再根据有关对应账户专栏的合计数登记总分类账，以免重复。对于转账业务，则根据记账凭证或者科目汇总表登记总账。

（三）多栏式日记账核算组织程序的步骤

多栏式日记账核算组织程序下账务处理的基本步骤：

多栏式日记账核算组织程序的账务处理程序除了将图 9-3 第②步改为登记多栏式日记账，以及第④步是依据多栏式日记账和转账凭证登记总账外，其他各步骤的顺序和内容同前。

（四）多栏式日记账账务处理程序的优缺点及适用范围

多栏式现金日记账和银行存款日记账在序时记录现金和银行存款业务的同时，也对这些业务按照对应的总分类账进行了归类，因而起到了现金和银行存款的汇总收付凭证的作用，可以大大简化总账的登记工作；多栏式日记账清楚地反映了现金与银行存款收入的来源和支出的用途，对应关系清晰，便于分析和使用账簿；根据多栏式日记账，月末一次直接登记总账，简化了总分类账的登记手续。但是如果企业的经济业务量大，涉及的账户多，则日记账的专栏就多、账页过长，不便于记账（改进的方法是，可以分别设置现金收入、现金支出的多栏式日记账以及分别设置银行存款收入和银行存款支出的多栏式日记账）；月末直接根据日记账登记总账，破坏了日记账与货币资金核算总分类账的核对关系，不利于实行会计的内部牵制制度。多栏式日记账核算组织程序一般适用于涉及会计科目不多的企业。

二、日记总账核算组织程序

（一）日记总账核算组织程序的特点

日记总账核算组织程序是指对于一切经济业务均在日记总账中同时进行序时登记和分类登记的一种核算形式。此种核算形式的主要特点是设置序时与分类相结合的日记总账，进行总分类记录。它是在记账凭证核算形式的基础上，通过改变账簿组织而形成的。

（二）日记总账核算组织程序的凭证、账簿设置

日记总账核算形式的凭证组织与记账凭证核算形式的凭证组织基本相同。

在日记总账核算组织程序下，需要设置现金日记账、银行存款日记账和日记总账。这些日记账可采用三栏式订本账簿，也可采用多栏式订本账簿。而日记总账是一种日记账与总分类账相结合的联合账簿，它把所有总分类账集中在同一账页上，既按经济业务的顺序进行序时记录，又根据经济业务的性质，按照账户对应关系进行分类记录。日记总账的格式如表 9-96 所示。

表9-96　日记总账

20×9年		凭证		摘要	发生额	现金		银行存款		原材料		……
月	日	字	号			借方	贷方	借方	贷方	借方	贷方	

日记总账的格式可划分为序时核算和分类核算两部分：左方从日期到发生额栏，是用来进行序时核算的日记账部分；账页的其余部分是按总分类账户分设借、贷方栏，用于按照账户对应关系进行分类核算。

登记日记总账时，每一笔业务的发生额，应该以同样的数值，既在"发生额"栏登记，又在同一行的有关账户借方栏及其对应账户的贷方栏登记。

月末，加计各账户的借、贷方发生额，并分别计算出各账户的月末借方余额和贷方余额。此时，各账户借方发生额之和应当与贷方发生额之和相等，并与"发生额"栏的合计数也相等。如果上列三项数字不相符，说明记账有误或者计算有误，应查明更正。如果三项数字相符，也应注意有无漏记、重记、反方向串户等现象，以确保账簿记录的正确性。

设置三栏式现金、银行存款日记账时，日记总账应根据收款凭证、付款凭证和转账凭证逐日逐笔直接登记，现金、银行存款日记账只用于期末同日记总账中的现金、银行存款账户核对。

设置多栏式现金、银行存款日记账时，转账业务应根据转账凭证逐日逐笔登记日记总账，而收、付款业务，则可根据多栏式现金、银行存款日记账的各专栏的全月合计数，月终过入日记总账，以减少登记日记总账的工作量。

（三）日记总账核算组织程序的步骤

日记总账核算形式与记账凭证核算形式的账务处理程序基本相同。其账务处理程序

如图 9-4 所示。

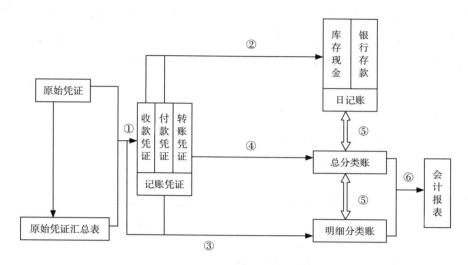

图9-4 日记总账核算组织程序图

程序说明如下：①根据原始凭证或原始凭证汇总表填制各种记账凭证。记账凭证多采用收款凭证、付款凭证、转账凭证的格式，也可以采用通用格式。②根据收、付款登记现金日记账和银行存款日记账。现金、银行存款日记账可以采用收、付、余三栏式的日记账，也可以采用收、付栏设有对方科目的多栏式日记账簿。③根据原始凭证、原始凭证汇总表和各种记账凭证登记各种明细分类账。明细账的格式可根据各单位的实际情况及管理的要求，分别采用三栏式、多栏式和数量金额式等。④根据各种记账凭证及现金日记账、银行存款日记账登记日记总账。⑤月末，将现金日记账、银行存款日记账和各明细分类账的余额与总分类账的有关账户余额核对。核对的内容包括：采用三栏式日记账的情况下，日记账月末的合计数与日记账总账核对，日记总账有关账户余额与其所属明细分类账余额的合计数核对，日记总账"发生额"栏的本月合计数与全部科目的借、贷方发生额合计数核对，日记总账中各账户的借方余额合计数与贷方余额合计数核对。采用多栏式日记账的情况下，日记账月末的合计数过入日记总账，不必将日记账与日记总账进行核对。⑥根据日记总账和各种明细分类账编制会计报表。

（四）日记总账核算组织程序的优缺点及适用范围

日记总账核算组织程序手续简便，易于操作，由于直接根据记账凭证登记日记总账，省去了汇总记账凭证的环节，操作简便；清晰明了，便于核对，由于日记总账将全部会计账户都集中在一张账页上，对所有经济业务都按业务发生的先后进行序时登记，并按经济业务的性质和账户对应关系进行总分类记录，因此便于记账、查账和了解企业一定时期的全部经济活动情况；便于编制会计报表，由于日记总账包括全部总分类账户，月末时，全部账户的本期发生额和期末余额都集中在一张账页上，为编制会计报表提供了方便。因为总分类账集中在同一张账页上，日记总账只能同时由一个会计人员登记，不便于会计人员分工协作；如果使用的总分类账户过多，就会使日记总账账页过长，登记时容易串行串栏，给记账工作带来不便。日记总账核算组织程序主要适用于规模不大、经济业务比较简单、使用账户不多的单位。

三、普通日记账核算组织程序

（一）普通日记账核算组织程序的特点

普通日记账核算组织程序是指通过设置普通日记账代替记账凭证登记全部经济业务的会计分录，并据此来登记总分类账和特种日记账的一种核算形式。

（二）普通日记账核算组织程序的凭证、账簿设置

在普通日记账核算组织程序下，不再设置记账凭证，而是设置普通日记账来代替记账凭证。普通日记账的格式、作用及登记方法已经在前面第六章中介绍了。除此之外，凭证和其他账簿的组织同前。

（三）普通日记账核算组织程序的步骤

在普通日记账核算组织程序下，由于不设置记账凭证，因而当经济业务发生后，是根据该业务的原始凭证直接在普通日记账上编制会计分录，所以，普通日记账又称为分录簿；然后根据普通日记账上的会计分录逐笔过入有关的总分类账、明细分类账和现金日记账、银行存款日记账。其他步骤同前。

普通日记账核算形式记账务处理程序如图9-5所示。

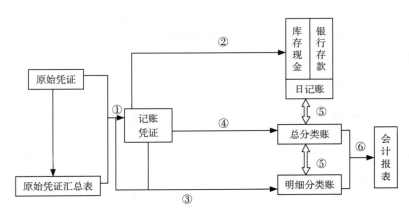

图9-5 普通日记账核算组织程序图

（四）普通日记账核算组织程序的优缺点和适用范围

普通日记账的优点是将全部经济业务的会计分录记录在一本普通日记账上，便于了解经济活动的全貌，方便查阅，同时简单明了，有简化工作的作用。其缺点是根据一本日记账来登记总账、明细账和特种日记账，不便于记账的分工协作；记账工作量大，容易造成重复记账现象；原始凭证和会计分录分离，不利于会计档案的管理。普通日记账核算组织程序主要适用于规模较小、业务量不多且简单的单位。

 拓展阅读

财务机器人

财务机器人是一种人工智能技术，它通过使用大量的数据和强大的计算能力来支持财务决策和财务流程自动化。财务机器人可以帮助企业提高生产率、减轻财务工作量和提升收益，帮助企业实现可持续发展。财务机器人通过大数据分析，能够成本效益地收集、汇总、分析和预测大量财务数据，从而实现智能化计算和财务决策自动化。

以 RPA（Robotic Process Automation，机器人流程自动化）为基础，财务机器人可以更快、更好地完成大量的重复性财务工作，例如发票管理、凭证编制、凭证验真、银行对账等，帮助企业高效地完成财务工作。

此外，财务机器人拥有丰富的决策支持分析能力，可以综合复杂的财务数据，形成价值可视的数据报告，从数据中发现投资机会和业务机会，提供有效的决策支持，帮助改善管理和控制财务风险。

总的来说，财务机器人的技术可以提高财务处理效率，帮助企业管理财务风险，扩大投资回报，改善财务报告精度，提高企业核算和决策效率。

财务机器人可以结合其他人工智能技术，如自然语言处理、深度学习等，进一步提升它的性能，智能化改善财务报表等复杂的财务任务，大大提高企业财务管理水平。

 思政小课堂

党的二十大报告强调，要加快数字化发展，建设数字中国。RPA 财务机器人是财务数字化的重要工具，可以帮助企业实现财务业务的自动化、智能化，提升财务部门在企业整体数字化转型中的作用。

随着 RPA 财务机器人的应用，财务人员可以从烦琐的工作中解脱出来，有更多精力投入到战略决策、分析预警等更高价值的工作上。这有助于提高财务人员的素质，培养具备创新精神和专业素养的财务人才。

同时，RPA 财务机器人可以减少人工操作失误，提高数据准确性，有助于企业更好地贯彻绿色发展理念，实现绿色财务管理，充分体现了党的二十大报告提出的加快绿色经济发展、加强生态文明建设的理念。

课后练习

课件

第十章 财务报表

引导案例 ▶

　　沃伦·巴菲特，伯克希尔·哈撒韦集团董事长，世界上最伟大的投资者，金融界的传奇人物。沃伦·巴菲特以他独特的投资策略、投资技巧成为20世纪，也许是整个人类历史上最伟大的投资者之一。从1942年11岁的巴菲特第一次购买股票以来，他以惊人的速度积敛了财富；假如你也想进行股票投资，想选择一家信息时代前景良好的公司，那么你将如何选择？如何判断你所选择的这家公司是明智的？要回答这个问题，你必须了解在做这个决策时，你需要了解哪些信息、这些信息可以从哪里获得等。本章要学习的财务报表知识是你所需要信息的一个重要来源。

学习目标 ▶

　　（1）了解会计报表的意义、种类、编制要求。
　　（2）掌握资产负债表的结构、内容。
　　（3）掌握利润表的结构、内容。

第一节　财务报表概述

一、财务报表的概念及意义

　　财务报表是对企业财务状况、经营成果和现金流量的结构性表述。

　　在会计核算工作中，通过填制会计凭证、登记账簿，对各单位日常所发生的经济业务事项进行连续、系统、全面的记录和计算，可以提供有关资产、负债、所有者权益、收入、费用、成本、经营成果、财务状况和现金流量等方面的核算资料，这对于加强日常经营管理是很必要的。但是，这些日常核算资料比较分散，不能集中、概括地反映各单位的经济活动的全貌及其经营成果。为了使各单位管理当局利用会计核算资料来加强经济管理，使单位外部会计报表使用者能够利用会计核算资料进行相应的决策，就必须把日常核算资料定期地加以归类、整理、汇总，编制财务会计报表。财务会计报表是以货币为主要计量单位，以日常核算资料为依据，按照规定的格式和要求编制并对外提供的，总括反映企业、行政事业等单位某一特定日期的财务状况、某一会计期间的经营成果以及现金流量等会计信息的书面文件。编制财务会计报表，是会计核算的又一种专门方法，也是会计工作的一项重要内容。

财务会计报表是向财务会计报告使用者提供与企业财务状况、经营成果和现金流量等有关的会计信息一种重要手段，反映企业管理层受托责任履行情况，有助于财务会计报告使用者做出经济决策。各单位编制财务会计报表对于加强经济管理、提高经济效益具有重要意义。

（一）为投资者了解单位财务状况、经营成果、进行投资决策提供必要的信息资料

各单位的投资者（包括国家、个人、其他经济单位和外商等）非常关心投资报酬、投资风险和单位管理层受托责任履行情况，在投资前需了解单位的财务状况和经济活动情况，以做出正确的投资决策；投资后需了解单位的经营成果、资金使用状况以及投资报酬的情况等资料，以便进行资金去留的决策。财务会计报表通过全面、系统地向投资者提供企业财务状况、经营成果和现金流量等有关的会计信息，满足其投资决策的需要。

（二）为单位的债权人提供本单位的资金运转情况、偿债能力和支付能力等信息资料

银行、非银行金融机构、债券购买者等是市场经济条件下各单位的重要债权人，他们需要单位提供财务状况、盈利能力、现金流量等资料，以便分析其按期还本付息的能力。商业债权人是市场经济条件下单位又一重要的债权人，他们通过供应材料、设备、提供劳务等交易成为单位的债权人，需要单位有关偿债能力的资料。财务会计报表可以为单位的各种债权人提供本单位的资金运转情况、偿债能力和支付能力等信息资料，供债权人做出信贷和赊销的决策。

（三）为各单位内部经营管理者和职工群众的日常经营管理活动提供必要的信息资料

单位的经营管理者需要经常不断地考核、分析单位的财务状况，评价单位的经济工作，查明存在的问题及原因，总结经验，不断改进经营管理工作、提高管理水平。财务

会计报表可以为经营管理者提供管理活动过程及结果的全面、完整、系统的数据资料，帮助其预测经济远景、进行经营决策，以便做出正确的结论，使单位的生产经营活动良性发展。

单位的职工、职工代表大会及工会组织，也可以通过会计报表提供的数据资料，更好地参与单位的经营管理活动，为单位的生存和发展做出更大的贡献。

（四）为财政、工商、税务等政府行政管理部门提供对单位实施管理和监督的各项信息资料

各单位的财务会计报表是政府部门进行宏观经济管理的重要依据。财政、工商、税务等行政管理部门，通过财务会计报表检查单位资金的使用情况、成本的计算情况、利润（或亏损）的形成和分配（弥补）情况、税收的计算和解交情况；检查单位财经纪律的遵守情况。通过编制财务会计报表，可以为上述各部门提供必要的数据资料，以便其对单位实施管理和监督。

（五）为审计机关检查、监督各单位的生产经营活动提供必要的信息资料

审计机关的审计工作是从财务会计报表审计开始的，财务会计报表为审计工作提供详尽、全面的数据资料，并为凭证和账簿的进一步审计指明方向。

二、财务报表的组成和分类

（一）财务报表的组成

财务报表是对企业财务状况、经营成果和现金流量的结构性表述。一套完整的财务报表至少应当包括资产负债表、利润表、现金流量表、所有者权益（或股东权益，下同）变动表以及附注。

资产负债表、利润表和现金流量表分别从不同角度反映企业的财务状况、经营成果和现金流量。资产负债表反映企业在某一特定日期所拥有的资产、需偿还的债务、以及股东（投资者）拥有的净资产情况；利润表反映企业在一定会计期间的经营成果，即利润或亏损的情况，表明企业运用所拥有的资产的获利能力；现金流量表反映企业在一定会计期间现金和现金等价物流入和流出的情况。

所有者权益变动表反映构成所有者权益的各组成部分当期的增减变动情况。企业的净利润及其分配情况是所有者权益变动的组成部分，相关信息已经在所有者权益变动表及其附注中反映，企业不需要再单独编制利润分配表。

附注是财务报表不可或缺的组成部分，是对在资产负债表、利润表、现金流量表和所有者权益变动表等报表中列示项目的文字描述或明细资料，以及对未能在这些报表中

列示项目的说明等。

（二）财务报表分类

财务报表可以按照不同的标准分类。

（1）按财务报表编报期间的不同，可以分为中期财务报表和年度财务报表。中期财务报表是以短于一个完整会计年度的报告期间为基础编制的财务报表，包括月报、季报和半年报等。中期财务报表至少应当包括资产负债表、利润表、现金流量表和附注，其中，中期资产负债表、利润表和现金流量表应当是完整报表，其格式和内容应当与年度财务报表相一致。与年度财务报表相比，中期财务报表中的附注披露可适当简略。

（2）按财务报表编报主体的不同，可以分为个别财务报表和合并财务报表。个别财务报表是由企业在自身会计核算基础上对账簿记录进行加工而编制的财务报表，它主要用以反映企业自身的财务状况、经营成果和现金流量情况。合并财务报表是以母公司和子公司组成的企业集团为会计主体，根据母公司和所属子公司的财务报表，由母公司编制的综合反映企业集团财务状况、经营成果及现金流量的财务报表。

三、财务报表列报的基本要求

财务报表列报的基本要求体现在以下几方面。

（一）确认和计量

企业应当根据实际发生的交易和事项，遵循各项具体会计准则的规定进行确认和计量，并在此基础上编制财务报表。企业应当在附注中对遵循企业会计准则编制的财务报表做出声明，只有遵循了企业会计准则的所有规定时，财务报表才应当被称为"遵循了企业会计准则"。

（二）列报基础

在编制财务报表的过程中，企业管理层应当对企业持续经营的能力进行评价，需要考虑的因素包括市场经营风险、企业目前或长期的盈利能力、偿债能力、财务弹性以及企业管理层改变经营政策的意向等。评价后对企业持续经营的能力产生严重怀疑的，应当在附注中披露导致对持续经营能力产生重大怀疑的重要的不确定因素。

非持续经营是企业在极端情况下出现的一种情况，非持续经营往往取决于企业所处的环境以及企业管理部门的判断。一般而言，企业存在以下情况之一的，通常表明企业处于非持续经营状态：①企业已在当期进行清算或停止营业；②企业已经正式决定在下一个会计期间进行清算或停止营业；③企业已确定在当期或下一个会计期间没有其他可供选择的方案而将被迫进行清算或停止营业。企业处于非持续经营状态时，应当采用其他基础编制财务报表，比如破产企业的资产应当采用可变现净值计量、负债应当按照其预计的结算金额计量等。在非持续经营情况下，企业应当在附注中声明财务报表未以持续经营为基础列报，披露未以持续经营为基础的原因以及财务报表的编制基础。

（三）重要性和项目列报

关于项目在财务报表中是单独列报还是合并列报，应当依据重要性原则来判断。具体而言：

（1）性质或功能不同的项目，一般应当在财务报表中单独列报，但是不具有重要性的项目可以合并列报。

（2）性质或功能类似的项目，一般可以合并列报，但是对其具有重要性的类别应该单独列报。

（3）项目单独列报的原则不仅适用于报表，还适用于附注。

（4）无论是《企业会计准则第 30 号——财务报表列报》规定的单独列报项目，还是其他具体会计准则规定单独列报的项目，企业都应该单独列报。

企业在进行重要性判断时，应当根据所处的环境，从项目的性质和金额大小两方面予以判断。

（四）列报的一致性

可比性是会计信息质量的一项重要质量要求，目的是使同一企业不同期间和同一期间不同企业的财务报表相互可比。为此，财务报表项目的列报应当在各个会计期间保持一致，不得随意变更，这一要求不仅只针对财务报表中的项目名称，还包括财务报表项目的分类、排列顺序等等方面。

在以下规定的特殊情况下，财务报表项目的列报是可以改变的：①会计准则要求改变；②企业经营业务的性质发生重大变化后，变更财务报表项目的列报能够提供更可靠、更相关的会计信息。

（五）财务报表项目金额间的相互抵销

财务报表项目应当以总额列报，资产和负债、收入和费用不能相互抵销，即不得以净额列报，但企业会计准则另有规定的除外。比如，企业欠客户的应付款不得与其他客户欠本企业的应收款相抵销，如果相互抵销就掩盖了交易的实质。

下列两种情况不属于抵销，可以以净额列示：

（1）资产项目按扣除减值准备后的净额列示，不属于抵销。对资产计提减值准备，表明资产的价值确实已经发生减损，按扣除减值准备后的净额列示，才反映了资产当时的真实价值。

（2）非日常活动的发生具有偶然性，并非企业主要的业务，从重要性来讲，非日常活动产生的损益以收入扣减费用后的净额列示，更有利于报表使用者的理解，也不属于抵销。

（六）比较信息的列报

企业在列报当期财务报表时，至少应当提供所有列报项目上一可比会计期间的比较数据，以及与理解当期财务报表相关的说明。

（七）财务报表表首的列报要求

财务报表一般分为表首、正表两部分，其中，在表首部分企业应当概括地说明下列基本信息：①编报企业的名称。②对资产负债表而言，须披露资产负债表日；对利润表、现金流量表、所有者权益变动表而言，须披露报表涵盖的会计期间。③货币名称和单位。④财务报表是合并财务报表的，应当予以标明。

（八）报告期间

企业至少应当编制年度财务报表，会计年度自公历 1 月 1 日至 12 月 31 日止。可能存在年度财务报表涵盖的期间短于一年的情况，企业应当披露年度财务报表的实际涵盖期间及其短于一年的原因，并应当说明由此引起财务报表项目与比较数据不具可比性这一事实。

四、财务报表的报送

单位应当按照规定的时间编报并向外部财务报表使用者提供财务报表，以便于与企业有财务关系的单位及政府部门及时了解单位财务状况、经营成果和现金流量，据此做出相应决策。按照国家统一会计制度的规定，月度财务会计报表应当于月份终了后 6 天内（节假日顺延，下同）对外提供；季度财务会计报表应当于季度终了后 15 日内对外提供；半年度财务会计报表应当于中期结束后 60 天内对外提供；年度财务会计报表应当于年度终了后 4 个月内对外提供。为此，企业应科学地组织会计的日常核算工作，选择适合本企业具体情况的会计核算组织程序，认真做好记账、算账、对账和按期结账工作。

在对外提供的财务会计报表上签章是明确责任的重要程序。《会计法》规定，会计报表应当由单位负责人和主管会计工作的负责人、会计机构负责人（会计主管人员）签名并盖章；设置总会计师的单位，还须由总会计师签名并盖章。凡是法律、行政法规规定会计报表、会计报表附注和财务情况说明书应当经过注册会计师审计的单位，该单位在提供财务会计报表时，应将注册会计师及其所在的会计师事务所出具的审计报告，随同财务会计报表一并提供。

第二节　资产负债表

一、资产负债表概述

资产负债表是指反映企业在某一特定日期的财务状况的报表。编制资产负债表具有如下作用：

第一，提供了企业所掌握的经济资源及其分布的情况，报表使用者据此可以分析企业资产结构分布是否合理。

第二，总括反映了企业资金的来源渠道和构成情况，投资者和债权人据此可以分析企业资本结构的合理性及其所面临的财务风险。

第三，通过对资产负债表的分析，可以了解企业的财务实力、偿债能力和支付能力，投资者和债权人据此可以做出相应的决策。

第四，通过对前后期资产负债表的对比分析，可以了解企业资金结构的变化情况，经营者、投资者和债权人据此可以掌握企业财务状况的变化情况和变化趋势。

资产负债表主要反映资产、负债和所有者权益三方面的内容，并满足"资产＝负债＋所有者权益"平衡式。

（1）资产，反映由过去的交易、事项形成并由企业在某一特定日期所拥有或控制的、预期会给企业带来经济利益的资源。资产应当按照流动资产和非流动资产两大类别在资产负债表中列示，在流动资产和非流动资产类别下进一步按性质分项列示。

流动资产是指预计在一个正常营业周期中变现、出售或耗用，或者主要为交易目的而持有，或者预计在资产负债表日起一年内（含一年）变现的资产，或者自资产负债表日起一年内交换其他资产或清偿负债的能力不受限制的现金或现金等价物。

资产负债表中列示的流动资产项目通常包括：货币资金、交易性金融资产、应收票据、应收账款、预付款项、应收利息、应收股利、其他应收款、存货和一年内到期的非流动资产等。

非流动资产是指流动资产以外的资产。资产负债表中列示的非流动资产项目通常包括：长期股权投资、固定资产、在建工程、工程物资、固定资产清理、无形资产、开发支出、长期待摊费用以及其他非流动资产等。

（2）负债，反映在某一特定日期企业所承担的、预期会导致经济利益流出企业的现时义务。负债应当按照流动负债和非流动负债在资产负债表中进行列示，在流动负债和非流动负债类别下再进一步按性质分项列示。

流动负债是指预计在一个正常营业周期中清偿，或者主要为交易目的而持有，或者自资产负债表日起一年内（含一年）到期应予以清偿，或者企业无权自主地将清偿推迟至资产负债表日后一年以上的负债。资产负债表中列示的流动负债项目通常包括：短期借款、应付票据、应付账款、预收款项、应付职工薪酬、应交税费、应付利息、应付股利、其他应付款、一年内到期的非流动负债等。

非流动负债是指流动负债以外的负债。非流动负债项目通常包括：长期借款、应付债券和其他非流动负债等。

（3）所有者权益，是企业资产扣除负债后的剩余权益，反映企业在某一特定日期股东（投资者）拥有的净资产的总额，它一般按照实收资本、资本公积、盈余公积和未分配利润分项列示。

（一）资产负债表的结构

我国企业的资产负债表采用账户式结构。账户式资产负债表分左右两方，左方为资产项目，大体按资产的流动性大小排列，流动性大的资产如"货币资金""交易性金融资产"等排在前面，流动性小的资产如"长期股权投资""固定资产"等排在后面。右方为负债及所有者权益项目，一般按要求清偿时间的先后顺序排列："短期借款""应付票据""应付账款"等需要在一年以内或者长于一年的一个正常营业周期内偿还的流动负债排在前面，"长期借款"等在一年以上才需偿还的非流动负债排在中间，在企业清算之前不需要偿还的所有者权益项目排在后面。

账户式资产负债表中的资产各项目的合计等于负债和所有者权益各项目的合计，即资产负债表左方和右方平衡。因此，通过账户式资产负债表，可以反映资产、负债、所有者权益之间的内在关系，即"资产 = 负债 + 所有者权益"。

我国企业资产负债表格式如表 10-1 所示。

表10-1 资产负债表

编制单位： 　　　　年　　月　　日 　　　　单位：元

资产	期末余额	年初余额	负债和股东权益	期末余额	年初余额
流动资产：			流动负债：		
货币资金			短期借款		

资产	期末余额	年初余额	负债和股东权益	期末余额	年初余额
交易性金融资产			交易性金融负债		
应收票据			应付票据		
应收账款			应付账款		
预付款项			预收款项		
应收利息			应付职工薪酬		
应收股利			应交税费		
其他应收款			应付利息		
存货			应付股利		
一年内到期的非流动资产			其他应付款		
其他流动资产			一年内到期的非流动负债		
流动资产合计			其他流动负债		
非流动资产：			流动负债合计		
可供出售金融资产			非流动负债：		
持有至到期投资			长期借款		
长期应收款			应付债券		
长期股权投资			长期应付款		
投资性房地产			专项应付款		
固定资产			预计负债		
在建工程			递延所得税负债		
工程物资			其他非流动负债		
固定资产清理			非流动负债合计		
生产性生物资产			负债合计		
油气资产			股东权益：		
无形资产			股本		
开发支出			资本公积		
商誉			减：库存股		

续表

资产	期末余额	年初余额	负债和股东权益	期末余额	年初余额
长期待摊费用			其他综合收益		
递延所得税资产			盈余公积		
其他非流动资产			未分配利润		
非流动资产合计			股东权益合计		
资产总计			负债和股东权益合计		

（二）资产负债表的内容

现行会计制度规定的资产负债表，是按"资产＝负债＋所有者权益"的会计方程式所反映的经济内容设计的。它的内容包括企业的全部资产、全部负债及所有者权益。其构成的大类项目和具体内容如表10-2所示。

表10-2 资产负债表的内容

资产方	负债及所有者权益方
流动资产	流动负债
非流动资产	非流动负债
	所有者权益

根据会计方程式建立的资产负债表的资产方两大类项目的金额相加之和应该等于负债及所有者权益方三大类项目的金额相加之和。

现将资产负债表中各个大类项目的内容说明如下：

（1）流动资产：包括企业的现金及各种存款、交易性金融资产、应收及预付款项、存货等。

（2）非流动资产：包括可供出售金融资产、长期股权投资、投资性房地产、固定资产、无形资产、开发支出、长期待摊费用等

（3）流动负债：包括短期借款、交易性金融负债、应付票据、应付账款、预收账款、应付职工薪酬、应交税费、应付利息、应付股利、其他应付款等。

（4）长期负债：包括长期借款、应付债券、长期应付款等。

（5）所有者权益：包括资本公积金、盈余公积金和未分配利润等。

二、资产负债表的编制方法

由于每一项资产金额和负债及所有者权益金额都是以各有关账户的余额来表示的。

因此，作为总括反映资产、负债及所有者权益相等关系的资产负债表的项目，原则上都可以直接根据总分类账户的期末余额直接填列。但是，为了满足会计信息使用者的特殊需要和如实反映财务状况的要求，资产负债表的某些项目就需要根据总分类账和明细分类账的记录分析，计算后填列。

归纳起来，资产负债表项目的填列有以下几种情况。

（1）根据总账科目的余额填列。资产负债表中的许多项目都采用此种方法填列，如"交易性金融资产""短期借款""应付票据""应付职工薪酬"等项目"，根据"交易性金融资产""短期借款""应付票据""应付职工薪酬"各总账的余额直接填列；有些项目则根据几个总账科目的期末余额计算填列，如："货币资金"项目，需根据"库存现金""银行存款""其他货币资金"三个总账科目的期末余额合计数填列。

【例10-1】晨星公司20×9年12月31日结账后的"库存现金"科目余额为10 000元，"银行存款"科目余额为4 000 000元，"其他货币资金"科目余额为1 000 000元。

本例中，企业应当按照"库存现金""银行存款"和"其他货币资金"三个总账科目余额加总后的金额作为资产负债表中的"货币资金"项目的金额。

该企业20×9年12月31日资产负债表中的"货币资金"项目金额为：

$$10\ 000+4\ 000\ 000+1\ 000\ 000=5\ 010\ 000（元）$$

【例10-2】晨星公司20×9年12月31日结账后的"交易性金融资产"科目余额为100 000元。

本例中，由于企业是以公允价值计量交易性金融资产，每期交易性金融资产价值的变动，无论上升还是下降，均已直接调整"交易性金融资产"科目金额，因此，企业应当直接以"交易性金融资产"总账科目余额填列在资产负债表中。

该公司20×9年12月31日资产负债表中的"交易性金融资产"项目金额为100 000元。

【例10-3】晨星公司20×9年3月1日向银行借入一年期借款320 000元，向其他金融机构借款230 000元，无其他短期借款业务发生。

本例中，企业直接将"短期借款"总账科目余额填列在资产负债表中。企业20×9年12月31日资产负债表中的"短期借款"项目金额为：

$$320\ 000+230\ 000=550\ 000（元）$$

【例10-4】晨星公司年末向股东发放现金股利400 000元，股票股利100 000元，现金股利尚未支付。

本例中，企业发放的股票股利不通过"应付股利"科目核算，因此，资产负债表中"应付股利"即为尚未支付的现金股利金额，即 400 000 元。该企业 20×9 年 12 月 31 日资产负债表中的"应付股利"项目金额为 400 000 元。

【例 10-5】晨星公司 20×9 年 12 月 31 日应付 A 企业商业票据 32 000 元，应付 B 企业商业票据 56 000 元，应付 C 企业商业票据 680 000 元，尚未支付。

本例中，企业直接将"应付票据"总账科目余额填列在资产负债表中。该企业在 20×9 年 12 月 31 日资产负债表中"应付票据"项目金额为：
$$32\ 000+56\ 000+680\ 000=768\ 000（元）$$

【例 10-6】晨星公司 20×9 年 12 月 31 日应付管理人员工资 300 000 元，应计提福利费 42 000 元，应付车间工作人员工资 57 000 元，无其他应付职工薪酬项目。

本例中，管理人员工资、车间工作人员工资和福利费都属于职工薪酬的范围，应当将各种应付未付职工薪酬加总后的金额，即"应付职工薪酬"总账科目余额填列在资产负债表中。

企业 20×9 年 12 月 31 日资产负债表中"应付职工薪酬"项目金额为：
$$300\ 000+42\ 000+57\ 000=399\ 000（元）$$

【例 10-7】晨星公司 20×9 年 1 月 1 日发行了公司债券，面值为 1 000 000 元，当年 12 月 31 日应计提的利息为 10 000 元。

本例中，企业应当将债券面值和应计提的利息作为"应付债券"填列资产负债表中"应付债券"项目的金额。

该企业 20×9 年 12 月 31 日资产负债表中"应付债券"项目金额为：
$$1\ 000\ 000+10\ 000=1\ 010\ 000（元）$$

（2）根据明细账科目余额计算填列。如"应付账款"项目，需要根据"应付账款"和"预付账款"两个科目所属的相关细账科目的期末贷方余额计算填列；"应收账款"项目，需要根据"应收账款"和"预收账款"两个科目所属的相关细账科目的期末借方余额计算填列。

【例 10-8】晨星公司 20×9 年 12 月 31 日，"应付账款"总账余额贷方 97 500 元，其明细账贷方余额合计 142 500 元，其明细账借方余额合计 45 000 元；"预付账款"总账借方余额 54 000 元，其明细账借方余额合计 139 500 元，贷方明细账余额合计

85 500 元。

本例中，应该根据"应付账款"和"预付账款"所属明细账的贷方余额合计填列资产负债表中"应付账款"项目金额，根据"应付账款"和"预付账款"所属明细账的借方余额合计填列资产负债表中"预付账款"项目的金额，即：

资产负债表中"应付账款"项目的金额为：

$$142\ 500+85\ 500=228\ 000（元）$$

资产负债表中"预付账款"项目的金额为：

$$45\ 000+139\ 500=184\ 500（元）$$

【例 10-9】晨星公司 20×9 年 12 月 31 日，"应收账款"总账余额借方 12 000 元，其明细账贷方余额合计 6 000 元，其明细账借方余额合计 18 000 元；"预收账款"总账贷方余额 15 000 元，其明细账借方余额合计 12 000 元，贷方明细账余额合计 27 000 元。"坏账准备"账户余额为 3 000 元。

本例中，应该根据"应收账款"和"预收账款"所属明细账的借方余额合计减去"坏账准备"账户余额的净额填列资产负债表中"应收账款"项目金额，根据"应收账款"和"预收账款"所属明细账的贷方余额合计填列资产负债表中"预收账款"项目的金额。即：

资产负债表中"应收账款"项目的金额为：

$$18\ 000+12\ 000-3\ 000=27\ 000（元）$$

资产负债表中"预付账款"项目的金额为：

$$6\ 000+27\ 000=33\ 000（元）$$

（3）根据总账科目和明细账科目余额分析计算填列。如"长期借款"项目，需要根据"长期借款"总账科目余额扣除"长期借款"科目所属的明细账科目中将在一年内到期且企业不能自主地将清偿义务展期的长期借款后的金额计算填列。

【例 10-10】晨星公司 20×9 年 12 月 31 日，"长期待摊费用"科目的期末余额为 375 000 元，将于一年内摊销的数额为 204 000 元。

本例中，企业应当根据"长期待摊费用"总账科目余额 375 000 元减去将于一年内摊销的金额为 204 000 元作为资产负债表中"长期待摊费用"项目的金额，即 171 000 元，将于一年内摊销完毕的 204 000 元，应当填列在流动资产下"一年内到期的非流动资产"项目中。

该企业 20×9 年 12 月 31 日资产负债表中"长期待摊费用"项目金额为：

$$375\ 000-204\ 000=171\ 000（元）$$

（4）根据有关科目余额减去其备抵科目余额后的净额填列。如资产负债表中的"应收账款""长期股权投资""在建工程"等项目，应当根据"存货""应收账款""长期股权投资""在建工程"等项目的期末余额减去"坏账准备""长期股权投资减值准备""在建工程减值准备"等科目余额后的净额填列。"固定资产"项目，应当根据"固定资产"科目的期末余额减去"累计折旧""固定资产减值准备"备抵科目余额后的净额填列；"无形资产"项目，应当根据"无形资产"科目的期末余额减去"累计摊销""无形资产减值准备"备抵科目余额后的净额填列。

【例10-11】晨星公司20×9年12月31日，结账后"应收账款"科目所属各明细科目的期末借方余额合计450 000元，贷方余额合计220 000元，对应收账款计提的坏账准备为50 000元，假定"预收账款"科目所属明细科目无借方余额。

该企业20×9年12月31日资产负债表中的"应收账款"项目金额为：

$$450\ 000-50\ 000=400\ 000（元）$$

本例中，企业应当以"应收账款"科目所属明细科目借方余额450 000元减去对应收账款计提的坏账准备50 000元后的金额作为资产负债表"应收账款"项目的金额，即400 000元。应收账款科目所属明细科目贷方余额应与"预收账款"科目所属明细科目贷方余额加总，填列"预收款项"项目。

【例10-12】晨星公司20×9年12月31日，结账后的"其他应收款"科目余额为63 000元，"坏账准备"科目中有关其他应收款计提的坏账准备为2 000元。

本例中，企业应当以"其他应收款"总账科目余额减去"坏账准备"科目中为其他应收款计提的坏账准备金额后的金额作为资产负债表中"其他应收款"项目的金额。

该企业20×9年12月31日资产负债表中的"其他应收款"项目金额为：

$$63\ 000-2\ 000=61\ 000（元）$$

【例10-13】晨星公司20×9年12月31日，结账后的"长期股权投资"科目余额为100 000元，"长期股权投资减值准备"科目余额为6 000元。

本例中，企业应当以"长期股权投资"总账科目余额100 000元减去其备抵科目"长期股权投资减值准备"科目余额后的金额作为资产负债表中"长期股权投资"项目的金额。

则该企业20×9年12月31日资产负债表中的"长期股权投资"项目金额为：

$$100\ 000-6\ 000=94\ 000（元）$$

【例10-14】晨星公司20×9年12月31日，结账后的"固定资产"科目余额为

1 000 000元，"累计折旧"科目余额为90 000元，"固定资产减值准备"科目余额为200 000元。

本例中，企业应当以"固定资产"总账科目余额减去"累计折旧"和"固定资产减值准备"两个备抵类总账科目余额后的金额作为资产负债表中"固定资产"项目的金额。

该企业20×9年12月31日资产负债表中的"固定资产"项目金额为：

$$1\ 000\ 000-90\ 000-200\ 000=710\ 000（元）$$

【例10-15】晨星公司20×9年12月31日，交付安装的设备价值为305 000元，未完建筑安装工程已经耗用的材料64 000元，工资费用支出70 200元，"在建工程减值准备"科目余额为20 000元，安装工作尚未完成。

本例中，企业应当以"在建工程"总账科目余额（即待安装设备价值305 000元＋工程用材料64 000元＋工程用人员工资费用70 200元）减去为该项工程已计提的减值准备总账科目余额20 000元后的金额作为资产负债表中"在建工程"项目的金额。

该企业20×9年12月31日资产负债表中的"在建工程"项目金额为：

$$305\ 000+64\ 000+70\ 200-20\ 000=419\ 200（元）$$

【例10-16】晨星公司20×9年12月31日，结账后的"无形资产"科目余额为488 000元，"累计摊销"科目余额为48 800元，"无形资产减值准备"科目余额为93 000元。

本例中，企业应当以"无形资产"总账科目余额减去"累计摊销"和"无形资产减值准备"两个备抵类总账科目余额后的金额作为资产负债表中"无形资产"项目的金额。

该企业20×9年12月31日资产负债表中的"无形资产"项目金额为：

$$488\ 000-48\ 800-93\ 000=346\ 200（元）$$

（5）综合运用上述填列方法分析填列。如资产负债表中的"存货"项目，需要根据"原材料""委托加工物资""周转材料""材料采购""在途物资""发出商品""材料成本差异"等总账科目期末余额的分析汇总数，再减去"存货跌价准备"科目余额后的净额填列。

【例10-17】晨星公司采用计划成本核算材料，20×9年12月31日结账后有关科目余额为："材料采购"科目余额为140 000元（借方），"原材料"科目余额为2 400 000元（借方），"周转材料"科目余额为1 800 000元（借方），"库存商品"科目余额为1 600 000元（借方），"生产成本"科目余额为600 000元（借方），"材料成本差异"科目余额为 120 000 元（贷方），"存货跌价准备"科目余额为 210 000 元。

本例中，企业应当以"材料采购"（表示在途材料采购成本）、"原材料"、"周转材料"（比如包装物和低值易耗品等）、"库存商品"、"生产成本"（表示期末在产品金额）各总账科目余额加总后，加上或减去"材料成本差异"总账科目的余额（若为贷方余额，应减去；若为借方余额，应加上），再减去"存货跌价准备"总账科目余额后的金额，作为资产负债表中"存货"项目的金额。

该企业 20×9 年 12 月 31 日资产负债表中的"存货"项目金额为：

140 000+2 400 000+1 800 000+1 600 000+600 000-120 000-210 000

=6 210 000（元）

资产负债表相对于利润表以及现金流量表而言，编制较为简单，结构和内容几乎一直没什么变化。然而在会计实务中，恰恰是这份被认为比较简单的会计报表，有些项目稍不重视很容易产生错报，主要原因是对各项目的内容界定不明确，影响到会计信息质量。易错报项目主要有存货、应收账款、预付账款、应付账款、预收账款、长期待摊费用等，在编制资产负债表时要注意。

第三节 利润表

一、利润表的概念和结构

利润表是反映企业在一定会计期间经营成果的会计报表。

通过提供利润表，可以反映企业一定会计期间收入、费用、利润（或净亏损）的数额、构成情况，帮助财务报表使用者全面了解企业的经营结果，分析企业的获利能力及盈利增长趋势，从而为其做出经济决策提供依据。

利润表正表的格式一般有两种：单步式利润表和多步式利润表。单步式利润表是将当期所有的收入列在一起，然后将所有的费用列在一起，两者相减得出当期净损益。多步式利润表是通过对当期的收入、费用、支出项目按性质加以归类，按利润形成的主要环节列示一些中间性利润指标，分步计算当期净损益。

财务报表列报准则规定，企业应当采用多步式列报利润表，将不同性质的收入和费用类别进行对比，从而可以得出一些中间性的利润数据，便于使用者理解企业经营成果的不同来源。多步式格式，如表 10-3 所示。

表10-3 利润表

编制单位：　　　　　　　　　　年　　　月　　　　　　　　　　单位：元

项　　目	本期金额	上期金额
一、营业收入		
减：营业成本		
税金及附加		
销售费用		
管理费用		
财务费用		
资产减值损失		
加：公允价值变动收益（损失以"—"填列）		
投资收益（损失以"—"号填列）		
其中：对联营企业和合营企业的投资收益		
资产处置收益（损失以"—"号填列）		
二、营业利润（亏损以"—"号填列）		
加：营业外收入		
其中：非流动资产处置利得		
减：营业外支出		
其中：非流动资产处置损失		
三、利润总额（亏损总额以"—"号填列）		
减：所得税费用		
四、净利润（净亏损以"—"号填列）		
（一）持续经营净利润（净亏损以"—"号填列）		
（二）终止经营净利润（净亏损以"—"号填列）		
五、其他综合收益的税后净额		
（一）以后不能重分类进损益的其他综合收益		
（二）以后将重分类进损益的其他综合收益		
其中：可供出售金融资产公允价值变动损益		
六、综合收益总额		
七、每股收益：		
（一）基本每股收益		
（二）稀释每股收益		

二、利润表的编制方法

我国利润表编制的主要步骤和内容如下：

第一步：以营业收入为基础，减去营业成本、营业税金及附加、销售费用、管理费用、财务费用、资产减值损失，加上公允价值收益（减去公允价值损失）和投资收益（减去投资损失），计算营业利润。

第二步，以营业利润为基础，加上营业外收入，减去营业外支出，计算利润总额。

第三步，以利润总额为基础，减去所得税费用，计算出净利润（或损失）。

普通股或潜在普通股已公开交易的企业，以及正处于公开发行普通股或潜在普通股过程中的企业，还应当在利润表中列示每股收益信息。

利润表各项目均需填列"本期金额""上期金额"两栏。其中"上期金额"栏内各项数字，应根据上年该期利润表的"本期金额"栏内所列数字填列。"本期金额"栏内各项数字，除"基本每股收益"和"稀释每股收益"项目外，应当按照相关科目的发生额分析填列。如："营业收入"项目，根据"主营业务收入""其他业务收入"科目的发生额分析填列；"营业成本"项目，根据"主营业务成本""其他业务成本"科目的发生额分析填列。其他科目均按照各该科目的发生额分析填列。

利润表中几个利润项目的计算公式如下：

（1）营业利润＝营业收入－营业成本－税金及附加－销售费用－管理费用－财务费用－资产减值损失＋公允价值变动收益（或－公允价值变动损失）＋投资收益（或－投资损失）

其中，营业收入＝主营业务收入＋其他业务收入

营业成本＝主营业务成本＋其他业务成本

（2）利润总额＝营业利润＋营业外收入－营业外支出

（3）净利润＝利润总额－所得税费用

【例 10-18】晨星公司 20×9 年度"主营业务收入"科目的贷方发生额为33 000 000 元，借方发发生额为 200 000 元（是 11 月发生的购买方退货），"其他业务收入"科目的贷方发生额为 2 000 000 元。

本例中，企业一般应当以"主营业务收入"和"其他业务收入"两个总账科目的贷方发生额之和作为利润表中"营业收入"项目的金额。当年发生销售退回的，以应冲减销售退回主营业务收入后的金额填列"营业收入"项目。

该企业 20×9 年度利润表中"营业收入"的项目金额为：

$$33\ 000\ 000-200\ 000+2\ 000\ 000=34\ 800\ 000（元）$$

【例10-19】晨星公司20×9年度"主营业务成本"科目的借方发生额为30 000 000元；20×9年11月8日，20×9年10月销售给某单位的一批产品由于质量问题被退回，其成本为1 800 000元；"其他业务成本"科目借方发生额为800 000元。

本例中，企业一般应当以"主营业务成本"和"其他业务成本"两个总账科目的借方发生额之和作为利润表中"营业成本"项目的金额。当年发生销售退回的，应减去销售退回商品成本后的金额填列"营业成本"项目。

该企业20×9年度利润表中的"营业成本"的项目金额为：

$$30\ 000\ 000-1\ 800\ 000+800\ 000=29\ 000\ 000（元）$$

【例10-20】晨星公司20×9年12月31日，"资产减值损失"科目当年借方发生额为680 000元，贷方发生额为320 000元。

本例中，企业应当以"资产减值损失"总账科目借方发生额减去贷方发生额后的余额作为利润表中"资产减值损失"项目的金额。

该企业20×9年度利润表中"资产减值损失"的项目金额为：

$$680\ 000-320\ 000=360\ 000（元）$$

【例10-21】晨星公司20×9年12月31日，"公允价值变动损益"科目贷方发生额为900 000元，借方发生额为120 000元。

本例中，企业应当以"公允价值变动损益"总账科目贷方发生额减去借方发生额后的余额作为利润表中"公允价值变动收益"项目的金额，若相减后为负数，表示公允价值变动损失，以"-"号填列。

该企业20×9年度利润表中"公允价值变动收益"的项目金额为：

$$900\ 000-120\ 000=780\ 000（元）$$

【例10-22】截至20×9年12月31日，晨星公司"主营业务收入"科目发生额为1 990 000元，"主营业务成本"科目发生额为630 000元，"其他业务收入"科目发生额为500 000元，"其他业务成本"科目发生额为150 000元，"税金及附加"科目发生额为780 000元，"销售费用"科目发生额为60 000元，"管理费用"科目发生额为50 000元，"财务费用"科目发生额为170 000元，"资产减值损失"科目发生额为50 000元，"公允价值变动损益"科目为借方发生额450 000元（无贷方发生额），"投资收益"科目贷方发生额为850 000元（无借方发生额），"营业外收入"科目发生额为100 000元，"营业外支出"科目发生额为40 000元，"所得税费用"科目发生额为171 600元。

本例中，该企业20×9年度利润表中营业利润、利润总额和净利润的计算过程如下：

营业利润 =1 990 000+500 000-630 000-150 000-780 000-60 000-50 000
　　　 -170 000-50 000-450 000+850 000=1 000 000（元）

利润总额 =1 000 000+100 000-40 000=1 060 000（元）

净利润 =1 060 000-171 600=888 400（元）

第四节　现金流量表

一、现金流量表概述

现金流量表是反映企业在一定会计期间现金和现金等价物流入和流出的报表。

现金流量是指一定会计期间内企业现金和现金等价物的流入和流出。企业从银行提取现金、用现金购买短期到期的国库券等现金和现金等价物之间的转换不属于现金流量。

现金是指企业库存现金以及可以随时用于支付的存款，包括库存现金、银行存款和其他货币资金（如外埠存款、银行汇票存款、银行本票存款等）等。不能随时用于支付的存款不属于现金。

现金等价物，是指企业持有的期限短、流动性强、易于转换为已知金额现金、价值变动风险很小的投资。期限短，一般是指从购买日起三个月内到期。现金等价物通常包括三个月内到期的债券投资等。权益性投资变现的金额通常不确定，因而不属于现金等价物。企业应当根据具体情况，确定现金等价物的范围，一经确定不得随意变更。

二、现金流量分类

企业产生的现金流量分为三类：

（1）经营活动产生的现金流量。经营活动，是指企业投资活动和筹资活动以外的所有交易和事项。经营活动产生的现金流量主要包括销售商品或提供劳务、购买商品、接受劳务、支付工资和交纳税款等流入和流出的现金和现金等价物。

（2）投资活动产生的现金流量。投资活动，是指企业长期资产的购建和不包括在现金等价物范围内的投资及其处置活动。投资活动产生的现金流量主要包括购建固定资产、处置子公司及其他营业单位等流入和流出的现金和现金等价物。

（3）筹资活动产生的现金流量。筹资活动，是指导致企业资本及债务规模和构成发生变化的活动。筹资活动产生的现金流量主要包括吸收投资、发行股票、分配利润、发行债券、偿还债务等流入和流出的现金和现金等价物。偿付应付账款、应付票据等商业应付款等属于经营活动，不属于筹资活动。

三、现金流量表的结构

我国企业现金流量表采用报告式结构，分类反映经营活动产生的现金流量、投资活动产生的现金流量和筹资活动产生的现金流量，最后汇总反映企业某一期间现金及现金等价物的净增加额。

我国企业现金流量表的格式如表10-4所示。

表10-4 现金流量表

编制单位：　　　　　　　　　　年　　月　　　　　　　　单位：元

项　　目	本期金额	上期金额
一、经营活动产生的现金流量		
销售商品、提供劳务收到的现金		
收到的税费返还		
收到其他与经营活动有关的现金		
经营活动现金流入小计		
购买商品、接受劳务支付的现金		
支付给职工以及为职工支付的现金		
支付的各项税费		
支付其他与经营活动有关的现金		
经营活动现金流出小计		
经营活动产生的现金流量净额		
二、投资活动产生的现金流量		
收回投资收到的现金		
取得投资收益收到的现金		
处置固定资产、无形资产和其他长期资产收回的现金净额		
处置子公司及其他营业单位收到的现金净额		
收到其他与投资活动有关的现金		

续表

项　　目	本期金额	上期金额
投资活动现金流入小计		
购建固定资产、无形资产和其他长期资产支付的现金		
投资支付的现金		
取得子公司及其他营业单位支付的现金净额		
支付其他与投资活动有关的现金		
投资活动现金流出小计		
投资活动产生的现金流量净额		
三、筹资活动产生的现金流量		
吸收投资收到的现金		
取得借款收到的现金		
收到其他与筹资活动有关的现金		
筹资活动现金流入小计		
偿还债务支付的现金		
分配股利、利润或偿还利息支付的现金		
支付其他与筹资活动有关的现金		
筹资活动现金流出小计		
筹资活动产生的现金流量净额		
四、汇率变动对现金及现金等价物的影响		
五、现金及现金等价物净增加额		
加：期初现金及现金等价物余额		
六、期末现金及现金等价物余额		

四、现金流量表的编制方法

现金是企业机体的血液，是制约企业经营活动的首要因素，是经营者、投资者和债权人关注的焦点。编制现金流量表的实质是将以权责发生制确认的收入、费用、相关的资产、负债及净利润按照现金收付实现制分别转换为现金流入、现金流出及现金净流量，并据以考查企业当期现金流量的变动状况。

（一）经营活动产生的现金流量

编制现金流量表时，列报经营活动现金流量的方法有两种：一是直接法，二是间接法。这两种方法通常也称为编制现金流量表的方法。

所谓直接法，是指按现金收入和现金支出的主要类别直接反映企业经营活动产生的现金流量，如销售商品、提供劳务收到的现金；购买商品、接受劳务支付的现金等就是按现金收入和支出的类别直接反映的。在直接法下，一般是以利润表中的营业收入为起算点，调节与经营活动有关的项目的增减变动，然后计算出经营活动产生的现金流量。

所谓间接法，是指以净利润为起算点，调整不涉及现金的收入、费用、营业外收支等有关项目，剔除投资活动、筹资活动对现金流量的影响，据此计算出经营活动产生的现金流量。由于净利润是按照权责发生制原则确定的，且包括了与投资活动和筹资活动相关的收益和费用，将净利润调节为经营活动现金流量，实际上就是将按权责发生制原则确定的净利润调整为现金净流入，并剔除投资活动和筹资活动对现金流量的影响。

采用直接法编报的现金流量表，便于分析企业经营活动产生的现金流量的来源和用途，预测企业现金流量的未来前景；采用间接法编报现金流量表，便于将净利润与经营活动产生的现金流量净额进行比较，了解净利润与经营活动产生的现金流量差异的原因，从现金流量的角度分析净利润的质量。所以，现金流量表准则规定企业应当采用直接法编报现金流量表，同时要求在附注中提供以净利润为基础调节到经营活动现金流量的信息。

在具体编制现金流量表时，可以采用工作底稿法或 T 型账户法，也可以根据有关科目记录分析填列。下面介绍的就是分析填列方法。

（1）销售商品、提供劳务收到的现金 =（主营业务收入 - 当期发生的销售退回 - 现金折扣）+（其他业务收入 - 其他业务收入中与经营活动无关的收入和租金收入、技术转让收入）- 收回的代垫运费 +（应收票据期初余额 - 应收票据期末余额）+（应收账款期初余额 - 应收账款期末余额）+（预收账款期末余额 - 预收账款期初余额）- 视同销售而发生的主营业务收入和其他业务收入 - 接受非现金资产而减少的应收账款和应收票据 + 当期收回前期已核销的坏账 - 当期核销的坏账 - 票据贴现利息

（2）收到的税费返还 = 补贴收入 - 出口退税款 +（应收补贴款期初余额 - 应收补贴款期末余额）

（3）收到的其他与经营活动有关的现金 = 财务费用中利息收入 + 资本公积中现金捐赠收入 + 营业外收入中的现金收入 + 其他应付款中的代收运杂费、出租出借包装物收取的押金及其他与经营活动有关收取的押金或保证金 + 流动资产损失获得赔偿的

现金

（4）购买商品、接受劳务支付的现金=（主营业务成本+其他业务支出-主营业务成本、其他业务支出中的折旧费、出租包装物的摊销费及技术转让成本）（含进项税）-（存货期初余额-存货期末余额）+（应付账款期初余额-应付账款期末余额）+（应付票据期初余额-应付票据期末余额）+（预付账款期末余额-预付账款期初余额）-当期接受非现金资产减少的应付账款和应付票据-生产成本、制造费用中的工资、劳动保险费、福利费+（制造费用-原材料消耗成本-结转到主营业务成本中去的制造费用）-代垫运杂费

（5）支付给职工以及为职工支付的现金=生产成本、制造费用、营业费用（或销售费用）、管理费用中的工资、奖金、福利费、各种津贴和劳动保险费+（应付工资期初余额-应付工资期末余额）+应付福利费当期减少额+[其他应收款（代职工支付的费用）期末余额-其他应收款（代职工支付的费用）期初余额+住房周转金当期减少额]

（6）支付的各项税费=通过应交税费科目支付的税款+未通过应交税费科目支付的税款

（7）支付的其他与经营活动有关的现金=管理费用+销售费用+营业外支出-当期计入管理费用、营业费用或（销售费用）中的固定资产折旧费、无形资产、待摊费用、递延资产摊销、坏账准备+（其他应付款期初余额-其他应付款期末余额）+代垫运杂费-管理费用、销售费用、营业外支出中未支付现金的费用。

（二）投资活动产生的现金流量

（1）收回投资收到的现金=各种投资贷方发生额-现金等价物-收回的非现金资产用于抵偿债务的有价证券-因处置长期投资而转销的投资减值准备

（2）取得投资收益收到的现金=投资收益+（应收股利期初余额-应收股利期末余额）-股票股利

（3）处置固定资产、无形资产、和其他长期资产收回的现金净额=固定资产清理净额-回收的残值-其他应收款中应由保险公司或过失人赔偿的损失但尚未收到的部分+其他业务收入中技术转让收入-其他业务支出中因技术转让而现金支出的相关费用、税金+[应收账款、应收票据（技术转让）期初余额-应收账款、应收票据（技术转让）期末余额]+[当期收回前期核销的坏账损失（技术转让）-核销的坏账损失（技术转让）-接受非现金资产而减少的应收账款和应收票据（技术转让）]

（4）购建固定资产、无形资产、和其他长期资产支付的现金=在建工程借方发生+无形资产借方发生+固定资产借方发生数-未支付现金增加的固定资产、无形资产、在建工程

（5）投资支付的现金＝各种投资的借方发生额中现金投资部分

（三）筹资活动中产生的现金流量

（1）吸收投资收到的现金＝实收资本增加数＋资本公积（股本溢价）增加数－吸收的非现金资产投资部分－资本公积、盈余公积、未分配利润转增资本的部分企业支付的费用直接冲减资本公积（股本溢价）部分＋应付债券贷方发生额

（2）取得借款收到的现金＝短期借款贷方发生额＋长期借款贷方发生额，并与银行贷款证核对一致

（3）偿还债务支付的现金＝短期借款借方发生额＋长期借款借方发生额＋应付债券借方发生额

（4）分配股利、利润或偿还利息支付的现金＝应付股利借方发生额－股票股利＋财务费用中利息支出－应付利息贷方发生额＋（应付利息期初余额－应付利息期末余额）＋在建工程（利息支出）借方发生额

（四）汇率变动对现金流量的影响

根据财务费用中的汇兑损益填列，如果为汇兑损失，用负数表示；为汇兑收益，用正数表示。

（五）补充资料

（1）净利润＝利润表的净利润。

（2）资产减值准备＝企业计提的各项资产减值准备。

（3）固定资产折旧、油气资产折耗、生产性生物资产折旧＝"累计折旧""累计折耗""生产性生物资产折旧"科目的贷方发生额。

（4）无形资产摊销根据"累计摊销"科目的贷方发生额。

（5）长期待摊费用摊销根据"长期待摊费用"科目的贷方发生额。

（6）处置固定资产、无形资产和其他长期资产的损失＝营业外支出的处理固定资产、无形资产及其他长期资产净损失－固定资产报废损失。

（7）固定资产报废损失＝营业外支出中固定资产报废损失。

（8）公允价值变动损失根据"公允价值变动损益"科目的发生额分析填列。

（9）财务费用＝财务费用中不属于经营活动的部分。

（10）投资损失＝利润表中"投资收益"项目的数字。

（11）存货的减少＝存货期初余额－存货期末余额。

（12）经营性应收项目的减少＝应收票据、应收账款、预付款项、其他应收款、期初余额－应收票据、应收账款、预付款项、其他应收款期末余额。

（13）经营性应付项目的增加＝应付账款、预收款项、其他应付款、应付票据、应付职工薪酬、应付股利、应交税费期末余额－应付账款、预收款项、其他应付款、应付票据、应付职工薪酬、应付股利、应交税费的期初余额。

五、编制现金流量表应注意的问题

（一）几个项目的现金流量分类

项目的现金流量分类是指某一现金收支对应归属于经营活动、投资活动还是筹资活动及其再细分。经营活动、投资活动和筹资活动应当按照其概念进行划分，但有些交易或事项则不易划分。另外某些现金收支可能具有多类现金流量的特征，所属类别需要根据特定情况加以确定。例如，实际缴纳的所得税，由于很难区分缴纳的是经营活动产生的所得税，还是投资或筹资活动产生的所得税，通常将其作为经营活动的现金流量。因此，企业应当合理划分经营活动、投资活动和筹资活动，对于某些现金收支项目或特殊项目，应当根据特定情况和性质划分，并一贯性地遵循这一划分标准。

（二）正确理解现金流量表中的几个项目

（1）现金流量附表中"存货的减少（减：增加）"正确理解应该为"经营性存货的减少（减：增加）"。所以，企业在填列该项目的，应将非经营性的存货扣除，主要是扣除存货中对外投资、用于在建工程、对外投资、接受投资、非货币交易等的部分。

（2）现金流量附表中"财务费用"正确理解应该为投资活动和筹资活动相关的财务费用，因此财务费用项目中调整的只是投资活动和筹资活动相关的内容。

（3）现金流量附表中"累计折旧"正确理解应该为填列的是当年计提的折旧，不是根据累计折旧科目年初数额和年末数额的差额计算。累计折旧科目增加的数额不一定是本期计提的累计折旧（如果当期有出售、投资、非货币交易的固定资产等就会使累计折旧的数额变化），因此在这个项目中填列的数额应根据本期累计折旧贷方发生额分析填列。虽然计入制造费用的累计折旧本期不一定全部影响净利润（产品未销售的就不影响净利润），但计入制造费用的累计折旧也要加上。因为对于不影响净利润的累计折旧虽然在本项目中加回了，但是在"存货的增加"一项中又将其扣除了，这样并不会多计或者少计现金流量。

拓展阅读

× 公司财务舞弊事件

2019 年 6 月 11 日，中国证监会对 × 公司开具了行政处罚决定书，对其在申请公开挂牌转让过程中多份公开披露的文件，包括 2015 年度财务报告、临时报告等存在虚假记载、虚增主营业务收入 7.25 亿元、隐瞒关联方交易与负债等事实进行处罚，开出罚单 60 万元，同时对公司实际控制人陈某给予警告并处以 30 万元罚款。

× 公司的前身是 M 食品有限公司，成立于 2005 年，主要从事肉牛养殖育肥、牛肉屠宰销售以及牛肉类产品加工销售，是一家综合性大型牛肉食品加工企业。2015 年 11 月，× 公司挂牌新三板；2019 年 5 月 17 日起，× 公司在新三板摘牌；2019 年 12 月，× 公司进入破产重组程序。

中国证监会公开信息显示，× 公司提供的招股说明书中，通过虚构与收入相关的经济利益流入的方式虚增主营业务收入 7.25 亿元，占公开披露金额的 53.03%。其中，虚增 2013 年主营业务收入 2.66 亿元、2014 年主营业务收入 3.01 亿元、2015 年 1~4 月主营业务收入约 1.58 亿元，分别占公开披露金额的 53.77%、46.49%、70.29%；对同期利润总额影响数分别为 4246.79 万元、5037.76 万元、2631.05 万元，分别占公开披露净利润总额的 71.46%、74.19%、121.19%。此外，中国证监会调查发现，× 公司 2015 年度财务报告中虚增主营业务收入 3.69 亿元，占公开披露主营业务收入的 48.21%；按披露的毛利率测算，对 2015 年利润总额的影响数为 5497.46 万元，占披露利润总额的 86.67%。

该舞弊案例金额巨大、影响恶劣，× 公司挂牌前两年多的收入和利润中有一年半是完全虚构的，并且 × 公司有成文的造假指南，其财务部门根据业绩目标有计划、有组织、持续地造假，并对造假任务完成情况按月考核。如此形式真是匪夷所思，令人瞠目结舌。

思政小课堂

诚信是社会主义核心价值观的重要内容。诚信，即诚实守信，是人类社会千百年传承下来的道德传统，强调诚实劳动、信守承诺、诚恳待人。中国古代社会非常重视诚信。先秦时期，儒家就提出"诚""信"的概念，并把诚信作为修身、处世、治国的基本美德。《礼记·中庸》把"诚"视为本性和礼的核心范畴，认为"诚笃之德"是达到"天人合一"境界的前提。荀子则进一步认为"诚"为"政事之本"。到了南宋时期，朱熹认为"信"不仅是"仁"的表现，更是人们交往的准则。显然，在中国传统思想中，诚信不仅是一个基本的伦理概念，更是人们立身处世的基本品质之一。

诚信是会计与生俱来的品质，是注册会计师的道德基石。在社会主义市场经济体制中，诚信是对社会的一份承诺，是给社会公众的一个交代。注册会计师行业不同于一般行业，它是通过做出专业判断而披露被审计单位相关会计信息的专业机构，对出具的报告负法律责任。注册会计师的工作成果不仅关系到广大投资者的合法权益，还关系到其他社会相关方的切身利益，具有显著的社会性。从某种意义上说，注册会计师出具的报告是信用的象征，其披露的会计信息必须真实、完整、客观、公正。因此，注册会计师行业必须高度注重诚信。诚信、客观、公正、独立性、专业胜任能力、应有的美德、保密和良好的职业行为是注册会计师必须具有的职业道德基本原则。

课后练习